李小龙技击术

梁敏滔　编著
赵维思　插图

人民体育出版社

图书在版编目(CIP)数据

李小龙技击术/梁敏滔编著. -北京：人民体育出版社，
2006（2009.9.重印）
ISBN 978-7-5009-3074-7

Ⅰ.李… Ⅱ.梁… Ⅲ.①李小龙（1940—1973）-生平事迹 ②截拳道-基本知识 Ⅳ.①K825.78②G852.19

中国版本图书馆 CIP 数据核字（2006）第 127727 号

*

人民体育出版社出版发行
化学工业出版社印刷厂印刷
新 华 书 店 经 销

*

787×960 16 开本 26.5 印张 457 千字
2007 年 7 月第 1 版 2009 年 9 月第 3 次印刷
印数：10,001—15,000 册

*

ISBN 978-7-5009-3074-7
定价：37.00 元

社址：北京市崇文区体育馆路 8 号（天坛公园东门）
电话：67151482（发行部） 邮编：100061
传真：67151483 邮购：67143708
（购买本社图书，如遇有缺损页可与发行部联系）

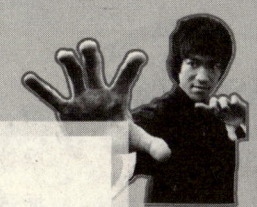

通向成功之路

——序《李小龙技击术》

康戈武

当看到香港梁敏滔先生即将付梓的《李小龙技击术》电子稿时，我为之高兴，遥贺他又取得了一个新的撰著成果。

一提到"成果"，常常让人联想到取得成果的过程。我也就顺着这一思路，摘取梁先生写作《李小龙技击术》过程中留给笔者的三点记忆，介绍给读者诸君。

一是在资料收集方面。作者围绕《李小龙技击术》一书的写作，借助居住香港的便利，与李小龙的咏春拳师兄弟和截拳道后学建立起了密切的交往。笔者就曾经经他介绍认识了叶问（李小龙的咏春拳师父）之子叶准、叶正，相继担任香港咏春体育会主席的黄淳樑、徐尚田、萧煜民，以及叶问国术总会主席刘功成先生等。他还多次到美国西雅图、洛杉矶等地，沿着李小龙留下的足迹进行考察，访问了李小龙的忘年之交杨九福（现年90岁）、李小龙的弟子木村武之、黄锦铭和李恺等。在黄淳樑的弟子陆地获得莲达女士的授权后，他又与陆地一道成立了李小龙基金和振藩截拳道香港分会。梁敏滔先生广交咏春拳和截拳道朋友，广泛进行实地考察，为《李小龙技击术》的研究和写作收集了丰富的原始文献和现实资料。

二是在致力研究方面。梁先生在上世纪90年代初撰写《东方格斗术大观》时，已经就李小龙技击术进行了广泛的研究。在该书中，作者将李小龙技击术放入东方格斗术的背景下，进行了宏观研究，作了专门介绍。1999年，《东方格斗术大观》问世后，梁敏滔先生几乎将全部精力专一到了《李小龙技击术》的写作上。他对李小龙的研究也从宏观研究进入到微观探索，又从一点点剖析进入到全面探讨。

梁敏滔先生通过执着的探索与辛勤的研究,从李小龙身前的詠春拳、振藩国术、基本中国拳法、截拳道和身后的原始截拳道、概念截拳道、振藩截拳道中抓住了李小龙武学的技术核心是技击术,并在这本《李小龙技击术》中构筑起了李小龙技击术体系,提出了自己独到的见解。

三是在选材谋篇方面。作者不仅采用了一般武术技术书籍的图解方法,图文并茂地介绍了李小龙技击术。还将李小龙的亲友、弟子后学的回忆与实证和作者的考察及研究成果汇集一道,编入这本《李小龙技击术》中。这种博览广录的写法,从不同角度揭示了李小龙技击技术的发展过程、李小龙技击能力的提高过程、李小龙技击哲理的体悟过程,从而综合地展示出了李小龙成长的过程——走向成功的过程。

在人生的旅程中,所谓"过程",就是走过的路程。李小龙走向成功的过程,也就是李小龙走向成功的路。这是一条值得人们思考、值得人们借鉴的通向成功的路。

翻开梁敏滔先生编著的这本《李小龙技击术》,我们可以看到:李小龙通向成功的路,是他一步一个脚印走出来的实践之路;是他从为自强而突破传统到为发展而回归传统的理性之路。在这条实践与理性融合的路上,李小龙举着中国传统文化的旗帜,迈着自强不息的步伐,从东方步入了西方,登上了世界的舞台,作为唯一华人被评选入限名20位的二十世纪"世纪英雄及偶像名单"[1999年美国权威时事杂志《时代》(Time)周刊评选]。

李小龙通向成功之路让人联想到"只要功夫深,铁棒磨成针"、"十年寒窗无人问,一举成名天下知"、"不经一番风霜苦,哪得腊梅放清香"等等炎黄子孙口耳相传的谚语。成功的结果,让世人羡慕。成功的过程,也不能忽略。没有一定的过程,就不可能有一定的成果。只有重视过程,走好每一步,才有可能走到成功的目的地。

总之,梁敏滔先生编著的这本《李小龙技击术》,不仅能帮助读者学习和掌握李小龙的技击术,而且能帮助读者通过李小龙以技击术诠释出的成功路,仁者见仁、智者见智地体悟出自己未来的人生路,进而以自身的实践和理智去诠释自己的成功路,走好自己的成功路。

二〇〇七年五月十三日　于北京

前　言

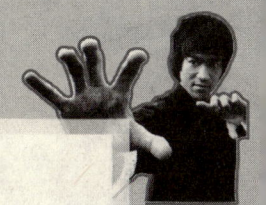

　　这是一部关于李小龙格斗文化的书。

　　这是一部关于李小龙创新传统拳法的书。

　　16世纪的明代人戚继光，曾经选择各家传统拳法，总结出有"踢、摔、打、拿"整体观念三十二势的《拳经》，共517字、32幅图。

　　17世纪的明代人陈王廷，参照戚继光的《拳经》，发展为太极拳纲领性的《拳经总歌》，共77字。

　　17世纪的明末清初人张孔昭，撰有少林寺玄机和尚的《拳经》，补充了戚继光《拳经》中未曾提及的少林寺之拳，近万字、4幅图。

　　20世纪在香港成长的李小龙，融汇了东西方格斗文化的"拳经"，1966—1967年写出了《BRUCE LEE'S FIGHTING METHOD》，全书10多万字、300多幅图。再经过7年的发展，基本形成李小龙格斗文化体系。

　　此书的主旨，就是要介绍和分析李小龙如何把功夫看做实质文化，以巨大的创造力和精神力量，继承与发展传统武术格斗文化，因而从历史角色转变为时代角色，从民族地域走向全球化舞台。他一生的艰辛奋斗，已为全人类的下一代学习，树立了无比楷模。

作 者 缀 语

文化的多样性、交融性，是文化得以进步和发展的动力。在新世纪中，随着经济全球化和网络的发展进一步加快，世界各种文化加速撞击、交流和融合，将是世界先进文化发展的必然趋势。因此，东西方格斗文化交融，亦将是中华传统武术文化发展的必然趋势。

1998年，纪念中国武协成立四十周年编辑出版的《中华武术图典》，是根据1983—1986年全国武术普查材料所整理的120多个拳种流派选辑而成，其中包括詠春拳和李小龙创立的截拳道，它们都符合"源流有序，拳理明晰，风格独特，自成体系"的要求。

李小龙格斗文化在中华武术文化中，是继承与发展相统一、传统与创新相统一、东方文化与西方文化相统一的先驱者，因此必须大力弘扬和继续推广发展。

李小龙曾用"简单、直接、反传统"几句来说明他的格斗文化，它就是继承传统詠春拳"简单、直接"的拳法，交融西方"简单、直接"的拳法与剑法，持续发展成为"反传统"詠春拳的创新拳法。因此，本书也尝试用"简单、直接、反传统"的有限内容，简明直述李小龙格斗文化的无限内涵，旨在为广大爱好者开阔视野、有所作为和与时俱进有所发展略尽绵薄之力。

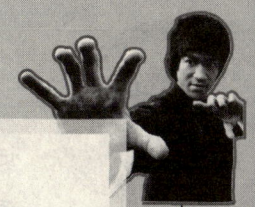

导　言

——把握当代徒搏趋势　弘扬时代格斗文化

事物的差异是形成偏见的根源，只有了解差异，才有可能消除偏见。

李小龙曾写信给师兄黄淳樑，承认自己以前的偏见是错的，同时肯定自己心得练出的截拳道是对的。

李小龙认为与其只去了解什么是截拳道，倒不如去了解什么不是截拳道，只有了解它们的差异，才有可能消除偏见。因此，运用比较的方法去找出差异，有助于了解差异和消除偏见。

本书采用比较不同格斗文化之差异和类同的方法，去了解李小龙与黄淳樑的异同、截拳道与詠春拳的异同、振藩截拳道与截拳道概念的异同、李小龙格斗文化与其他格斗文化的异同等等，力求对李小龙技击术的完整真貌有较为正确的阐释。

李小龙于1966—1967年要为即将公开自己创立的截拳道，写作图文并茂的专著，系统阐述他所独创的李小龙技击术。但因故推迟到他逝世后出版，取名《BRUCE LEE'S FIGHTING METHOD》，以九种语言发行，售出的书超过555,000本。

本书将以上述著作与李小龙截拳道弟子黄锦铭的著作相比较，再参照黄锦铭师傅在香港的多年传教，力求将李小龙技击术的完整面貌有较为简捷的概括。

李小龙后又于1970年，开始写作《武道释义》，但因故未能完成。李小龙逝世后，先后有人将他遗留下未完成的七大册笔

记，包括成熟的及不成熟的零篇碎语，按照自己的思考进行整理，因而出现了两个版本。由于所取内容范围较广，又无法确定所有都是他的最后思想，因此可与1966—1967年李小龙上述著作对照比较。

李小龙要将哲学精神溶入截拳道，希望将截拳道带进一个武术的新领域，因而写下很多哲学理论和武道释义，但其结果正如西洋击剑的得分，只决定于终极的一击。因此，李小龙1965年设计的道家阴阳无有说之标志，将是本书讨论的终极哲学，至于李小龙在研究过程中的其他哲学探讨一概省略。

黄淳樑曾替李小龙分析："你曾经做过长期艰苦的条件反应锻炼，你的身体及手脚遇到各种情形，都能自动反应。但你的弟子如果空白了这个阶段，就像上阶梯一样，缺少几个脚踏，又怎能攀登上去呢？"

李小龙技击术简单直接，但是易学难精。要学好它，最好要像李小龙登上阶梯那样，按照他走过的路径从无到有循序渐进，只有经过长期艰苦的有形锻炼，达到肢体都能自动反应的时刻，始有可能接近无形的境界。

本书可以作为认识李小龙技击术的锁匙，启发思考和指出方向。思路正确就会事半功倍，方法得当就可苦练成材。

目 录

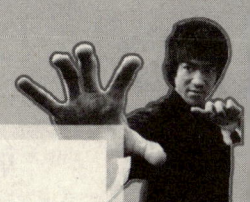

第一篇 "功夫王"李小龙与"讲手王"黄淳樑…………（ 1 ）

  楔子：东西方文化交融的因子………………………（ 3 ）

  第 一 章　詠春双龙出海…………………………………（ 5 ）

  第 二 章　"讲手王"打开詠春门…………………………（ 15 ）

  第 三 章　"振藩国术"攻克鬼佬禁区……………………（ 29 ）

  第 四 章　香港功夫震异域唯独截拳道…………………（ 45 ）

  第 五 章　命途变幻两载之暴起暴殒……………………（ 49 ）

  第 六 章　沙煲兄弟喜相逢………………………………（ 59 ）

  第 七 章　叶问孖宝走向自由之道………………………（ 68 ）

第二篇 李小龙格斗文化精要……………………………（ 79 ）

  第 八 章　基础训练………………………………………（ 81 ）

  第 九 章　技法中的技巧…………………………………（114）

  第 十 章　李小龙的振藩国术与詠春拳…………………（161）

  第十一章　李小龙功夫之道………………………………（177）

第三篇 后李小龙格斗文化………………………………（181）

  第十二章　振藩截拳道与截拳道…………………………（183）

  第十三章　振藩截拳道与詠春拳学………………………（198）

第十四章　振藩截拳道与格斗竞技……………………（202）
第十五章　黄锦铭论振藩截拳道……………………（207）
第十六章　陆地论振藩截拳道………………………（258）
第十七章　梁敏滔论截拳道…………………………（280）

附　录

附录一　从传统武术中解放自己……………………（338）
附录二　我与截拳道…………………………………（344）
附录三　振藩截拳道标志释义………………………（348）
附录四　截拳道是20世纪的武术拳种………………（351）
附录五　论"第一击"…………………………………（354）
附录六　论詠春拳学…………………………………（361）
附录七　李小龙给严镜海的信………………………（365）
附录八　无与禅………………………………………（366）
附录九　李小龙截拳道嫡传之谜……………………（368）
附录十　李小龙父亲出生地解谜记…………………（375）
附录十一　传统武术走向世界发展战略的研究……（383）
附录十二　徒手格斗竞赛打中心线的研究…………（388）
附录十三　访问振藩截拳道核心成员李恺师傅……（393）
附录十四　美国振藩国术馆课程……………………（397）
附录十五　香港振藩国术馆简术……………………（407）
附录十六　东方徒手格斗术史事表…………………（408）

第一篇

"功夫王"李小龙与"讲手王"黄淳樑

楔子：东西方文化交融的因子

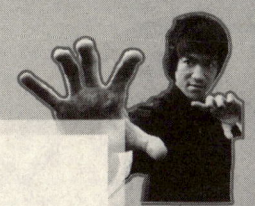

功夫巨星李小龙在1967年开办洛杉矶武馆，并在家中开始传授截拳道。其后在1970年回香港发展之前关闭了武馆，但不幸于1973年突然在港去世，以至遗留下来的截拳道没有他自己完整的文字记载，因而今日存在着争论。

其原因在于以往没有条件去全面地探讨李小龙一生武术生涯十七年的五个完整阶段，亦即前香港时期、西雅图时期、奥克兰时期、洛杉矶时期、后香港时期，约有三分之二时间在香港，三分之一时间在美国。

如果割裂地只探讨他在美国的三个阶段，就会忽略他在香港的开始和终结的两个阶段，尤其会忽略同他的授业师兄黄淳樑在武术思想方面有着盘根错节和相互影响的关系。

因此，充分认识李小龙完整的武术生涯历程，对于探讨真实的李小龙和截拳道世界的奥秘，从而认识他将东西方文化融为一体的意义和影响，可能有着关键性的作用。

李小龙早于1970年去信黄淳樑时，已透露自创截拳道的意图，真正的对话则在1973年李小龙逝世之前数月，他们长达十一小时的闭门交流，实际上凸显为难得的契机，这对师兄弟都有益处，因为这毕竟是全面检讨截拳道和詠春拳的唯一机会。李小龙给了黄淳樑的一个清晰的启示，就是他要追求思想解放和回返自由之道，也就是他要做截拳道的主人。

李小龙英年早逝，他在那次对话中的遗愿，从此推动了情如手足的师兄认真去研究师弟的截拳道，如何才能做到截拳道的主人，同时也去研究自己的詠春门人，如何才能做到咏春的主人。又经过了二十多个寒暑，受到师弟启发的他，也于1996年自创"詠春拳学"，指出了詠春最高之境界是要做詠春的主人。

有人会问，既然师兄弟的武术思想盘根错节，那么两者是否异曲同工呢？那就要等到看完本书的两位主人翁之功夫传奇，才可找到答案。

第一章 詠春双龙出海

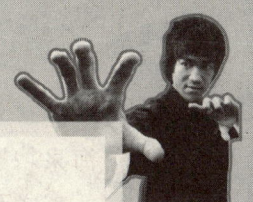

第一章　詠春双龙出海

香港詠春拳一代宗师叶问的弟子中，亲如兄弟拍硬档，先后闯出名堂的要数震动香港武坛的"讲手王"黄淳樑，以及日后名震国际武林和扬威世界影坛的超级巨星"功夫王"李小龙了。本章就从师弟李小龙讲起。

1956年，李小龙从念完初中的喇沙书院转学圣芳济书院高中，这一年他开始学詠春拳。

李小龙偶然认识了同一年龄的张卓庆和其家人，张是新界华人探长张荣锦的幼子，1955年拜叶问为师。他把在香港电影圈中已颇有名声的童星李小龙引去见识坐落在油麻地利达街三楼的詠春武馆。

那是一个傍晚时分，正在代师授徒的黄淳樑，看到师弟张卓庆带着一个小伙子走进武馆。只见此人身着时髦的牛仔裤、花衬衫，头发梳得挺滑溜，虽时已黄昏，仍戴着太阳镜。黄瞟了他一眼，觉得蛮不是味道，仍旧用心去教新的师弟练习。这个小伙子看了十来分钟就走了，黄亦不以为意。

过了几天，李小龙又来到武馆，由张卓庆介绍正式拜叶问为师，并递过红包。张把他引到厅上介绍与黄淳樑认识。其实无须介绍，双方亦知道对方是谁，因为李小龙当时已是颇具声名的童星，而黄是当时名噪武林的拳手。黄21岁，李却15岁，当时在黄的眼里他不过是一个小孩，而且在第一天进馆颇有点骄气。说到李小龙那时自觉与不自觉间显露骄气，只要我们略略回顾一下他之前的生活经历，就明白这是很正常的。

1940年11月27日，在美国三藩市唐人街的一所为华人服务的积臣街医院里，住着一个中国名字的欧亚混血妇人[1]。她名叫何爱榆，其丈夫李

---

[1] 何爱榆在上海长大。有关她的双亲有几种说法，例如说她有半个德国血统。有说其父是英中混血，母亲是德国人。黄淳樑同李小龙相熟，他的说法是："李小龙是混血儿，母亲有何东家族英国血统四分之一。"自称早期在西雅图与李小龙同住的杨九福，他的说法是："我与李海泉同一戏班，当年他在上海唱戏时结识何爱榆。李海泉说她父亲是香港何东爵士家族，母亲是西人。"何东是英中（另一说是荷中）混血儿，母亲是广东宝安人。他是第一个授爵衔的香港买办，生于1862年，死于1956年。至于何爱榆的父亲是何东（又名启东）之亲弟何启棠（又名甘棠），则已证实。

海泉[1]正远在数千里外的纽约唐人街演出粤剧。

这天,她生下了第二个儿子[2],这一年是龙年,又刚巧在当天早上辰(龙)时生的,他就是将来享誉全球的李小龙(图1-1)。

图1-1 李海泉夫妇与襁褓中的李小龙

李小龙儿时有几个名字,其中一个是他最喜欢的,就是振藩了。"振"是振兴之意,"藩"与他的出生地三藩市拉上关系。家人常叫他一个女孩子的名字"细凤",据说母亲喜欢他儿时扮女孩,例如穿耳。

医院主管医生认为需要起一个美国名字申报户口,替他取名布鲁斯[3],当时绝对想不到随意取的名字,竟会传遍全世界历久不衰。

1941年春,李海泉一家返回香港。同年底,香港被日军侵占。

李小龙出世不久,已与父亲一起当演员,以怀抱婴儿角色参演了《金门女》粤语片的拍摄。

---

[1] 李海泉的祖籍、故居、出生地原有广东南海(佛山)说,近年有顺德均安说。李原是粤剧丑角名伶,来往于香港、广东、上海等地演出。据说,在上海演出时初识何爱榆。李结婚后,剧团因大陆战火蔓延,1939年转赴美国演出,李带了家人同去,李小龙在此期间出世。
[2] 李何爱榆有长女秋源、次女秋凤、长子宗琛,后来再有三子振辉。
[3] 即Bruce。

李小龙从小活泼好动，对新鲜事物充满好奇，而且有自己的看法。自幼喜欢表现自己和模仿他人，具备童星演员的天资。由于李海泉的关系，李小龙进入了电影圈，取艺名"李小龙"。因为具有戏剧天分，奠定了他在香港电影界童星的地位。他在随后十多年的课余时间拍了23部电影（香港电影资料馆统计），其中大部分都以小硬汉或小流氓的形象出现。

李小龙10岁时，电影公司开拍了一部由他担任主角的《细路祥》电影，合演者有伊秋水、冯峰及其父李海泉。李小龙把那贫穷而有良心的小歹徒演得惟妙惟肖，可说是他那个时代的一部经典作品（图1-2）。

图1-2　李小龙在电影《细路祥》中的演出，奠定了他的童星地位

1945年8月15日香港光复，一年后的1946年9月，李小龙先进入一所学校就读，其后再转入名校喇沙书院的小学部就读，取名元鉴。可能很小年纪就成名的原因，在学校的表现令人感觉傲慢，自我表现欲强，我行我素，好胜心强，为显示自己而打架。中学时期作风依然，曾因多次打架被修士用藤条打股惩罚，后来还因打架而要转校（图1-3）。学业方面最爱绘画，其他功课欠佳亦不介意。

图1-3　李小龙（第二排左起第三人）在圣芳济书院与修士、同学合照

李小龙后来自己承认小孩子时已是一个小阿飞，总爱四处惹事生非，少年时代仍然如此。他说："我与同伴曾用铁链及小刀作为打架的武器（图1-4）。但是有一次，我想到假如我的伙伴不在身旁呼应，只有我一人去打架，将会有什么后果呢？于是，我决定要学习如何保护自己。就是这样，我开始学习功夫。"

图1-4　李小龙（左）与兄长李宗琛比剑（兄长后来成为击剑高手，弟弟亦受启发，自创主攻手在前的截拳道）

少年李小龙选择宣泄精力的方式，一个是跳舞，另一个是习武。他十三四岁开始跳舞，舞技精湛，而其中以三拍子节奏强烈的拉丁美洲"CHA CHA"（恰恰）舞最为擅长（图1-5）。跳舞可交女友，而习武为了打架。

长得俊俏的李小龙颇为注意漂亮，每早必把头发梳理好，讲究衣着时髦，外表前卫不易被人接受。

李海泉练太极拳，也教给李小龙，两人早上会到公园练推手。故此李小龙第一个功夫老师是其父亲（图1-6）。

回说过来，虽然李小龙第一天学拳甚有亲近师兄之意，奈何心高气傲的师兄对他不太理睬，只吩咐师弟简华捷为他开拳。因为简年轻高大，并节柔软，练得尚算不错，所以很多时候都叫他为新丁开拳。反观李小龙在练拳时，脸上没精打彩。由于少年心性，又怎会喜欢缓慢的"小念头"基本动作呢？其实第一天开拳，自然不会给他解释这套小念头的重点及构想。尤其是年轻人去学拳，总以为学三两招散打便可以防身攻敌，如今却要慢吞吞地练摊手、伏手，马步又是站着不动的二字拑羊马，两条腿酸痛得要命，他又岂能耐烦忍受呢？只练了几天就不见了他的踪影。

大约一个多月后，李小龙又回

图1-5　李小龙的"CHA CHA"舞姿

图1-6　李小龙与父亲练太极拳推手

到武馆，要求学习。黄淳樑感到奇怪：一般十多岁年纪离开武馆后，很少回来重新学习。在师兄的反复询问下，他总是吞吞吐吐，最后说出了实情。原来在几天前，他在青年会与一个人言语冲突，打了起来。那人个头高大，而且学过功夫。刚一动手就挨了几下，吃了不少亏。后来就豁出来，用他见过的詠春日字冲拳向对方面部密集还击，就这几拳令他反败为胜。他觉得这种拳术很有用，故又重回拳馆学习。

有一次，他在旺角弼街看黄淳樑跟别派的拳师赤手空拳比武。对方身型庞大、孔武有力，黄仅有5尺5寸高，体重106磅（1磅=0.4536千克）。这样对打看似不公平，但在很短暂的时间内黄将对方击倒。他立即觉得这就是他的理想要求，黄就是小个子胜大个子的榜样。

这时张卓庆很少到武馆去，所以李小龙老是缠着师兄，双方也熟稔了。黄认为他率直、敏锐，胆识在同龄少年之上，是个可造之材。黄虽然常常比武，但却不大喜欢生事，师弟也渐渐改了恶习。

黄淳樑渐渐觉得李小龙很有趣味，由于他从小常在电影圈打混，自然比同年的孩子来得成熟，满肚子中外幽默笑话，常常令众人捧腹大笑，而且当他有什么要求，总是很直接的，颇有点鬼佬性格，绝无矫揉作态，从乖巧中可以看到他的率直。

过不多时，叶问的馆从油麻地迁到深水埗李郑屋村，这段时间（1957—1962）弟子私人教授特别多，黄亦因工作关系很少去新址。所以李小龙每天从大角嘴圣芳济书院放学后，都会同几个师弟一起到旺角道四十八号黄家练拳。他们在天台练习，起初都练得兴高采烈的，突然有一天他对黄说："可不可以只教我一个，不要教他们，因为我已报名参加校际西洋拳赛。"黄说："我很难答应你这个要求，因为你们都是同学及师兄弟，我不能厚此薄彼。"他见黄拒绝，无可奈何，怎料最终他竟想出了一个别出心裁的计策。

次日放学后，他先跑到黄家，坐在楼梯上。待他的同学来时，跑到楼下迎上去，对他们说："樑哥不在家，今天没法练了，我们回去吧。"于是大家一同离去。等到别人到车站上车走了，他又独自回来，接受师兄训练。如此数次，同练的同学渐渐都不来了，这样黄只教他一人，只同他对练。

由于李小龙正在发育成长之中，又练习甚勤，这一阶段明显功力日进。黄每日只同他单独对练，也愈来愈吃力。因为同门同路，窍门渐渐被摸熟，自然压力也愈来愈大。就好比对弈，你天天跟同一对手下棋，渐渐也会付出更多思考。若棋力逐渐接近，自然还是强手胜，但强者心里知道压力在逐渐增大，败

手却很难知道自己进步了多少。

黄淳樑这时除了继续指导李小龙做条件反射的黐手对练外，还针对他将参加西洋拳赛的要求，更常用西洋拳跟他对打，让李用詠春拳打法，自己用西洋拳打法，练习对搏。假如李有吃亏之处，黄实时进行纠正和解析。大约练了一个来月，李在圣乔治五世学校出赛了（图1-7）。

图1-7　李小龙参加西洋拳赛

李小龙的对手是获得三届冠军的圣乔治五世学校英国学生加星埃默。开始时，李摆出詠春拳独特的桩式，却引来全场的倒彩声。一交手李已得到甜头，全场压着对手，而且拳力比对手重，打得对方只有招架之功，没有还手之力。在全场屏息的静观后，突然爆发出一阵雷鸣般的掌声和欢呼声，李小龙打赢了，取得校际赛冠军。刚一结束，李就赶忙到黄处报捷。胜利后自然免不了大吃大喝一番来祝捷，席间他对师兄说："要不是这个多月来每天对练，今次是不易打的，多少也着了很多道儿，这回鬼仔们该收敛骄傲了。"[1] 黄说：

---

[1] 圣乔治五世学校邻近喇沙书院，前者是为英国统治者的子女开办，因此常有英籍学生校外欺负本地学生之事。李小龙参加拳赛也与民族感情和尊严有关。

"要有收获总要有所付出的。"话虽如此,黄当时有想过获得点什么呢?

在李小龙勤练期间,有一天他邀师兄到他家里闲坐,那时他住在弥敦道218号,位于佐敦道与德成街之间,新乐酒店对面,与父母兄弟等同住。他铸做了两支不锈钢铜,相当沉重,手握处打得粗糙以便拿捏。他是取法于詠春八斩刀,只是用来练腕力的。这个时候他的手腕力已比普通人强,曾经有一次黄与他比试腕力输过给他,也由于赢了黄,更激发他勤练。在那时黄是他心中的偶像,无论他要练什么,事先都征求师兄的意见。一直到去了美国,仍然为教鬼佬詠春拳有疑难问题而来信请教。

李小龙跟黄学了一年半多就去美国,李去美的原因可由黄讲述:"小龙在香港最后一次讲手,是同姓钟的北少林派在九龙城联合道唐楼的天台上进行。"

"对方有二十三岁左右的成熟年龄,小龙则较对手要嫩,只有十七八岁。在对方同意之下由我担任拳证。徒手格斗每回合约两分钟,并无赛时和赛例规定,哪一方不支或教练叫停就输。"

"第一回合,小龙经验不够,打得保守。钟在身高、步阔、臂长方面占优,多次击中小龙。休息时小龙眼角略有破损,担心外观影响拍片,想退出比武。作为拳证的我,本不应又做他的教练,但直觉到他可以赢,因为他的拳并不轻。经常练臂力,比我的还重。于是我逼他继续打,叫他只需按詠春构思去打,无论对方打他或不打他,都要勇于攻击,一定会赢。我说:'你本可以赢,只是因为守多于攻,久守必失。第二回合,你不要求招式好看,尽量抢攻。他比你高大,你反常规而用,多攻击他的面部。你拳抢中线,他双拳自然在外。你的拳正好形成一个三角形,既攻击对方,双臂又防护了自己的面部。'"

"第二回合一开始,小龙抢步急拳向钟面部打去,刚好打个正着。得势不饶人,小龙连环直拳连续快攻,拳拳击中钟面部,大约数秒时间,已令对手不支倒地。"

"这次打赢,他或多或少因此事而要去美国。因他与对方口舌之争,事后还惹来不少麻烦,每天下午放学我都要往校门接他,因对方认识我,不便怎样。"

"怎料有一天,几名警察到学校搜查小龙的书包,于是惊动了学校和小龙父亲。当时他父亲认为趁早送去换个环境,以免日后不可收拾。"

"这次打赢,对李小龙以后走武术的道路,起到重要作用。假如当时中途放弃,对以后可能打击甚大,但是第二回合赢得这么快,必然加强他今后练武的信心和兴趣,因为小龙好胜心是很强的。"

当时观战的有前《红绿日报》记者陈非。他后来在李小龙成名之后，在报上大概这样说过："当日如果没有黄淳樑，就没有今日的李小龙。"叶问也曾喟然对黄说过："没有你多方给他鼓励和教导，小龙绝无今天的成就。"李小龙在美国曾亲口对截拳道入室弟子黄锦铭说过，只有黄淳樑教过他咏春拳，并在给他师兄的信上，感谢他的指导。

关于李小龙赴美，公开的说法是他已届成人年龄，需去办手续。其实办完即可回港继续学业和拍电影，不回港或许正如黄淳樑之说。

李小龙离港之前，他所主演的电影《人海孤鸿》刚刚举行了首映礼。这部片子的主角李小龙扮演了一名日军占领香港期间的孤儿，他在日本战机扫射与轰炸，再加上饥饿下，幸免于难，不过却变成一名街童。此片令他在港人心目中留下了难忘的印象。当时，名导演张彻对他的反叛性格之表演誉为"东方占士甸"（图1-8）。此外，他在该年夺得了一项全港"CHA CHA"舞比赛冠军。

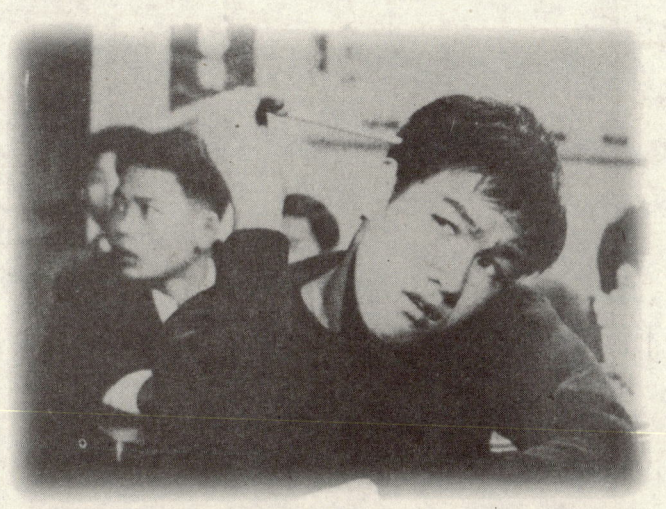

图1-8　在电影《人海孤鸿》中的"东方占士甸"李小龙

跳舞节奏感是重要的,而李小龙日后创立的截拳道,也十分强调节奏感,或许与他从跳舞中获得启发有一定关系。节奏感是所有艺术和体育成功的重要因素。黄淳樑积数十回比武经验,认为掌握时机切忌犹豫,并说:"时间上的节奏错误了,好比跳舞和音乐一样,只有犹豫不决的人才受此击,所以应退即退,应进即进,机会的掌握往往转瞬即逝。"

此外,李小龙在临行前曾拜会跟他结过片缘的精武体育会名师邵汉生。他说:"四叔,我现今迫于要去美国过日子,教几招脚法如何?"

四叔是小龙的世叔,在片场有"CHA CHA 换节拳"的趣事。当时李小龙说:"我现在连交学费都没钱,不如我教你跳 CHA CHA,交换你教我节拳。"邵汉生面对"满肚计仔"的世侄后来也摇摇头说:"我不如李小龙精明,CHA CHA 仅得五步,我学不上;节拳二十四路,他全学了,还多学了潭腿。"节拳是精武会的北派拳术,腿法较多,李小龙去美国之前已学习北派的腿法了。

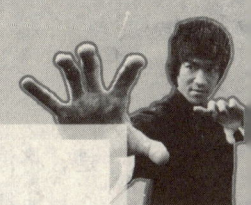

第二章 "讲手王"打开詠春门

1935年,香港一户祖籍广东顺德的中医世家中降生了一个男孩。

这个男孩,就是本文的主人翁之师兄黄淳樑。

当时的香港,不像今天这么繁荣,人口仅约五十万。街道两旁都是三四层高的平顶建筑。楼顶天台连通成片,成为老人纳凉、孩子嬉戏的消闲地方。

当时在香港的中国人,足踏祖国的土壤,操作祖辈传留的技艺,却得处处谨慎,小心度日。海外漂来的洋人,反倒傲气十足,不可一世,甚至连印籍雇员也常常踢中国人的屁股。

中医世家的熏陶,养成了黄淳樑自幼钟爱国学的嗜好和崇尚民族气节的意识。殖民地环境的压抑,刺激黄淳樑从小卑视空谈、卑视不武,逐渐养成了顽强的性格和尚武精神。

黄淳樑这种倔强的性格在他七八岁时已显露出来。一个仲夏的晚上,小淳樑与一群孩子在天台上聊天。他们谈星星,谈神物,天真怪诞。其中一个体格高大,约十一二岁的男孩藐视众小,夸口自己是神灵转世,非池中物。淳樑脱口回话说:"谁敢说蕃薯是池中物呢?"逗得旁边的成年人捧腹大笑。大孩恼羞成怒,扑向淳樑。挨了几拳的淳樑,面对比自己年龄大、个子高的对手,不畏惧、不服输。一阵乱拳对殴后,两人摔倒在地,抱成一团滚来滚去,最终被人分开了。这种性格逐渐发展成了黄淳樑从不自夸、嘲弄吹牛的品质,也养成了他与人比武必斗到底的作风。

黄淳樑的个性,在学校中也有独特的表现,他抗拒学英语和殖民教育。因此,除中文秀出于众外,其他各科都很一般,英文成绩极差。课余时间独好习武,常常将该交学校的学费,拿去学武术和西洋拳。这类事一旦被母亲知道,免不了一顿训斥。父亲对此倒很宽容,还悄悄拿钱给淳樑支付习武费用。

黄淳樑少小时,先后在志贤小学、导群中学和南华中学就读。在校中练习西洋拳,放学后习练国术。他的舅父喜好吴式太极拳,能走走架,小淳樑天天缠着舅父。舅父虽启蒙了他几招基本动作,但根本无法应付他的求知欲。于

是，将淳樑送到一位颇有名气的拳师处习练。这位师傅懂得很多，你想学什么，他都能教。似乎南拳北腿、刀剑枪棍等等，他没有不懂的。淳樑认真地学着，刻苦地练着，用心地思考着。渐渐地，他发现这位师傅颇像个武术的零售商人，没有一点宗师的风范。有一天晚上，淳樑和几个学员正在练习时，师傅接待了几位客人，话匣子打开后，你一节，我一段，谈的尽是武功奇技，把学员都吸引过去了。这时，师傅谈了一段故事，他说几年前去成都，在一条斜坡路上，看见一辆货车从上急驰而下，刚好有一小孩跌倒路中，汽车来不及刹住，观者惊呼。突然，有一老翁抬起两臂，手掌对着汽车放出外气，汽车嘎然而止，停住了。淳樑听到这里，起身穿衣，扬长而去。他失望了，不相信吹牛的也会有真功夫。

此后，黄淳樑开始游历武场，东看看，西走走。在切磋武术的地方、比试格斗的场合，总有他的身影，他希望通过自己的反复观察，认识武术，访寻名师。

一次，淳樑之兄的朋友罗炳，与一位复姓欧阳的年轻人相约，在九龙青山道一个大露台上交手较技，淳樑得知前往观战。罗炳三十出头，练南螳螂拳七八年时间，欧阳年约二十一岁，习练詠春拳仅年余。竞技开始时，欧阳摆开詠春的桩手，罗炳摆开南螳螂的包桩手。几个照面后，罗炳以惊弹劲抢攻，着着进逼。欧阳将前锋手变为膀手，左右变换，有条不紊。大概进退五十余尺。罗虽占赢势，终未击中欧阳。欧阳年纪轻、拳龄短，体力和经验都不如罗炳，虽较技中赢不了对方，但终未漏招。淳樑感到，詠春拳是值得一学的自卫术。

又一次，黄淳樑得知在嘉道理山教拳，被人称为"寨主"的林某，将与詠春传人切磋。这位林寨主，擅长快太极，兼习北螳螂拳。所谓"寨主"，是他推手技术了得而获的美称。

切磋那天，黄淳樑逃学跑到现场。詠春派出场切磋者名骆耀，与林商定进行詠春拳黐手与太极拳推手的切磋。动手之际，骆挥洒自如，占尽上风，将林玩弄于指掌之中，煞是好看。詠春拳给黄淳樑留下的印象更为深刻了。

这一年的农历12月28日，学校放年假。黄淳樑邀堂兄一道去九龙深水埗海坛街，参观叶问的詠春拳馆。接近年关，来拳馆练习的人不多，只有几个年轻小伙子在练习单黐手，这是詠春拳入门的基本功夫。淳樑看着，不明优劣，凑兴想与他们试试。这一下，正犯了武馆的禁忌——未经预约，不能到武馆较技，否则，会被认为是来"踢场子"的。在武馆一方，有人来较，是必须应付

的，否则，失去了威名，只有关门了事。练习单鬁手的小伙子与淳樑交起手来，没几个照面，淳樑就将叶问的弟子推倒在地。

叶问冷眼旁观，慢条斯理地说："你要试试，该找个学拳时间长点的。"随即，用手指指旁边一个普通身材，年约二十出头的门徒，淳樑也不答话，上前就交手。黄用西洋拳打法，对方竟招架不住，三两下就将对方打得东歪西倒。

叶问看着很气恼，却不失宗师的风范，说："我跟你玩玩罢。"黄虽初生牛犊，也感受宠若惊。一开始，黄以探拳虚攻，叶不反击，只略略逼前，封住黄前手，令黄无法施展。黄忙抽回前手，叶乘黄抽回之势再度封逼。黄想从桥底偷袭，但前手受制，后手也动弹不得，转念来了个小后跳步，以求摆脱封逼。岂料叶如影随形，步步封逼。不几个照面，将黄逼封到墙边，全身受制。叶突然快攻两拳打向黄的胸口及鼻部，却全不用力。黄淳樑如获大赦，佩服得五体投地，要求即刻拜师学拳。叶笑着说："用不着那么心急，今天已是年二十八，正月初四开馆。你还是年初四来吧。"淳樑佩服叶问，叶问也爱上了淳樑。

正月初四，黄淳樑约罗炳陪同，来到叶问的拳馆。恭恭敬敬地给叶问叩了三个响头，开始了习练詠春拳，这一年是1954年。拜入叶问门下十八岁的黄淳樑，犹如幼芽逢春雨，如饥似渴地吸收着詠春的营养，他感到学詠春比看詠春更有趣。

一天早晨，黄淳樑经过林"寨主"拳场时，正逢林一边与人推手，一边高谈年前与詠春骆耀推手较技的情节，语多夸大。仅习练詠春拳十多天的黄淳樑，抢开双拳就与林寨主较量起来。林毕竟习武多年，加上被淳樑举动激起的怒气，几招连击，打得淳樑眼角挂彩，口角淤血。

此一劫，使黄淳樑几天睡不好，吃不香。詠春拳为何没有发挥威力？几位师兄得心应手的招法，他为什么竟用不上？思前想后，他得出两个结论：其一，詠春拳虽好，没有功夫不行；其二，詠春拳是否真好，只有靠自己去实践，去印证。

此后，黄淳樑既加紧练基本动作，更加紧练沙包，练木人桩。沙包上、木人桩上，留下了淳樑的斑斑血迹。叶问看在眼里，喜在心中。

大约五个月后，黄淳樑研究武术追求真知，开始"去实践，去印证"了。凡有人约他"讲手"切磋，他一概应允，还四处寻找对手。他曾对人说：所谓武无第二，是需与人较量去证实的（图2-1）。

第二章 『讲手王』打开詠春门

图 2-1　讲手时期黄淳樑近照

香港工务局有位督察王乔，跟南螳螂派卢远江先生习拳。王乔不仅拳艺老辣，而且胆识过人，仗义疏财，大有武林遗风。他听说叶问在港传习的詠春拳，较港地旧有拳种颇多特色，很想见识一下。经友人转邀，黄淳樑来到了王先生的客厅。

黄坐下后，打量了一下王乔。王约三十岁，体格魁梧，皮肤黑红，肌肉结实，行动轻捷，一眼就能看出是位经常运动的行家。

几句客套话后，王乔提议"讲手"切磋，交流交流。并建议因地制宜，就在客厅中，对座交手。

刚交手时，王乔体壮臂长，加之螳螂手法敏捷，连招直逼淳樑。没过几招，淳樑就适应过来了。他发挥出詠春"黐手"的特长，拳拳击向王的胸面部。却不打实，手手拦住王的劲路，却不截死，只将王弄得东歪西倾。王乔功力也算了得，每次歪斜，都能拧扭挣转，重新坐直。直到有一次倾斜得露出了屁股，被黄顺势拍之，切磋才停下来。王乔虽有受辱之感，倒也赏识黄淳樑身手不凡。此后，王乔为着进一步了解詠春的技法和黄淳樑的功夫，多次邀人与淳樑较技。

一周后，王乔派人邀黄淳樑晚八时到又一村会堂与他的同门拳友邓生比试。邓耸背收胸，摆开包桩手；黄摊手在前，护手在后。双方拉架对峙。突

然，邓大喝一声，双拳连发，直攻黄中路。黄不慌不忙，前手转为膀手，后手变为摊手。将邓两手格向左边，并进击邓颈部。邓受击连退数步，黄紧步进逼。邓急呼"停"。邓感到黄招法凌厉，功力深厚，几乎没有占丝毫便宜的可能。虽经王乔再三激励，邓也不愿再继续比试。

就这样，黄淳樑一面与人"讲手"印证，一面在叶问严教下加紧训练。师兄们对他也刮目相看了，一天，师兄潘海邀淳樑去他店铺与一位武友认识。

潘的那位武友姓顾，膀大腰圆，满身杀气，自称是练"车轮拳"的。顾邀黄比试，黄本就想与不同门派的武友切磋拳技，哪能放过这种机会。可是，刚一交手，就发现顾某发拳狠毒，招招进攻黄的要害，全不似讲手研究。黄突然想起，这位师兄是黑帮中人，听说他与这位顾某为争地盘，产生过节。此时，顾以为潘约黄来制他，对黄毫不手软。黄为着自己的名义和印证咏春，也不便罢手。于是，黄奋起进攻，刚见顾由攻变防，即将前拳化为枕手，以一伏二，后手同时发拳向顾面部打去，立时命中，血流披面。黄得势不饶人，连环发拳，打得顾手忙脚乱，仰跌在木炭堆上。黄扑身压下，一手捉住顾手，一手拳击顾某面部。顾还算识相，借有人劝解，说了声"老弟好功夫"，拂衣走了。

经此一较，黄声名雀起。工务局王乔对观赏淳樑讲手的兴趣大增，四处找高手与黄较技，先后有七八位拳手，都不是淳樑的对手，统统败下阵来。一天，王乔又约黄至旺角上海街餐厅见面，介绍一位叫杨华的高手与黄认识，王乔盛赞杨华精通数派武术，是不可多得的武坛奇人，夸得黄淳樑对杨的武功也有几分佩服。

万没想到，杨一开口，就摆出老前辈教训后辈的模样，骂起人来。他傲慢地对黄说："你能受得住我用指头敲十下吗？"黄答道："我不能。"杨说："既不能，还敢与人讲手。"黄说："我们的功夫是用来打人的，不是用来挨人打的。"言来语去，本想教训黄一顿的杨华，满面怒气地说："如此厉害，我们当众比比。"

在公务局货仓空场，王乔一声开始，黄淳樑伸出两手，一前一后，面对杨华。杨华脚踏麒麟步，手捎凤眼拳，势颇沉稳。黄不知杨功夫究竟有多深，放松两臂，柔若柳条，待杨进攻。杨不明淳樑路数，也不敢冒进，只以虚招攻击黄的前臂，并不深入。黄偶尔出拳，杨急速后跃，闪避颇快。彼此相峙有时，黄突然急步猛攻，快拳连击，杨忙绕场闪躲，左右化解，黄竟无一拳能击实对手。黄再度刹住攻势，让杨试探虚实。杨突然以左手抓搭黄的左前臂。黄乘势转腕反拿杨腕。双方互拉，身体接近，右拳互殴，均因身体转动，互不能中。

黄突然不拉反进,杨退步不及,一个踉跄一膝跪地。黄右拳乘势下击,杨因左手仍被黄抓住,自然抬头上看。刚巧拳与眼撞个正着。杨惨叫一声,双膝跪地。此一役,黄虽胜了。但心中一直因伤了对方的眼感到内疚,差不多有两个月拒绝与人讲手。

这时,有人挑说,黄淳樑东胜西赢,终不是林寨主的对手。说得黄心痒。于是经几次相商,定在嘉道理山林寨主拳场与林比试。比试中,林寨主左右走动,伸拳舒腿。黄既不摆架,也不动步,只漫不经心地看着林。林多方探试,黄终无反应。林经不住黄的冷漠,突然一个小跃步,右拳直击黄面部。黄也不招架,待林拳将要打实,黄突然闪身进步,将林拳锋让于肩后,林的前臂正好被扛在黄肩上。黄乘此机,左右直拳直击林面部。林一时防守不及,两眼受击,心慌步摇。黄不待林稳步定神,接连左右开弓,打得林左倒右歪,瘫倒在地。

香港所谓"讲手",实际就是徒手比武。只是为了减少火药味,突出研究气氛,才惯称之为讲手。当时彼此之讲手,虽然不是公开,但是有许多圈内人知道,而且每次参与战役,例有一两个记者相随。此种私斗,为港府禁例所限,事前一定不动声色,以免惊动警察,致罗法网。而讲手地点,亦临时决定。多数是用几辆汽车,载到新界去,或者用一艘电船,驶到离岛,打完之后,一起归来。事后便在一部分报章上面,发表战情。因此,这些事遂为人知。当时有几间报馆,对于此种讲手事实,特别注重。每一次讲手完毕之后,便将过程用大字标题,连篇累牍刊出,加以渲染,不厌求详。因此,黄淳樑的名字,便为一般人认识,其名头愈来愈大,当时武术界有一句成语,便是"煞星降九龙"。所谓煞星,即指黄淳樑(图2-2)。一般记者则将黄淳樑誉为"讲手王"(见香港

图2-2 讲手时期黄淳樑(右)的詠春功夫

《新武侠》总第54期《黄淳樑替咏春派打开门户》)。

黄淳樑经过不下四五十回比武，不断实践，不断印证。同时也不断加深了对咏春的认识。他深感咏春不仅是一门格斗艺术，更是一门学问。他坐下来，静心总结，撰写了《讲手四十回》，对每一次比试，进行彻底的检讨，通过对实践的总结，重新去领会叶问师父的教诲，参悟咏春的拳理（图2-3）。

图2-3　叶问与弟子黄淳樑（左起第三位）

黄淳樑在《讲手四十回》中，皆是叙述当时战情，战绩胜多而负少。而且对手不论是太极、白鹤、洪家、南螳螂、北螳螂、白眉派、龙形摩桥、咏春、蔡李佛等派拳师，皆已领教过。不过宣传得最为紧张热闹的，便是与白鹤派倪姓教头之战。倪亦是当时得令之拳师，在白鹤派充当教头，所以特别为人注意，而其比赛地点，更为九龙之伊利沙白篮球场。此一场讲手虽然激烈，不过在场参观之人不多，而事后报章上对于此次战情的报道，亦各有不同。此次拳战完毕之后，复引起笔战，更有互称胜利之事情发生。由于几间报馆各捧所好，对此事真相记载亦各自不同，正如俗语所谓公说公有理，婆说婆有理，令社会人士对于此事，仍未十分明了。

黄淳樑自己回忆说："有一次由我弟弟的游泳教练陈月法，介绍他的白鹤派同门倪君同我比试。翌日依时到会，同行者有师兄骆耀、友人王乔，对方也有两位朋友及陈月法等人参与。见面后双方讨论比试场地，陈月法说：'我和旺角麦花臣篮球馆的职员较为熟稔，当可借为一用。'大家都无异议，径往该球场去。抵埗后，陈说：'这里足够宽敞，就在这里好了。'我说：

'比试何需这么大场地呢？要不然将会变成赛跑了。'陈也然其说，于是用粉笔画界，但也有大半个篮球场。因当日对比赛见识甚少，偶尔只有西洋拳赛，但拳台也不足四分之一。我即对陈说：'这界限太大了，唯有将它比拟从前的擂台，每次出界作负，连续出界三次作败论，省得互相追逐，他们可同意吗？'陈询问过对方，彼等亦同意，当然也定明不得攻取眼睛、喉部、下阴等。"

"比赛开始进行，我觉得界限实在太大了，于是先站到场中心。倪的体重约135磅，比我还高2英寸（约5厘米，1英寸=2.54厘米），年龄二十四左右，身型结实，是排球健将。倪向我试探，前手捏指，后手拳握腰间，步向右横移，约五六秒后突然跨步前进，右拳向我哨打，但拳未用老，突又向后跃回。其动机试探多于打实，我未与理会。当时有些人觉得我过于托大，但在詠春的拳理中是不理会对方是否用假招或真招。真亦焉假亦焉，只要互相进入攻击范围，詠春的消与打都在同一时间使出，所以他这套很难令一个练詠春的陷于迷惑。在一个突然的机会里我以直拳攻取倪面部，因倪身手敏捷，虽中拳也不太重，但嘴角略有血丝渗出。经此一招倪却动了真火，以插拳向我面部连续攻击，拳洪力猛，也异常快速，我也感到压迫感。当下使出詠春耕手，两手上下交替，连消带打。对方上下受攻，忙抽身后退，两手上下翻腾来护体，看来快速，其实是求守之法，未予对方任何威胁。我遂不虞有失，直往中路攻坚，倪果然连步后退，其间中了多拳，退出界外丈余。陈月法当公证，我遂问陈为什么不判出界，陈可能不习惯当公证，也可能当时看得目瞪口呆，忘记了这回事。正当我与陈理论之际，倪从界外奔回一拳从侧面击向我嘴角。这拳不轻，因冲回之势加上狠命一击，我嘴角血渗渗而出。这一拳打得我七孔生烟，怒气上冲，大吼一声，发狂追倪，大有不共戴天之仇之势，倪也走出篮球场外。陈月法立即劝止，并对我说：'年轻人不要大动肝火。'我反驳说：'早已言明，出界当负一次，然后再召回场中，各站好位置再赛，他这种行为是属于偷袭。'陈说：'也许他当时亦忘记吧，你们两人都打得很好，不要因此介怀。'这样便不了了之。"

在黄淳樑的所有比试中，他认为要以林教头为最好的一个，他胜来实带点侥幸。一天，乔往访黄，说有一位体型更庞大的，也甚有来头，他是东江武林祭酒的高徒，姓林，教了不少消防局的职员，早已答应比试，问黄可有兴趣？黄说："无所谓，什么时候？"王说："今晚就去看看。"黄又说："我患了几天感冒，几天来也没用饭，但出去看看也是无妨。"晚上，王乔偕同黄及骆

耀到上海街一所楼宇的天台，上面早已有四十多人在练武，其中的一位姓林的师傅，身高6英尺（1英尺=0.3048米），约200磅，年龄三十来岁。只是高大，并不太结实，但肌肉也算充满弹性。看来这门功夫是讲求吞吐弹劲的，他们运拳收发有声，造诣不浅。他们偷偷看黄几眼，又秘密地商议，最后有一老者对林师傅说："你就不妨拈这个便宜吧。"可能他的意思是说黄身材细小，自然有胜无败的。于是他对王乔说："我们就答应这场比武吧！"双方定明倒地作负，赛者或其看护人建议停赛者作负，不得起脚（踢腿）。据知这门功夫很少踢腿，较多膝撞，不准腿击也是拈便宜之一。

跟着，就进行一场高矮赛事，甫一开始，黄步步为营，因对方委实过于高大，体型相距悬殊。黄稳守稳打，着着见机行事，一点都不敢造次。黄就是这样的打法，遇弱的他常会轻敌拼搏，遇强的他会打得更好，往往都审慎行事做到寸土不失。对方着着压迫，打来挥洒自如，本门功夫使来淋漓尽致，如背剑、摄手、碎桥、吞吐扣打，招招丝丝入扣，确是名手风范。黄几次防守之际，若不是护手来得及时早已着了道儿。总起十招以上是护手与来拳相碰发出骇人的声音，看者也停止了呼吸，像看一场生死搏斗。往往间不容发，一攻一防彼此也得不到什么便宜。但身为拳证的王乔隐隐觉得黄在消耗对方的体力，骆耀却空自焦急。王猜对了，正是狂风无终朝，大约分来钟林已稍慢下来了。黄等待林挥拳攻来时突然用右手化为膀手卸开来势，同时以手掌压下对方之右拳，成为一制二之势，以左拳击向林胸前。这招满以为十拿九稳，怎料林变招更快，高手果真高手。他忽然反手擒拿，黄左拳正着道儿。若当时他找着黄的右手，黄自会适当地对其来势反应，可是黄的技龄毕竟幼嫩，只不过一年多，左手反应未够敏锐，以至身体略为扭斜，右膝半跪。若林当时舒臂轻轻一推，黄定当倒地，因事前说过倒地为负，则黄早已负了。但林却想将黄重创，两手拉回向黄重击。以为弓满矢急，却给黄一个电闪石光的机会。乘这当儿黄转马回身拳由下打上，因得地面支撑他的拳力，去势既快且重，在林口部打个正着。当时有牙齿打落，黄食指也打裂了，血也渗出。一拳既中，林不惊反怒，疯狂向黄进攻，拳拳打满。黄施拍手将来拳卸开，乘隙击向林的胸腹。林虽中多拳，但他去势太急，黄虽击敌也难免步步后退，一直退至墙角，林仍未停止攻击。当黄退无可退之际，正想借墙之助回以重击，但还未出拳，而林拳早已狠命打出。黄无暇思索，急以拍手将林拳击向墙角，右拳猛力向林腹打去。林拳卸向墙角，当如刀割一般，皮肉脱落，腹部受击，反不如手部的创伤，自然亦无法继续下去，比赛到此为止。

但是，林的师弟仍絮絮不休地谴责林，并说："假如你用这样的手法，早就将他拍死。"林心里有气，反骂他："假如是你拍，早就给人家拍死。"他师弟也十分气愤，随即说："拍就拍，这次我来拍。"于是王乔对骆耀说："黄淳樑已啃了这件硬骨，剩下的软肉留给你享受了。"骆耀说："现在我是师傅身份，怎么那么容易跟人家过招呢？"王说："对方不也是师傅吗？他的徒儿比你还多，况且黄已几天没进食，这一仗他够累的了。"骆耀说："打一仗还不够吗？"黄说："不用了，我可以再打。"王乔说："你可支撑得住吗？"黄说："无妨。"用手帕扎好手上的伤口。比赛再开始，林的师弟看来不太高大，约5英尺8英寸，体重大约140多磅，身材均匀结实。因黄心中有点儿气，一开始就抢攻不守，拳拳打满，如摧枯拉朽，对手全无招架之功，一直到天台的围栏，屁股坐在围栏上，下面是六层楼高的街道。由于十分危险，王乔一手扶着他的肩头，一手拉着他的右手，骆耀同样地拉着他的左手。黄当时打得性起，提脚正想踢他，旁边有人高叫："他起脚。"黄当时神智为之一醒，即踏步上前在他胸口加一重拳。可怜这一拳对方捱得太苦，因双手左右被拉，胸口肌肉向两旁舒开，没有肌肉抵抗，此拳打得他母亲是谁也不知道，这场一面倒的赛事也告结束。

当时，旁观的老者对黄说："刚才你想起脚。"王立即上前介绍，原来这位老人家是国术耆宿。黄很有礼貌地答："其实这是詠春的进马步法，是用来提防对方突施踢腿袭击的。"那老翁也无可奈何，毕竟黄没有踢他。假如真的踢着，四五十人一齐发难，场面真是不敢想象。其实黄是撒谎，詠春拳根本就没有这样的进马。

黄淳樑在此期间，也曾尝试参加过一场国术擂台赛，但是经过实践得出结论，擂台赛实不能代替讲手。它只是一种有规则限制的竞技运动，体重和体力占据着重要位置，否则不会要按体重来细分级别。最主要的原因是带上了束缚双手的拳套，实际上增加了腿击的优势，削弱了徒手所起的主导作用。例如四只大拳套横列时，无所谓拳抢中线。而且黐手快速反应、指腕粘拿技巧、攻击要害弱点等等讲手特色都难以实施。

四十年前，台湾举办的台、港、澳国术擂台赛，在当时还是十分新鲜之事，香港参赛之后，亦有各种传言。黄淳樑回忆当时情景亦十分传奇，他说："此事发生于1957年海峡两岸都有意接触的时期。当时蒋经国是侨务委员长，可能为了争取港澳地区人心，第一次搞了一个双十节台、港、澳国术擂台赛。由于香港没有办过，新鲜事物吸引了我去报名。另外，我知道倪君参加了台湾队为代表，以为可以在擂台上同他堂堂正正斗一番，见个真章。谁知到台湾遇到了一系列不愉快的事。原先是咏春同门报名三人，但两人未去，自己只身在千里之外要孤军作战，因此很不愉快。当我听到这次比赛有官商勾结图利之事，更是异常气愤，觉得被蒙在鼓里当了傻瓜。于是立即告知其他参赛拳手，他们也感到不平，甚至有人提出罢打。这回港方负责人慌了，向大家施加恐吓和威迫就范。有人约我喝咖啡倾谈，那时在台喝咖啡是一件很奢侈的事。他劈头第一句：'㰀仔，保叔（保密局）对你很不满意，你应知道怎样打点，凡事识相点好。'我当时是一个刚抛下书包的小伙子，初尝社会的黑暗面，被压下来孤掌难鸣，打亦难不打亦难。"

"一天，一群人到郊外的指南宫游览，我在困境下也学人求神问卜，签文是'虎落平阳被犬欺，龙游浅水未逢时，曾知昔日亏阴骘，孽镜台前反悔迟'。心里总觉怏怏，于是再求，说也凑巧，竟是同一签，这已令我心无战意。"

"我再试求前程，签文是'作事问天莫念差，运逢牛鼠便亨嘉，香烟篆出平安字，烛蕊生成富贵花'。刚巧我家有一对联，跟后两句完全一样。我暗忖，怎会那么凑巧？我从前打伤不少人，也曾令一人眇目，真有报应吗？不如意的预兆和当时环境，斗志打折扣在所难免。"

"过不了几天，赛事过磅日子到了，只分成三级，轻量级由最低磅到148磅，中量级148~178磅，重量级178磅到以上。这个编排很不恰当，如我仅得106磅，可与最重相距42磅。它与西洋拳业余赛不能差9磅，相距很远。恰巧与我抽签配对的吴明哲140多磅，还比我高出一个头。我既不愿打又不愿输，真是进退维谷。在形势所迫不得不赛的不平衡心理下，早已打定念头，得些好意需回手，想出了在不分胜负下弃权了事的消极对抗主意。我那种从小倔强和年青人的执着心态去坚持变相罢打，今日回忆起来也觉得十分有趣。"

"比赛的擂台约20×20平方英尺，四周没有围台之绳，被击下台作输分论。击中得分，跌倒也得分。这种得分计算，如拳证偏袒是很容易办的。"

"第一届擂台赛，首次规定戴上薄拳套和头盔（空军飞行帽），当时很多拳手都难以适应。"

"比赛当日，我的对手吴明哲是台湾军人。他年约二十三，身型很好，马步灵活，身手轻快，有台湾腿王之称。看来他的家数是少林长拳。一开始我毫不犹豫立即抢攻，吴招架不住左右游走。我拳拳往他面部招呼，吴被击得眼角、口角皆出血，步步后退，退到台角。他突施摔技，先将我左手擒着，乘我重心倾前，即转身来个背摔。不知哪来的气力，我竟然翻过吴的背部，

右掌力按吴的肩膀，乘势一个跟斗站在台中，吴踉跄几个跌步才能站稳，全场传来疯狂的掌声。经这一次吴再无机会使用摔跤了，我也狂攻如故。但第一回合时间已够，停止一分钟。休息后战事重开，吴学乖了，不断展开八卦步法游走，我以直线步法拦截弧形。毕竟直线短于弧线，所以我不难截住对方，频向吴面部攻击，吴且战且走，直退到台边，身向后仰，有意无意间踢出一腿。而我亦犯咏春的大忌，在咏春的拳术理论中，高来中上打，低来中下打，总有一手留中，保留上下的路线距离均等，那是较稳健的打法。而我刚好双手打高，中下盘空虚，恰好被踢中这一腿。这一腿击得不太重，问题是赛前完全没有做热身准备，一上来就疯狂攻击，受这一腿后腹部肌肉抽搐。但吴已跌下台，不但要扣分，自己也可休息一下继续比赛。但因对赛事安排各种手法不满情绪横压多时，早有罢赛意念，于是见好就收，借打倒对方之机提出弃权停赛。当时年轻固执，自然吴方获胜，亦应验那签文，只是败阵下来并无伤损。当日随军记者龙国云（即陈非）最为眼亮，事后也很中肯地评述这场赛事。"

"吴明哲除被我打得狼狈外，其余几场都顺利过关，而让赛给他师兄中量级冠军张英建。"

香港资深记者陈非观战后回港报道，他认为第一回合黄占优势，攻势凌厉。文中有"拳法之密，令到吴明哲无法招架，竟被其击中一拳，口唇爆裂，下颌挂彩，鲜血暴涌，淳樑此际，以为对方既然挂彩，当然不能反攻矣，所以更对其看轻"。陈非认为第二回合黄仍占优势。文中有"黄淳樑之咏春拳法，果然犀利，节节向其进攻，度度占先，争得主动，吴明哲连中数拳，且被击中原伤口，血流益多，以此时积分之纪录，淳樑本较明哲为高，倘若用游走之法拖延下去，至够钟之时，黄已得到胜利矣。但淳樑自恃勇悍，同时因见明哲受伤，正所谓贪胜不知输，仍然向明哲猛攻不已，一得机会，便以两手向其凶狠打下去，在咏春拳之法度，此一记凶拳，两拳向低一点，则既可自护腰部，对方复不敢起腿者，但淳樑因求胜心切之故，两手抬高一点，遂被吴明哲所乘，飞起一腿，用北派少林的蹬腿之法，打中其胃部，当堂打个车身，跌落台下，遂宣布弃权"。

赛后，黄淳樑由台回港，受到热烈欢迎（图2-4）。但再不愿参加那种有规则限制和有拳套束缚的擂台赛了。至于师弟李小龙本人，也非常关切此战，十分希望从中得到有益的启迪。

图 2-4　詠春同学欢迎黄淳樑归来（左起第六位）

黄淳樑后来仍与人讲手，特别要提的是硬撼基高一仗具有重要意义，因为一个是以实战技击和活用理论著称而享誉的"讲手王"，一个则是身经多次比赛的前重量级西洋拳击高手，双方都有非常成熟的实践经验，或许可以说是东方实战技击术与西方体育技击术的一次较量吧。

事情缘于 1969 年底，黄在叶问鼓励下已开设黄淳樑詠春国术会，学生众多。但有一天晚上，有几个洋人到访，其中一个身体庞大，虎背熊腰。幸好当时黄有一位师弟张敬刚（张卓庆兄长），是一位英语流利的校长，故此他充当了翻译。其中一位中等身材的洋人递上名片，原来他是英文《星报》的编辑，闻说詠春的拳理十分精辟，而他却是门外汉，故此带同另一位朋友前来讨教。他的朋友叫基高，是世界重量级西洋拳高手，曾名列第五，白俄罗斯人，身高 6 英尺 4 英寸，体重 240 磅，年龄四十余岁。张敬刚介绍他认识詠春，当时馆内很多门徒进行黐手反应练习，张问基高对黐手的看法有甚意见？基高站起做出太极推手的模样，并说没什么分别。张又详细地解释有什么不同，同时解说詠春的发劲方法，如寸劲等等。当张示范寸劲时，基高则以手掌回敬张的拳头，张的寸拳突受迫返回。鉴于这样，张自知难与基高对抗，因体型力度相距太远，遂请黄跟他比试。此时黄的年龄大约三十四五岁，体重 125 磅，也是与之相距悬殊。虽然有几个资质不错的门徒，其中一个体型结实，身手矫捷，但学技时间很短，曾在美国参加跆拳大赛十次，所以比试时用跆拳多于詠春。另一个拳力很重，曾数次与人比试，都是三两下将对方打昏。但黄则认为反成顾虑，因基高曾是世界职业赛前五名，当然经过异常艰苦的训练，也尝过无数次的重拳，就算他打中基高数拳而对方仍若无其事，他自会慌乱。稍经思索，还是由自己应付。

双方商定不使用脚踢，颇遵西洋拳例。开始双方带上拳套，可是基高的手太大，拳套戴不下去，于是改用徒手比试。赛前基高对黄说："我跟你比试是很不公平的，因为我们的体型距离很大，但我会尽量迫使你无法出拳及双手促势。"

一开始黄先站到场地的角边上，待基前来，黄突然转身，令基站于角上，黄后面留有大幅空间，心里早已盘算他的拳打在对方身上并非数下便可奏效。本来咏春发拳是力度放松而弹出的，这样可打得较快而打的焦点较小，力道较为集中。这次黄一改常态，将拳尽量使硬。其实这也是咏春的"标指"，是因时制宜的想法，无所执着。因拳使硬，反作用力加大，击中敌后使身体急速后退，保持适当的空间可以连续发拳。在大小悬殊的拳斗里，黄已打了对手很多拳，甚至有几拳打在对手的肋部，拳头深入而不见了（当日《星报》刊登了图片），他也若无其事。黄一点也不急躁，因为已在他预算之内。当时旁观的大声呼叫："打他面部。"有些则叫："踢他下阴。"但黄却不以为然，认为赢要赢得光彩，输要输得好汉。因为他要攻击面部是有机会的，但对方的体型太高，若打对手面部，自己中路必门户大开，而且打在对手面部，肯定能捱得起，而对手这时乘机反击自己胸部，力大势猛定难支撑下去。此际黄心里叫苦，因久攻不下，又打着游击战，真不知怎样收场。自己七八十个门徒看着，总希望找个台阶下。正当此时黄有几次猛拳打在对方左胸肌上，对手突然叫暂停，黄此际也愕了愕，不明其意。稍定下来，黄明白是怎么一回事了。因基高比黄年龄大上十岁，或许生活不甚正常，心脏可能有点毛病，虽打在厚厚的胸肌上，心脏也受不了，于是停止了赛事。

事后据黄说："赢得委实侥幸，若是同一年纪，赛果定会改写，基高打得硬朗，毕竟是职业训练国际拳手。"有人问他，基高与林教头，究竟谁更硬朗，黄说："林毕竟是业余训练，基高是职业训练，不能混为一谈的。"赛后，基高曾问他咏春构思可否应用到西洋拳击上来，确实多少也促使黄要进一步总结讲手经验，去探索咏春学问的最高层次。

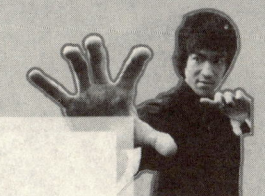

第三章 "振藩国术"攻克鬼佬禁区

明末畸人陈元赟，曾经远洋渡日，孤身漫行千里，独闯"武士之町"，敢于挑战城内拥有特权的十万武士传统使用之阳刚剑法，独树一帜地传授失去特权的浪人不用兵器生杀就可生擒之阴柔拳法。

在独尊儒学和禅武天下的江户，突然冒出了格格不入的道家柔术，使古武道性质开始出现新的变化。解除了过去只认拉弓弄剑、角力相扑、硬桥硬马的传统束缚，实有赖于它接受了有数千年历史的古代武术所凝聚之成果所致也。

三百四十年后，李小龙亦于1959年匹马走天涯，独闯北美洲，为叶问咏春征服西方世界，第一个立下汗马功劳，一洗中国功夫过往的海外积弱地位，亦实有赖于它亦接受了有数千年历史的古代武术[1]所凝聚之成果所致也。

且说当年李小龙乘船在海上航行了多天，才到达三藩市。抵达之后，他首先要面对的是如何谋生的问题，因为他不欲靠家庭的帮助，只想半工半读地去完成学业（图3-1）。

李海泉曾先后给他的以前戏班同事、三藩市的关景雄和西雅图的杨九福去信，请他们照顾年轻的儿子。三个月之后，李小龙转去了西雅图。杨九福回忆说："我去三藩市会见李小龙，他同绘画退休的越南老华侨关景雄同住。李小龙不喜欢环境太杂，有意去西雅图。因此我回西雅图，去找唐人街男青年会的

---

[1] 前国际武术联合会筹委会主席徐才先生有关武术名词方面和让武术征服世界方面的文章，可见《徐才武术文集》的自序和康戈武的《中国武术实用大全》书中徐才所作之"序"，提及他受"功夫"名词的启发，其摘要为："说来，我与武术结缘纯属偶然。70年代后期，我才接触武术，在一次出访外国时萌发了让武术走向世界的念头。1978年，我随中国体委代表团访问南斯拉夫和罗马尼亚。在南斯拉夫，从首都贝尔格莱德去海港城市斯普利特的路上，我们在一个小镇歇息时，蓦然看到一幅海报是介绍功夫影片的。当时，我油然产生一种思绪，心想怪不得在欧洲、美洲、亚洲、非洲，'功夫'是一个家喻户晓的名词，连外国的一个偏远小镇都有'功夫'的影响，文化的魅力真是诱人。出访回国后，我在一次会议上，冒然提出了让'武术'征服'世界'的主张。从此，在不同场合一而再、再而三地呼吁把武术这块民族传统文化瑰宝推向世界，献给世界。后来，国家体委决定让我分管武术。这样一干就是十年，与武术结下了不解之缘。"因此，徐才先生不愧为"世界武术之父"。

图 3-1 李小龙初到三藩市（杨九福师傅提供）

体育部长，同意买机票请了他来。[1]"

西雅图位于美国西北角，是太平洋东岸的海空港，与加拿大温哥华只两个多小时车程。它是从华盛顿州的大森林之中开发出来的沿海大城市，加上湖泊穿插其间，空气特别清新，冬季不严寒，夏季不闷热，是全国居住环境首选之一。李小龙到了这里，自然也就暂时不想再动了。

这时李小龙就同还未结婚约四十岁的杨九福同住斗室。杨九福，广东南海人，由于家境贫寒，小时候就到广州的戏班子去学戏。很多戏里有武打，他当了武生，先后学了南少林拳、詠春拳、南螳螂、北螳螂等。1939 年，侵华日军轰炸广州，他随人称"北派武状元"的陈锦棠和师兄李海泉等人的锦添花戏班先到香港，然后远涉重洋，转到旧金山（三藩市）。陈锦棠带领他们在当地唐人街演戏。第二年李小龙出生，杨九福常常抱着他玩。

1918 年出生的杨九福师傅现仍住在西雅图（图 3-2），他回忆说："我同小龙同住在百老汇大街与杰福逊街相交的周露比餐馆楼上三楼约两年。小龙因为驾驶证要我以叔叔名义担保，以后就沿用，称我为叔叔。"

"周露比的丈夫周少平是桂名扬的徒弟，桂曾托陈锦棠照顾徒弟，因此同戏班的人有来往。小龙晚间就在周露比餐馆任侍役和清洗碗碟（图 3-3，餐馆今已拆除），白天就到爱迪生技校读书。"

---

[1] 杨九福在男青年会教中国功夫。

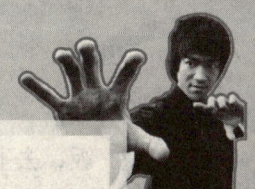

图 3-2　杨九福与李小龙首徒杰西·格洛弗近年合照

图 3-3　李小龙在周露比餐馆门口

"我同小龙说,我在戏班学的詠春拳同黄淳樑教的叶问詠春拳有所不同,例如戏班里的詠春拳是侧身多。七个月后,他同我在西雅图九频道电视台表演詠春黐手。上电视可为餐厅宣传,周露比难得支持李小龙的活动。"

"我在练功方面帮过他,每天一早我就把他叫醒,不盥洗就练打快拳。我点上一支蜡烛,让小龙一秒之内出快拳。距离火苗一寸,一拳打灭,打不灭再打。打上一阵,再用两只前臂打木桩。这时候我已把早饭做好,让小龙洗脸吃饭，去上学读英文。下午两点钟回来，又要打桩十五分钟。洗洗涮涮再吃饭，然后出去打工挣钱。收工回来再打蜡烛，一打就是一个小时，要求快、狠、准，从距离火苗一寸到两寸、三寸、四寸，一直练到距离五寸，一拳打灭。在两年的时间里，从打蜡烛、打桩、打沙包到脚趾站桩等硬功，他都一一练过，他不但练功很刻苦，自己又有新的变化和发展，我感到很高兴。有一次，他同我说，总有一天我要回香港打败黄淳樑。"

"小龙是近视眼，戴的是隐形镜片，不影响练功，当时别人都不知道。他什么都学，例如向他的弟子学空手道等等，我教过他弹手螳螂等各门各派技术。"

"李小龙在西雅图的好友中，帮助他开馆授徒出力最大的是开本地超市的日裔木村武之（Taky Kimura）。"

木村一家二次世界大战前移居美国，但他的青春却给二次大战毁掉，1942年他一家被关入集中营。当时木村18岁，五年后出来，完全找不到工作，他自觉要完了。

后来，他学习柔道逐渐恢复自信心。有一日，他看到李小龙的武技十分佩服，遂拜他为师（图3-4）。而李小龙的活力亦感染了他，终于慢慢振作起来，成为李小龙的忠实追随者。当时李小龙已经成为领袖人物，在群众中具有特殊

图3-4　木村（左）与李小龙同练柔道

气质，大家自然注视他和听他说话。那时木村已35岁，而李小龙才只有18岁，父辈年龄的他向李小龙学詠春拳术。

李小龙向黄淳樑学詠春前后一共两年还不到，因此他要教叶问詠春，有问题时自然会请教自己的授业师兄。

黄淳樑回忆说："他一直同我保持联络，尤其在他教詠春拳之后，通信更是频繁。因为在港时他只是练拳，有什么问题都可以直接发问，但教拳往往要回答每个学生的问题，可能有些问题令他也感到困惑。他曾告诉我来美情景，例如曾教CHA CHA舞。但发觉东方人教詠春拳比教西方舞更吸引西方人，于是专教詠春。"

李小龙最早吸收的弟子中，有柔道黑带的第一个弟子兼同学的黑人杰西·格洛弗（Jesse Glover），有全美空军拳击赛前重量级冠军詹姆士·迪米利（James DeMile）和道·帕尔默（Doug Palmer）等。李小龙第一次接触的未来弟子，是在西雅图周年集会公开的"洲文化日"上，当时李小龙由学校推荐，当众表演中国功夫，趋前挑战的是重达220磅和逾6英尺的帮会街头打手詹姆士。詹先依赖重拳抢攻，李则在消解攻势的同时标前反击，詹终不敌而服输。

从1960年开始，李小龙临时教拳的地方变换五六处，例如周露比餐馆停车场、后院、车库、陈威药房、华盛顿州立大学、唐人街地下室。

杨九福说："小龙父亲寄来木人桩，就安放在餐厅后门去宿舍的楼梯底。那时李小龙并未全部掌握木人桩技术，我曾帮过他。"

李小龙来美之后，第一次同人较量，由杨九福直述："有一天，小龙从学校回来告诉我，青年会请来的日本人教空手道，和他同班学习英语。当听说小龙会功夫，下课后就要和他交手，而且非常傲慢，口出狂言：'唐人街所有的各种功夫，我只用手指一按就倒。'"

"我对小龙有约在先，不要在外打架，如果有人要打，须同我商量。连着很多天，日本人不断挑战，我同意了小龙应战。小龙用詠春拳同他较量，对方果然不敌，很快就甘拜下风。"

李小龙在爱迪生技校毕业后，打好了英文基础，1961年春，顺利进入了西雅图最大的著名华盛顿州立大学攻读哲学。

为什么李小龙选择哲学呢？他曾解释道："这与我童年时的好斗有关。我常问自己，胜利又怎样？为什么把荣誉看得这么重？什么才是荣誉？什么样的'战胜'才是光荣？人生到底为了什么？是不是就为光荣而活着？于是，导师协助我选系的时候，认为以我的发问精神，最好选哲学系，并说：'哲学会告

诉你人是为了什么才活着。'"

　　李小龙喜欢艺术，亦可能同他选系有一定关系。他尤爱上美术课，时常绘画一些具有东方情调的勇士战斗姿态的图像，其水平足可在今日漫画界发展（图3-5）。而他从前的老师也很喜爱他的习作，至今还把他的绘画挂在办公室里。

图3-5　李小龙画的两幅古代武侠战姿

那时，到西雅图留学的华人较少，华裔美国学生亦不多，而且甚少与白人学生交往，另有自己的小圈子（现在情况已大不同，在1997年春节联欢会时，华人教授和港、台、中国大陆学生、家属已可挤满华大剧场，并有一流中国歌舞演出）。当时的李小龙谈吐生动活泼，既会武艺和舞艺，又会表现自己和讨人欢心，加上讲究的衣着和讨好的身材（身高5英尺7英寸半，体重140磅），其魅力吸引到一些忠实的追随者。

李小龙的第一间"振藩国术馆"于1962年4月在唐人街沿街旧建筑的地下室成立，它是由杨九福的武馆让出来的。武馆英文名称是"Jun Fan Gung Fu Institute"。英文用"功夫"称，中文用"国术"称。

李小龙预见到自己的将来才成立武馆，数月后致函好友时，已提到把功夫看做实质文化的一部分和看做是自己的一部分。他还提到喜欢创新，并感到自己拥有这种巨大的创造力和精神力量。

1963年3月李小龙返港探亲，由弟子道·帕尔默陪同，住到8月才回西雅图。李小龙返港前已接到入伍服务令，回美后却未被征入伍，因此可以继续他所喜爱的功夫文化事业。

李小龙在香港时，得到师父叶问破例同意，将师父当场示范的练功和木人桩法都拍照带回美国。当他得知黄淳樑有一盒叶问演练木人桩的影片后，也向师兄借来带回美国（图3-6）。

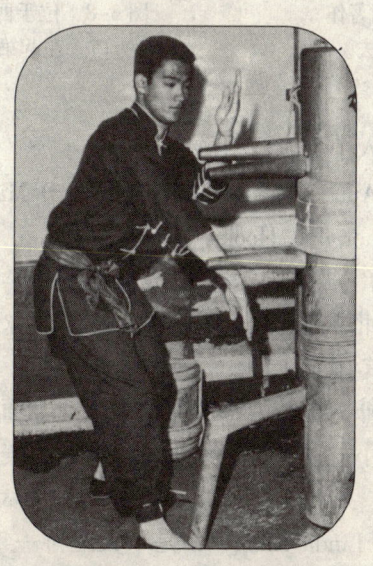

图3-6 李小龙勤练木人桩

李小龙第一部著作《基本中国拳法》于1963年出版（图3-7）。

为了武馆招收洋学生和靠近华盛顿州立大学，1963年秋李小龙将唐人街武馆迁到华大区人口密集的大学路4750号沿街（图3-8）。

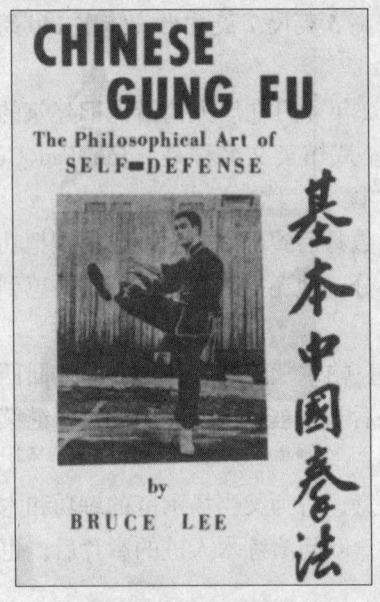 

图3-7　李小龙著作　　　　　图3-8　位于西雅图的振藩国术馆门
　　　　《基本中国拳法》　　　　　　　口（左起第二人是木村武之）

西雅图先后学武的人中可以记得的有：

Linda Emery, Sue Ann Kay, Ed Hart, James DeMile, Jesse Glover, Uechi, Taky Kimura, Doug Palmer, Pat Hooks.

"振藩国术馆"教的"振藩国术"，就是李小龙所学到的叶问詠春拳和自己的其他功夫体会（例如北派腿法）。现在用"修改的詠春拳"来形容他教的内容，其具体课程，请参考附录十四。

李小龙除了学业之外，把精力都放在功夫事业上面，因此他选择的终身伴侣也同功夫有关。在李小龙读大学三年级时，有一位美国女子来到他的武馆学功夫。

她叫莲达·埃默里（Linda Emery），是华大医科一年级学生，柔顺而聪敏，能静心细听李小龙的说话和顺从他的意愿去做。这些独特之处，正是李小龙所

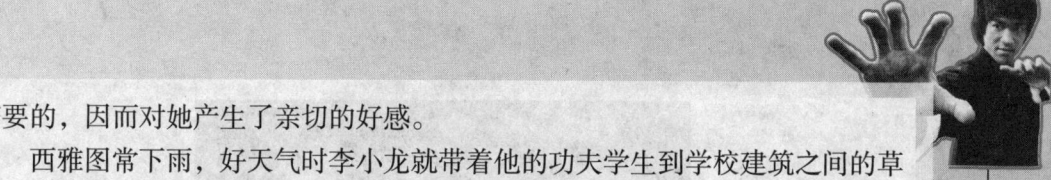

需要的，因而对她产生了亲切的好感。

西雅图常下雨，好天气时李小龙就带着他的功夫学生到学校建筑之间的草地上练功夫，然后大家一起吃饭、看电影。有一天李小龙与莲达离开了大家自由行动，开始了两人世界。那是1963年10月25日，在代表西雅图地标的"太空针"塔顶旋转餐厅上（图3-9），两个人第一次单独在一起吃晚餐。

图3-9 西雅图"太空针"

李小龙单身时喜欢跟女孩子打交道，据杨九福说："进过集中营的日本裔少女亚美，是李小龙最早追求过的女孩子，但他最后选择了莲达结婚。"

莲达5岁就失去父亲，一直缺乏男子对她的疼爱，却接受了李小龙的追求，这是因为他们两人都相信种族和文化的相异之处，正足以弥补彼此之不足和增加彼此生活的情趣和认识。

李小龙要前往加州三藩市旁的工业城市奥克兰开设第二间"振藩国术馆"，是由于华裔美国人严镜海（James Yimm Lee）在当地的关系。

严镜海于1920年出生于奥克兰，高中时就练举重等运动。1938—1939年，获得北加州132磅举重冠军，并且学过柔道，也是业余拳击爱好者。他曾在夏威夷珍珠港当过电焊工，珍珠港受袭后回奥克兰，不久参军去菲律宾，后得病退役回家。他研究中国功夫，曾学少林拳套路四年，练铁砂掌劈十块砖，因此自己出版过一本关于铁砂掌练习的书。

严镜海的挚友周裕明（Allen Joe）1962年到西雅图时接触到李小龙，于是向严介绍李的出色拳艺，因此严镜海主动结识了李小龙，其后二人成为好友（图3-10）。

图 3-10 李小龙与奥克兰的好朋友 1966 年合照
（左起李鸿新、周裕明、李小龙、严镜海）

另一华裔美国人，1917 年在夏威夷出生的谢华亮（Wally Jay），也于同一年到西雅图结识了李小龙。谢华亮是"小圈流柔术"（Small-Circle Jujitsu）的掌门人，被公认为"美国柔术之父"。他将拳击、摔跤、柔道、合气道、功夫、举重和柔术各家融为一体，创新出小圈理论柔术，其中小圈拿腕技术是关键。及后，将此技术应用于柔道比赛同样成功。谢华亮在他的《小圈流柔术》英文书中（图 3-11），对李小龙至为推崇，并提到他们长期的交流心得，因而

图 3-11 李小龙好友谢华亮在
《小圈流柔术》封面的示范

成为可信赖的好友。李小龙善于调查研究,博采各家之长,小圈拿跌技也都学过,这是他后来创新功夫同样成功的重要因素。

李小龙在即将毕业前夕的1964年6月,突然要动身到加州探路,因为他得出结论,加州是全美最开放的地方,一定对开展功夫事业有帮助,因此行前向莲达求婚共赴加州发展。

1964年8月2日,由"美国空手道之父"艾·派克(Ed Parker)在加州长堤主办的国际空手道锦标赛中,李小龙应邀表演中国功夫,介绍人是严镜海。

虽然李小龙以前曾作过多次功夫表演,但是规模小,例如唐人街范围。当年的中国功夫对美国人来说仍然鲜为人知,而且颇具神秘性,不像空手道那样已甚为普遍,甚至有的人错把中国功夫也当做空手道了。这次国际性公开表演,可谓中国功夫第一次打入鬼佬禁区,不但令李小龙的功夫事业踏入一个新纪元,同时,也为他带来了再次当演员的希望和机会。

在长堤的表演及此后其他场合的表演,都给艾及美国空手道界人士公开了功夫的奥秘,它并非功夫套路或功夫硬功之类,因为这些空手道也有。它是空手道没有的詠春黐手、寸劲、冲拳等手法的灵巧动作,这对一向熟悉西洋拳击的观众看来,确是十分神奇。

例如"黐手"是詠春特色,由两人搭手互动,用以锻炼手部攻防动作之灵巧反应。而表演的"蔽目黐手"就是其中一人把眼睛蒙住,纯靠手部触觉对战,令外国人看来不可思议(图3-12)。李小龙单方面蒙眼,却取得胜利,其理由很简单,闭目的反应更快,因为没有外界影响的分心。

例如詠春日字形"冲拳"是正身发拳,李小龙则是侧身发拳。打法同詠春一样,就是全靠接触对方突然使出爆发力,把对方击倒在座椅上,座椅随之推后数英尺(图3-13)。李小龙将之取名为"寸劲",此名称为詠春同门所

图3-12 李小龙表演蔽目黐手

第三章 『振藩国术』攻克鬼佬禁区

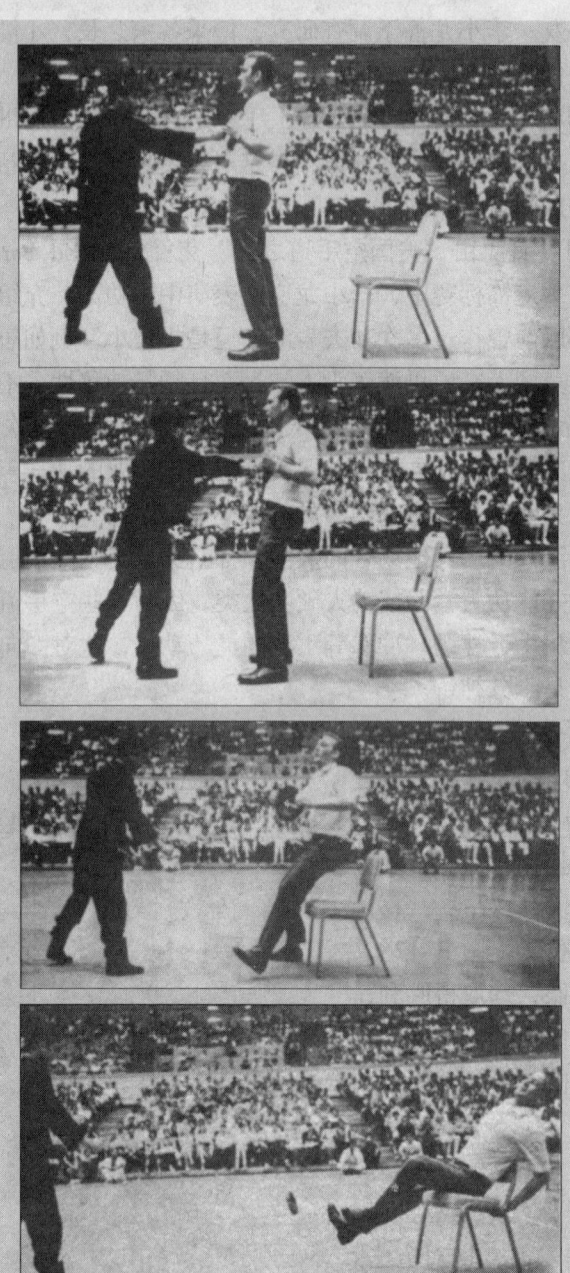

图 3-13 李小龙表演寸劲

接受。

例如所谓"无影拳"或"照形拳",李小龙请来一位空手道高手先向对方说明要打的部位,随即发快拳,高手来不及反应就被击中。他再连续多次,仍被击中。关于这个成功的表演,李小龙或许受了杨九福的影响,采用侧身詠春和快拳击烛光锻炼出来。不过,后来黄淳樑提出另外独特的见解,留待后面章节再介绍。

8月12日李小龙从加州探路回来,仓促同莲达举行婚礼(图3-14)。虽然莲达的母亲并不同意这门婚事,但还是默许和接受他们婚后前往加州的事实。李小龙最终放弃了大学哲学系的毕业文凭,选择了自己热爱的功夫事业,而莲达也放弃了医学专业,跟随他走向不明朗的未来(图3-15)。

图3-14 李小龙与莲达举行婚礼的小教堂
(图中人物左起木村与陆地34年后重游)

图3-15 李小龙同莲达合照

在 1964 年夏天，李小龙将武馆交给了木村后，就同新婚的莲达·李离别了西雅图移居奥克兰，同严镜海和他的家庭住在一起。他们合办的第一间非商业性武馆在百老汇街和四十一街交界处，地方很小，开始只有 8 名学生，其后搬往严镜海的汽车库，为的是节省开支（图 3-16）。

　　李小龙与严镜海亦师亦友，李小龙教了弟子詠春拳（图 3-17），严镜海教了师父在训练体能方面的经验。李小龙便是利用这些体能锻炼法锻炼出那坚强的身躯。

图 3-16　奥克兰的振藩国术馆门口

图 3-17　李小龙与严镜海合照

第二馆同西雅图第一馆一样，突破传统观念，没有种族歧视（图 3-18）。中国功夫传外国人在当年还是比较新鲜之事，于是引来了三藩市的功夫教头黄泽民，要向李小龙公开挑战，打算打败了他，逼他不能立足于当地。

图 3-18　李小龙与奥克兰弟子合照
（前排左起第三位是助教严镜海）

这场比武在三两分钟内分出胜负，教头被李小龙追打而败下来。战后李小龙说："我本可以在数秒之内结束战斗，谁知他却离开我游斗。"比武当日，莲达也在场观战，虽然她已有身孕。

李小龙在香港讲手那种数秒解决问题的情况不再出现，是因为他没有黄淳樑的临场指导，还是他遇到新情况而经验不足，这些都可以研究。但是有一点却可以肯定，就是这场比武成为李小龙启发新创意的一个转折点，促使他下决心去发展自己的李小龙技击术。

李小龙认为严格坚持传统的阵地战会过于束缚他，因为它缺乏灵活快速移动的运动战。他亦发现，全过程都运用阵地战之后十分疲劳，因此开始增加新的空间于他的武艺之中，探索最适合自己的技术，吸收有用的，摒弃无用的，加上自己专长的。

回说李小龙在长堤的精彩表演，被当时主办人艾·派克用录像机拍了下来。而艾·派克的徒弟史伯陵是荷里活最著名的发型师，他也在赛事中观看，赞赏李小龙的演出。其后艾·派克介绍史伯陵和李小龙见面，因此知道李原是电影演员，渴望在美发展。

有一次史伯陵替"二十世纪霍氏公司"的蝙蝠侠电视制片人威廉·杜士亚理发，杜士亚提到他正寻找演员担任新电视片集《陈查礼之子》的角色，于是史伯陵大力推荐李小龙。

杜士亚立即从艾·派克处借来16厘米影片，观看了李小龙的表演后非常高兴，立即约会李小龙。

1965年2月4日，李小龙与莲达同往洛杉矶，在"二十世纪霍氏公司"试镜。回到奥克兰后，等待安排拍摄电视片集，但是一直没有消息。

在1965年期间，李小龙的家族先后有红白二事，红事是第一个孩子李国豪（Brandon Lee）在2月1日诞生，白事是同一星期前后的2月8日，其父李海泉在香港逝世。其后夫妇二人带同儿子回香港，住了四个多月后才返回美国。

李小龙在港期间，除了练功、看书和例行活动之外，亦有同师父和师兄弟见面，例如他请徐尚田师兄介绍冯石名匠制造木人桩，因为叶问师傅的第一个木人桩就是冯石制造的。冯石就在徐师傅的长沙湾道13号三楼拳馆内制作，要为李小龙设计的三种不同新款木人桩制作好几天，因此李小龙下午都要去拳馆，顺便观摩师兄的教学和练拳。

李小龙要在香港首先发展自己的李小龙技击术，只要在他常去的"克健力学院"，就可以找到他的追随者。李小龙首创"以无法为有法""以无限为有限"的技击哲理，也同样在香港首先灌输给他的追随者了。

1965年6月，李小龙全家回美暂住西雅图岳母家四个月，在此期间再与旧日学生木村等相聚练功。

李小龙自从总结与黄教头之战，经过在香港一段时日的研究，此时再同弟子们对练时，步法上和技术上已有很大的变化。例如数年前第一次同詹姆士的交手，是用咏春桩马的阵地战，现在则是灵活快速移步和拳腿交加的运动战，此一新打法顿使巨人詹姆士应付不了，可谓是李小龙从香港带回来的"截拳道"雏形。

李小龙全家由西雅图又回到奥克兰。为了度日，他再将全副心思放在武馆上。安顿下来不久就得到开拍的新讯息，于是全家迁往洛杉矶。

1966年4月，由于《陈查礼之子》没能面世，李小龙被预约为拍摄《青蜂侠》的演员。

严镜海此后仍在奥克兰自己家中车库教拳。李小龙离馆以后，教材内容也加入了截拳道某些内容，目前严镜海的继承人严万法提供的教材内容，请参考附录十五。

第四章　香港功夫震异域唯独截拳道

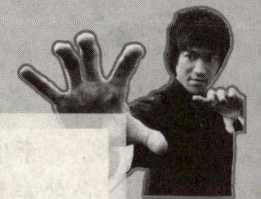

1966年6月,《青蜂侠》正式开拍,李小龙饰演青蜂侠的武功高强助手美籍日人加藤一角(图4-1)。《青蜂侠》在1966年9月至1967年间的电视季节播映,一共26集,每集半小时。由于加藤的中国功夫武打镜头,令西方观众大开眼界,从此他在荷里活有了一点名气。此后很多荷里活的名人都是他的功夫学生。

美国西岸较早受到亚洲文化影响,例如李小龙好友"美国空手道之父"艾·派克、"美国跆拳道之父"李俊九、"美国柔术之父"谢华亮等等都在西岸,尤其在加州洛杉矶附近。因此李小龙可以多同他们交流,双方优势互补和互相得益。

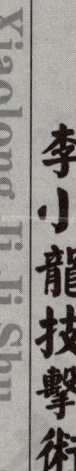

图4-1　李小龙在《青蜂侠》中的扮相

李小龙从此年开始到第二年，要为即将公开自己创立的截拳道写作图文并茂的专书，系统阐述他所独创的李小龙技击术。但因故推迟到他逝世后，由水户上原（Mito Uyehara）整理，并于1977年出版，取名《BRUCE LEE'S FIGHTING METHOD》（图4-2）。

图4-2 《BRUCE LEE'S FIGHTING METHOD》
共四卷，这是第一卷封面

1967年是李小龙一生中值得纪念的一年，那时他已无《青蜂侠》拍摄工作，能够有时间去亲自训练学生，并为他前年在香港诞生的功夫命名为"截拳道"。

此年他出席几个公开场合，担任表演的嘉宾。例如1967年5月在华盛顿出席"全国空手道锦标赛"，1967年6月在纽约麦迪信广场出席"全美空手道锦标赛"，1967年7月在长堤出席"国际空手道锦标赛"。他首次着护具的全接触格斗表演，启发了空手道冠军乔·路易斯（Joe Louis）。数年后乔在美国首次（也是世界上首次）成功推行全接触自由搏击擂台赛。

此年他正式开设第三间振藩国术馆，坐落于洛杉矶唐人街的学院街628号，正式开课是在1967年2月2日。李小龙挑选了菲裔学生丹·伊鲁山度（Dan Inosanto）为助教（图4-3）。

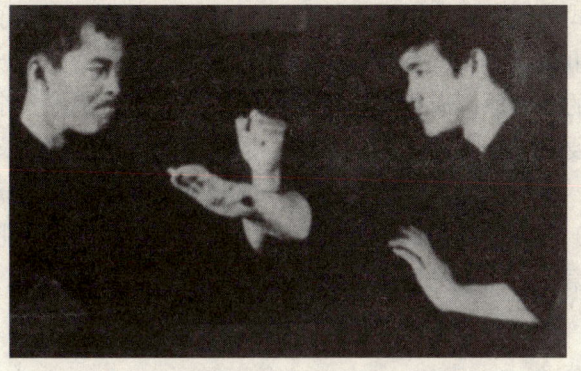

图 4-3 李小龙与伊鲁山度交手示例

在此历史性时刻，上第一课的学生未超过 20 人（图 4-4）。最后取得截拳道修业证书的，是在李小龙家中专修截拳道的华裔弟子黄锦铭（Ted Wong）和助教伊鲁山度二人，其余的人取得的是振藩国术或振藩拳道修业证书，其中有：

Philip Bardelli, Bob Bremer, Don Dunlop, Steve Golden, Alifred and Kurt Haber, Rick Herman, Raymond Huang, Pete Jacobs, Alan Laqunoff, Daniel Lee, Jay Parsons, Ralph Perrault, Jerry Poteet, Paul Robbie, Ozzie Simon, Hayward Soo Hoo, Gerorge Stanbury, Ken Wenseuie, and Ted Wong.

1969 年 4 月 19 日，李小龙与莲达的女儿李香凝（Shannon Lee）出世。

图 4-4 李小龙与洛杉矶弟子合照（后排左起第六位是助教伊鲁山度）

　　第三馆正式关闭是在 1970 年 1 月 29 日，差四日就是三年了。之后李小龙专注于荷里活事业。

　　关于闭馆的真实原因有很多种说法，但有一点是肯定的，李小龙认为要么他亲自去教，要么索性关闭。换句话说，谁也不能假借他的名义代替他。

　　闭馆之前二十日不到，李小龙曾写一信给香港的授业师兄黄淳樑，已透露他想回港一行，或许他已想回港发展，可能也是闭馆原因之一吧！

　　李小龙在第三馆所教的原始教材，请参考附录十四。

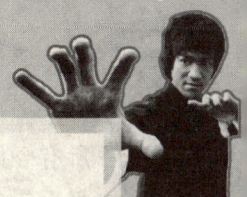

第五章 命途变幻两载之暴起暴殒

李小龙在美国本来只是默默无闻的华裔美国人,却有信心成为最红的功夫电影明星,而不是电影配角,但那时荷里活是白人世界,还未重视功夫片。

1970年1月11日,李小龙写了一封中文信给黄淳樑,透露了他想回香港的想法和介绍自己的心得截拳道,原文如下[1]:

黄淳樑先生	Mr.Wong Shun Leung
香港九龙弥敦道466号二字	466 Nathan Rd.2/F Kowloon, Hong Kong
美国加州90024洛杉矶 路士柯马理路2551号	2551 Rosemare Rd. Los Angeles Cal.90024 U.S.A.
淳樑兄: Jan.11 1970	1970年1月11日

很久没有通信,你好吗?邵在勇(Alan Chaw)从加拿大来信,有问及你借我用的8mm电影,我真是十分道歉,因为多次搬屋以(已)遗失,本来是很磨耗的了,故之很小(少)用而失了,十分抱歉。

我在BEL-AIR买了一新屋,有半英亩大,很多树是牧场风格,在山顶上近Beverly Hills。再者,除了我的儿子Brandon外,我有一位七个半月大的女儿Shannon。你有再结婚吗?请代问候你的姊妹。

近来我组织了一间制片公司,且写了一本"Silent Flute"故事,由James Cobum和我主演,Stirling Silliphant编剧,他是金像名作家("In the Heat of the Night"),我们预备作第一次荷里活武侠片很有成望,大约六月左右开镜,

---

[1] 此信的"( )"内字句,是由作者加上去的解释。

所有合作的均是从我学习的,将来 Steve McQueen 可能又有合作,我对于这筹划万二分兴奋。

　　至于武道方面,我形(仍)然是日日修习,与一班徒弟和朋友每星期会两次,无所谓是西洋拳、跆拳道或摔角,派别是无所谓,只要和和气气不要反面而矣。自从 66 年开始认真去练习后(护具手套 etc),觉得以前的偏见是错了,因此改叫我的心得练出的为截拳道,截拳道只是名称矣,至紧要还是不要为局部偏见而练,当然我是日日练走,修习工具(拳、腿、摔 etc),日(日日)要提高基本条件。拳理虽是要紧,现实的还是重要,两者虽(需)要。我是感谢你和师父在港时多多指导我詠春门径,其实是多得你使我多去走现实路,由(尤)其是在美国的西洋拳家,我也多和他们练,很多所谓詠春名家,我希望他们不要自作勇为去和他们打!!!

　　我可能会回港一行,希望你还是住在旧址,知交朋友我们要多叙首,谈谈往事,真是何不乐为?见到叶师父请代问候。

祝

愉快

Bruce Lee

　　1970 年春,李小龙携国豪回港。他受到热烈的欢迎,因为以他作为一个香港人,能够打进荷里活的圈子,在当时是十分轰动的事情。

　　李小龙这次回港虽然受到热烈的欢迎,但仍然返回洛杉矶,一方面继续为荷里活名人授武(徒弟包括史提夫·麦昆、占士·高宾、李·马荣、占士·加纳、渣巴、施里芬、波兰斯基等,每小时 150 美元,有史以来全美最高价),另一方面在徒弟兼好友的编剧家史达灵·施里芬(Stirling Silliphant)安排下,参加了《盲人追凶》电视连续剧第一集的演出。

　　第一集名为《截击拳头之道》,实际是截拳道的译名。这一集的剧本主要由施里芬撰写,李小龙则作了润饰,效果非常好,李小龙对众多赞美十分高兴。

　　李小龙在电视剧中担当双目失明的保险公司侦探之好友,被要求教他搏斗之法,因而盲探反败为胜。

　　李小龙的演出,提高了知名度,收到的影迷来信竟比主角还要多。

　　李小龙锻炼时不慎背部受伤要卧床多月。在此休养期间,他开始用文字阐释武道，原想 1971 年可以完稿，但只完成了一部分，就因为电影事业搁下来了[1]。

李小龙以前曾为华纳兄弟电影公司筹拍《无音箫》，花过很大心血，但无果而终。最近又有华纳筹拍功夫题材的电视片集，也曾邀请他去面谈，但仍对东方面孔主演西方电影有保留。因此，先回港拍功夫片，成功后再回荷里活发展，就可能是李小龙的最佳选择。

李小龙重返香港的反应仍然十分强烈，有很多邀请拍片的电讯和函件。他最早曾想同邵氏公司合作，但条件不合。当时邹文怀的嘉禾公司成立不久，为了扭转弱势，曾派了导演罗维的太太刘亮华，带着优厚的条件去美国当面同李小龙商谈，游说拍片。

1971 年 6 月 28 日，李小龙正式与嘉禾签署拍片合约。

李小龙第一部为嘉禾拍摄的是《唐山大兄》（图 5-1），由导演罗维于 1971 年 7 月带队去泰国拍摄。

图 5-1 《唐山大兄》海报

---

[1] 自从李小龙去世后，李莲达要将未完成的笔记手稿请人辑录成书，先由吉尔拔德·约翰逊（Gilbert L. Johnson）编辑的书名为《Tao of Jeet Kune Do》《截拳道之道》，1975 年出版。20 年后再由 John Little（约翰·力图）编辑的书名为《Jeet Kune Do》《截道拳》，1997 年出版。

李小龙第一次当了主角，饰演的唐山大兄离乡到曼谷投亲，在一家制冰厂做工，后来发现它是偷运毒品据点。此后，他的多位好友无辜被害，终于在忍无可忍之下报仇歼敌。

此片成功之处在于忍无可忍才还手，而且观众都祈求他还手了。影片的前半部分，李小龙未动过一拳一脚，每次受辱都竭力克制，博尽观众同情。到了他真的施展拳脚时，就像风一样快，立即被大众确认为武打明星中的第一号人物。

他拍成了一部开创先河大破票房纪录的影片[1]。不仅在放映国语片的地区打破票房纪录，而且在贝鲁特、罗马、雪梨和布宜诺斯艾利斯也如此。

在此同时，美国派拉蒙公司因《盲人追凶》首集收到很好的效果，请他再多拍三集，并说可以捧他成为巨星。

李小龙去了美国一趟参加拍摄，但对那三集的剧本都不甚喜欢，因为不再是由他的好友、金像名作家施里芬编剧，他不能像首集那样参与意见展示才华，表达他的哲学思想。

李小龙坚定了仍在香港发展能把握自己前途的信心。

1971年10月，为嘉禾拍《精武门》时，李小龙全家搬回香港，住在窝打老道山。1972年3月，《精武门》上映，造成了更大的轰动。

《精武门》是叙述1908年上海精武门创办人霍元甲[2]弟子陈真的故事。由李小龙饰演的陈真，在参加师父的葬礼时不但发觉死因可疑，而且怀疑与日本人有关，因而发生追查及复仇的故事。

此片是以著名作家平江不肖生[3]的名著《侠义英雄传》为蓝本改编的。

李小龙在《精武门》中，当他把写着"东亚病夫"的牌匾送还日本人，并

---

[1] 李小龙所拍的以上几部电影，每次都大破香港票房纪录，成绩令人惊讶。《唐山大兄》三百多万，《精武门》四百多万，而《猛龙过江》更突破了五百万元大关。

[2] 霍元甲1909年创立上海精武体操学校（上海精武体育会前身），自任主任教师，传授技艺，同年病逝。所传遭日本浪人暗害，中毒而死，并未证实。

[3] 作者是留日学生湖南平江人向恺然，他曾经所在的宏文书院校长是柔道创始人嘉纳治五郎。向恺然用平江不肖生笔名，在1922年著作中国最早的长篇现代武侠小说《江湖奇侠传》，因而是中国现代武侠小说的开山鼻祖。此书的部分题材又于1928年拍成著名武侠电影《火烧红莲寺》，在中国影坛首次掀起"武侠热"。

在其后另一著名现代武侠小说《侠义英雄传》中，主角是大刀王五和霍元甲。以作者了解日本柔道的条件，在书中将霍元甲塑造成和柔道家比武并与中毒被害拉在一起，因而对唤起读者的民族爱国心起到重大作用，正如金庸的小说一样，把历史人物小说化。

把众多日本武士打得落花流水时，立即为曾受侵略者压迫的广大中国观众吐气扬眉，因而成为大众心目中的民族大英雄。

在《精武门》中，李小龙首次使用双节棍和发出独特的吼叫声（图5-2）。在片中他的高踢技巧被称为"李三脚"。不过，黄淳樑对连环三腿实战性有不同看法，在后面章节中会述及。

图5-2 《精武门》中李小龙首次使用双节棍

《唐山大兄》和《精武门》不但在香港卖座，在外国也一样，在美国首轮上映也轰动一时。

李小龙对于有人将两片的成功，都归功于导演而不是自己十分不满，当计划拍第三部电影时，拒绝与罗维合作，准备自编剧本自导自演。他为了创作上自由和多收益，与嘉禾公司达成协议，以合股人的身份组成"协和公司"共同拍片。

1972年5月，李小龙开拍他自己公司的第一部电影《猛龙过江》。

1972年7月底，李小龙夫妇带着两个孩子（图5-3），搬进九龙塘金巴伦道41号一座有十一个房间的两层高独立式洋楼，屋前还有个花园，称为"栖鹤小筑"（图5-4）。

9月《猛龙过江》完成，12月底上映，轰动的情况超过前两部。李小龙在

图 5-3 李小龙全家团聚在香港的快乐时光

图 5-4 "栖鹤小筑"全貌

故事中扮演乡下仔,从香港远赴意大利罗马他的亲戚处。亲戚开中餐馆,当黑帮企图霸占时,他成功保卫了。此片中的高潮是他与世界空手道冠军罗礼士在罗马斗兽场的决斗场面(图5-5)。

《猛龙过江》成功后,李小龙略为休息一下,便着手拍摄另一部作品《死亡游戏》。

《死亡游戏》描述李小龙独闯一座七层宝塔夺取宝物,而每一层内都有高手把守。他一一打败每层高手,把宝物盒子打开,其中却空无一物,只有一张

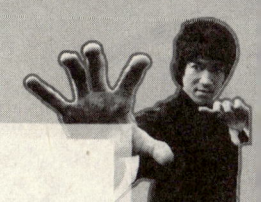

图 5-5　《猛龙过江》中李小龙同罗礼士决斗

写着真言的纸。此片由李小龙整个构思，其内涵带有道家的哲理。

　　李小龙最早的设想，最高一层武术高手由师兄黄淳樑担任（图5-6），但遭婉拒才邀徒弟渣巴（身高7英尺2英寸的NBA篮球巨星）担当（图5-7）。在开拍期间因协和秘密与美国华纳兄弟公司在美达成协议，要合作拍一部《龙争虎斗》国际片，因此暂把《死亡游戏》搁置。

图 5-6　李小龙与黄淳樑同在片场，中间者是邹文怀

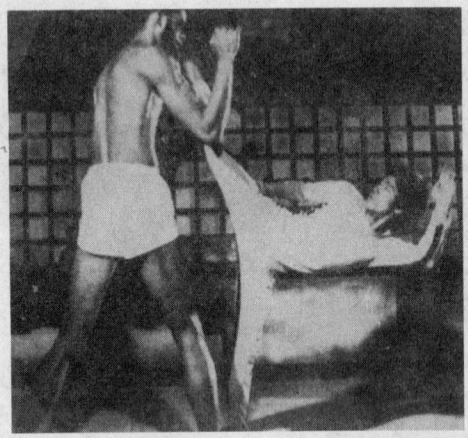

图 5-7 《死亡游戏》中李小龙战胜渣巴

这部东方占士邦片,描述李小龙替少林寺师父清理门户,战胜少林叛徒的故事,在当年西方世界是十分新颖的题材(图 5-8)。

图 5-8 《龙争虎斗》中李小龙首次用魔杖

这部港、美国际合作片，奠定了李小龙的国际明星地位。继振藩国术攻克鬼佬禁区之后，再为华人演员担当主角打开鬼佬禁区。

由于荷里活各大电影公司如美高梅、哥伦比亚、联美等都想把李小龙拉过去，因此华纳兄弟用了罕有的尊重态度去对待他，就是终于同意李小龙坚持的意见，此片英文取名以中国"龙"为题，其含义是进入"龙"的最高境界。可惜由他主演的首部国际性国语片，自己却不能享其成果，因为公映前一个月，突然暴毙了。

其实，事先已有预兆，例如黄淳樑同他切磋的感觉和他曾经昏倒过的情况。他们师兄弟之事留待后面集中介绍，先说1973年5月10日，李小龙着手把《龙争虎斗》配成国语时，在闷热的配音室旁的小浴室里，有人发现他昏迷躺在地上，扶起回到配音室后又再昏倒。邹文怀知道后立即给浸会医院的朗福德医生打电话，并立即送他去医院。当时李小龙高烧休克，处于痉挛状态。朗医生请了另外三位医生会诊，其中包括脑外科专家邬医生。作了脑外科检验，给他服减轻脑肿胀的药物，两个多小时后李小龙恢复知觉。李小龙拒绝了全面检查身体，因为他想回美检查。当时李小龙自述晕倒前曾嚼大麻叶，即感作闷作呕，并称在荷里活时已偶尔用大麻了。

李小龙其后飞到洛杉矶，请医学专家会诊。最后一致确定，他患的是一种严重失调症，可能是操劳过度紧张所致。他们给他做了脑部扫描，全身检查，给他开了治疗痉挛失调的药。

洛杉矶医生说过，他的身体棒得像小伙子，因此李小龙回香港时心情极好，可能不再担心自己的健康问题了。

1973年7月20日下午，邹文怀来接李小龙到演员丁佩家讨论剧本，并预定三人再前往一间酒楼与澳洲演员佐治拉辛比见面，同他商议在片中的角色。5时前后两人到了丁佩家，三人讨论剧本近两个半小时，李小龙感觉头痛需要休息，丁佩给他吃了一粒镇痛剂Equagesic。李小龙服药后，暂躺床上休息。邹文怀于7时半暂时离去，到了晚上9时半，再来找他和丁佩时，却发觉他已在睡中死去[1]。

李小龙尸体内样本经过化验，发现有微量大麻，镇痛药内含有微量阿士

---

[1] 2005年10月，邹文怀接受美联社访问时，提到李小龙1973年死因，同当年法庭裁判一样，是因为头痛服食药物产生药物敏感引致死亡。他又说，当时最重要的是他失去了一个非常非常好的朋友，其他包括事业或者公司，他都没有想过。

(斯)匹灵(林)和氨基甲酸脂。

莲达在后来作证时，说她发觉丈夫偶尔服用大麻，是数月前才知道的。李小龙那次昏倒醒来后，当时邬医生曾告诫他，服食大麻有危险。但是洛杉矶的医生则告诉他，适量服食无害。负责替李小龙剖验的伊利沙白医院医生则认为不可能大麻中毒，可能是对镇痛药极度敏感。而极度敏感可以是先天的，也可以是后天的。

另一位特邀权威的伦敦大学法医学教授，则认为对镇痛剂的两种成分之一过敏，也可能对两种成分的化合剂过敏，因而死于急性脑水肿。

李小龙真实死因已无法确知，因此法庭陪审团对死因裁决为"死于不幸"。

在他三十二岁的传奇人生中，时刻都是为自己的创意而努力，时刻都为当自己的主人而奋斗。可谓人生有限，创意无限，生命虽短，形象永存。

李小龙遗留在电影上的聪明，就是每一部功夫片都给观众带来了一种新意的刺激。例如，在《唐山大兄》中，演出了连环三腿；《精武门》中的双节棍；《猛龙过江》邀得世界空手道冠军罗礼士助阵，到罗马斗兽场拍外景；《龙争虎斗》中有荷里活明星尊萨逊和菲律宾魔杖；《死亡游戏》中有篮球黑人名星渣巴、菲律宾魔杖伊鲁山度、韩国合气道池汉载、澳洲演员佐治拉辛比（此片由邹文怀另组班子补拍）。

倔强、坚毅、好胜的李小龙，工作刻苦有劲，聪明剔透。在工作压力和身体健康衰退的情况下，有时主观执着和心情暴躁，与传媒或同事之间时有争执与不和，但是在烦躁的心情下，仍要夜以继日工作。事实上，从李小龙所拍的电影中可以看到，他身体的健康状况是每况愈下的。

李小龙从1971年7月到1973年7月的两载命途变幻中，虽然一场接一场的战斗取得胜利，但是一步接一步的压力逐渐加剧，终于走向本可避免的"死于不幸"，在短短两年时间暴起暴殒。

李小龙离世之后，经过数十年时光的考验，他所遗留的一切不但从未消失，而且可见的将来也会是与世共存的。

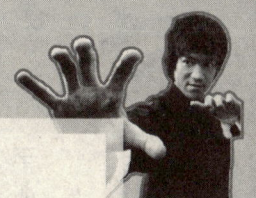

第六章　沙煲兄弟喜相逢

自从李小龙逝世之后，黄淳樑很少再谈到他的师弟，就是李小龙在世时，他也很少谈及，主要是外界传媒的报道是非很多，他不愿置评。偶尔他也为李小龙澄清一下。

有一次他为某刊述及李小龙早年在港学拳时被人打倒之事作出澄清。

他说："记得十日前有某杂志记者先生来访，邀我供给若干李小龙昔日与我练拳的资料。基于上述的理由，我亦予以婉却，并对他说：'当日梁相、骆耀年龄比我大十多年，而我年龄居于长辈及少一辈中间，故我与老少都谈得拢。当我练詠春拳时入门较李小龙早，年纪亦比他大五六岁，无论在生活方式及嗜好方面都有很多地方相似，故甚投缘。而当日我讲手颇多，因李小龙常跟我一起练拳，所以很多人误会他是我的徒弟，其实是荒谬绝伦。只是入门比他早，年龄比他长，在讲手与练习方面常有提供意见给他，我只不过是他师兄罢了。况且学无前后，达者为先，根本无所谓大师兄不大师兄，功夫是各自修的，未必师兄就是好功夫。李小龙有今天的成就，绝对不是偶然。一个人的成功必然经过一段艰辛的日子，成就愈大，艰辛就愈大，耕耘与收获永远是成正比例的。今天他有这样的成就，我们任何人都不能居功，这是他自己的努力，所以更不应存着不劳而获的心理去分享他的成功。做人务要充实自己，认为自己够实力的话，就自己去打天下，创名立万。到时一样受人景仰、受人羡慕，又何必去攀附他人声名呢？况且未有李小龙之前，詠春派的名字何尝不是街知巷闻呢？李小龙有今天的骄人成就，根本用不着我去吹捧，要褒他的大有人在，要贬他也不容易，我又何必做这引人误会的无聊事呢？'"

"我就是用了以上这番话婉却了那位杂志记者先生。况且我天生就有一副贱骨头，不识时务，不识攀龙附凤，所以到今天仍一事无成。在这社会聪明的人很多，但在詠春派中像我这样傻脾气的人也不少。"

李小龙逝世后,伊鲁山度来港时也曾想请黄淳樑教拳,黄也回避了。总之,他沉默了二十多年,现在外界传媒的报道已不会像以前那样,他愿意谈谈他们在港重逢的一段日子,因为这个后期阶段,对评价李小龙的武术思想的整个变化过程,肯定有帮助的,而二十多年来,很多人并不清楚。

黄淳樑回忆:"他到美后也常写信给我,并将在美的生活状况向我倾诉,据知他刚在美念书,课余时教授 Cha Cha 舞,后来转教詠春拳。假如练只要你能持有恒心,不怕苦,若有怀疑的可向教练提问;教是常常给学生问难,所以他遇有难题便写信回港征询我的意见,所以初时几乎每周总有一两封信给我,我亦一一给他作答。我是很懒写信的,要给他常常回信真是天大交情了。果然后来也回信少了,可以说曾一度失了联络,因小龙结识了女朋友几度迁址。直至1970年回港我们再度联络,这时他已在美拍了《青蜂侠》片集了。由于生活的需要他练拳也较勤,这时我觉得他比从前更为精进了,拳力比前更重,心中暗喜以前放在他身上的工夫没有白费。他更将他在美表演的录像带给我看,我看了觉得他将重点多放在'功'上面而少放在'法'上面。小龙就有以下解析。他说:'功是人人可见,法是要慢慢给他们解析,也许解析后他们也不明白,这是表演啊!他们要学拳就应跑到武馆,你做出来时许多人都可以看到。'我也点头同意他的说法。"

"过了一段日子,小龙已拍了两部影片,都十分叫座,可以说是红透半边天了。一个晚上他突然打电话给我,一开声我自然知道他是谁,他劈头第一句说:'从前比较多人听黄淳樑,现在比较多人听李元鉴的话了。'我愣了一愣,随即问:'谁是李元鉴?'小龙笑说:'李元鉴就是我,你不知道我还有一个姓名叫李元鉴吗?'我随即哈哈大笑:'那当然啦!世界就是各领风骚,今天我怎能与你比呢?'我这个人对名利两字从不介怀的。李说:'明天我到你馆去,大家拍些照片留为纪念。'我知道他的心意,李亦知道我不会利用这种关系的,要不然他也不会自动提出。我说:'迟些吧!'结果不了了之,我亦万料不到他如此早逝,要不然留点纪念照也是好的。"

"小龙常问我,谁人超过他?他总有假想敌,甚至我也在内。我曾说过,最大的敌人就是自己。"

"小龙着手拍摄自导自演的《死亡游戏》,他要将假想敌一个个扫除,像金字塔一样,最后一关在塔顶最后一人。他最早的构思最后一人是蝴蝶派掌门人,要我扮演,因为我可以帮他在打斗上出主意。内容是我先打伤他,之后他

打死我。我心想第一次拍片就要被打死，很不吉利，于是推了。后来他从美国请来身高7英尺2英寸的NBA篮球明星黑巨人渣巴充任此角色。此片正应了我的迷信，只拍了几场打斗戏，小龙就暴毙而无法完成。渣巴回美后，他的全家也被人杀害了。"

"大概1972年末或1973年初，电影导演王星磊拟找我拍《珠江风暴》，我无意进身影界，婉辞了这套电影。但事为小龙所知，立即拨电话给我说：'你不可以跟任何人拍，要拍就应与我拍，他人能付出的，我可以十倍。'我说：'我早就推辞了，何必这样紧张呢？'小龙说：'明早是星期天，可以到我家吃饭吗？我们可以整日长谈。'我也答应了。翌日，我偕同妻儿到九龙塘金巴伦道李小龙的家里，见面时小龙将我拥抱得紧紧，我实在有点不惯。那天我们谈论的事实在太多了，武术啦、电影啦，甚至哪位武打影星能威胁他的地位都听了我的意见。我的妻子及莲达都只能坐在房外和孩子一起玩，我大儿子同他的小女儿同年4岁，其中最重要的是他想听取我对截拳道的看法。"

"他带我参观他的新居，介绍哪个是工作室，哪个是练功的，哪个是他的睡房，哪个是儿子及女儿的，然后往花园里走走。突然间他向我胸腹发拳打来，这样我就跟他黐上手了。从前我也会突然袭击他的，藉以锻炼他的反应，现在他竟跟我来这一套。只因彼此阔别多时，总想看看对方有否搁下。"

"记得1971年他回港时同我切磋，也曾显示他的功力，因我疏练了两年，感觉他的拳力很猛。由于多与洋人练，他们身型健硕，相对功夫自会向更高层次增进。今次我事前自量体力定逊于他，但搏斗经验我会比他好，总可以扯个平手。却出乎我意料之外，他的力度远逊当年，因两度力相抵，而我的手从下而上，得到地的支撑，自然占点便宜。更发觉他的体重锐减，我一点也不觉得较量中有压力感。自从上次的较量后，他以为一消一长的形势下，定充满了信心，此际令他很惊讶，而我心却有点惆怅，一点也不以为自己有所进步，而确实他有点退步了。当他演《唐山大兄》时，体重在140磅左右，体能及速度已到达他自己的顶峰，但此时他的体重看来少于130磅，精神也缺少了饱满（当时可能已患病）。他紧紧地捏着我肩膀的肌肉，很惊讶地说：'你是那么爱好拳术，怎会让身体胖起来？'我笑着答：'从前是为了兴趣，现在是为了生活，练是基于兴趣，教是基于责任，所以现在是而少练了。'他听了点点头，跟着哈哈大笑，便搂着我一面谈一面走向楼上睡房

去，并顺手关上门。劈头第一句问我：'我想知道你对我的截拳道怎样看法？'因我与他素无拘束的，有话就实讲实说。我说：'你今天还执着这个吗？名字真那么重要吗？截拳道只不过是一个名字，詠春也是一个名字，重要的不是名字，而是它的实质。李小龙换了别的名字，会变成另一个人吗？'他略微一愕，随即笑说：'原来我们所想的还是如此相近，你总说出我想要说的。'我接着说：'实在我想象中詠春并不是一种什么拳术，它是教你怎样去分析每件事物，是一个构思，它有一个理想，假如不叫詠春而叫别个名，那也没有什么分别的。无论采用什么方法及形式，只要能达到这个理想，这个方法就应该被接受，至于名字管它叫什么。詠春由开始至今，期间一定经过不断地修改，这是前人的大众智能罢了。'小龙补充了一句：'詠春构思就像水一样，不管什么形状的瓶子，它总会注满的。'我问小龙：'自从你教截拳道以来，究竟有多少弟子令你觉得满意？'小龙呆了呆，竟答不上来。我接着说：'假如有百分之六十，那么就非常成功；有百分之十，也算很不错；如果一个也没有，那么，不论这种拳术叫什么名字，都只属于你自己。'我见小龙不答，又接着说：'这个问题的症结何在，你想过吗？你大概没有察觉，你曾经做过长期艰苦的条件反应锻炼，你的身体及手脚遇到各种情形，都能自动反应。但你的弟子如果空白了这个阶段，就像上阶梯一样，缺少几个脚踏，又怎能攀登上去呢？'小龙点了点头，苦笑地说：'假如我能收回截拳道，我愿意收回它。'

"我和李小龙经过整天的辩驳探讨，记忆所及超过十一小时，当然包括很尖锐的问题在内，但基于单方面道来，对小龙是有欠公道。我只讲两点，一个是拳理，一个是表演。我同小龙说：'其实詠春的想法有些地方刚好与道家想法吻合，譬如你的'以无法为有法，以无限为有限'，借用了詠春理论'以无招胜有招，以无法胜有法'，再另行演绎（詠春是否定招式的，它认为近战时绝无时间去考虑，纯粹是条件反应，那就是'无招'，詠春的想法，假如一个好拳手从无意图怎样攻击敌人，而是让他的敌人教他攻击，那就不是'无法'）。你将'长桥发力'演绎为'寸劲'容易令人明白，的确是一个好演绎。若再来什么名可名非常名之类，就容易使人坠于云里雾中，有违化繁为简的宗旨。'"

"我对小龙说：'你表演确是十分成功，亦确是你聪明之处。'小龙说：'那即是说你有不同想法。'我说：'当然，我知你曾修商业心理学，在表演的

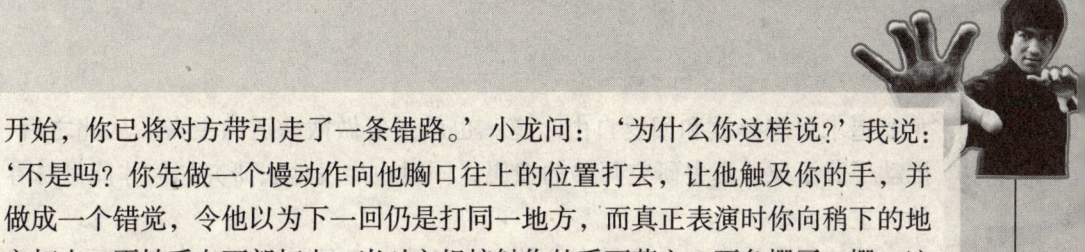

开始,你已将对方带引走了一条错路。'小龙问:'为什么你这样说?'我说:'不是吗?你先做一个慢动作向他胸口往上的位置打去,让他触及你的手,并做成一个错觉,令他以为下一回仍是打同一地方,而真正表演时你向稍下的地方打去,再转手向面部打去。当对方想接触你的手而落空,不免愕了一愕,这个时间你要做什么都可以。况且你要表现'快',当然轻而易举地达到目的。其实你已讨了不少便宜,你叫人触你的手,只不过要他做一个反应。为什么不与对方赛快,究竟谁先打到谁,这是双方皆为主动,你不以为比较公平吗?'当时他无话可说,彼此哈哈了事。"

"虽然我和小龙有着深厚的友谊,能维护他的我都尽量去做,但事实究竟是事实。但有些事他也比我看得更透,譬如在表演里,他刻意说:'快、准、劲。'我说那都是功。功是时间累积,譬如我每打一拳都超500磅,是每天练得来的。我可不能教你,你要打得重,就需勤练。假如你能打毁一块铁,我能打毁一块石,当然你的功力比我厉害。但打毁一块石的功力也足以严重创敌,在此情形下我们需要讲求法度。小龙说:'法度?是需要对方慢慢明白的!'我也只得哑口无言,这是教拳与表演的分野。要因人制宜,因事制宜。也因他这句话,令我以后对詠春的'标指'有更透彻的钻研。"

"其次谈到腿击表演的问题,那就是他多次在电影中的连环高踢。在我看来,这是注重表演多于实用,对他来说是可以发挥像藤鞭的力,但我说:'藤鞭的着力点在鞭梢,假如对手是勇悍而较有经验的拳手,他自会当机立断在此际进马,他所接触的却是发力的开始,在这一情形下实难发挥力。而第二腿击由于重心转移而无承接力,则更难有所作为。如第一击成功,则对方倒下,第二腿亦难击中对方。假若对方怯战,骤然引退,你第一腿落空,从韵律的节奏上,第二腿亦当落空,你以为然否?'小龙当时有点将信将疑,在这时间里,我和他作了一两种尝试,却都如我所言。大抵是当局者迷,在一段长时间里没有人给他正面反驳或不知怎样反驳,久而久之这个假象变成适当,所以以后我跟他过招研究时,再没有这样的腿法。"

"很多崇拜他的人都希望将他变成一个绝无瑕疵的神,而我从小看他长大及一直教他练武,所以在我的眼中他是块很好的练武材料,聪明剔透,对他诸般爱惜,他哪会像是神。当然很多人都会觉得不顺气,假如他们能平心静气求证,定然会同意我的说法。"

他们那天难得的交流,实际上给了黄淳樑一个清晰的启示,那就是李小龙要追求思想解放和回返自由之道,也就是要做截拳道的主人。从此之后,推动了黄淳樑认真去研究师弟的遗愿,同时也启发他去研究如何才能做詠春拳的主人。

黄淳樑没有想到,他与小龙的这次长谈,竟是与小龙生前的最后一次见面。李死后的最后一次见面是在殡仪馆,据说黄摸过李的遗体,架式摆得像精武门的架子一样,双手直交胸前握拳,肌肉脉络全现,很硬,很紧张,可能生前抽过筋。

关于师兄弟闭门度手之事,在李小龙1973年7月20日去世之后的7月29日《明报周刊》246期,由李小龙1957年就结识的老友、署名龙剑天的文章《李小龙的秘密武器与秘密餐单》中提到:"一次阿樑由下午一时跟他入健身房中'度手',直至下午七点多钟才出来,两个人的妻子在客厅等得愣住了。事后阿樑对笔者说:'在詠春拳术来说,小龙的步法走位是走样了,但手出得很快,不过有些并非直手,不是本门方法,拳重得很。'我直接地问:'度出什么结果来?'阿樑笑着说:'没有结论。'接着他补充说:'没有敌忾同仇之心,大家都很难发真力。怕误伤自己人。'我跟阿樑交情深,敬酒不喝喝罚酒:'阿樑,若果是敌人,你不够李小龙打。'阿樑说:'那可未必,不是拳重就可以的。'"

在文中也提到龙剑天问李小龙有关截拳道方面的问题:"笔者笑着说:'传播截拳道的成绩怎样?'李说:'其实我有时觉得我自己好多余。截乜(什么)呀,人,技艺到了最高峰时,自比有派别,有国界,其实人就是一个工具,都会要尽量发挥工具的摧毁性能。如果我依家(现在)准许自己收左(去)截拳道个招牌,我愿意。'"

李小龙在给师兄的信中已很清楚地表达了他的理想,例如走现实道路,截拳道只是名称等等。当年双方分手之后,经过十多年的时日,已有很大变化。受过正规大学教育的他,已非在港时的小龙了。

李小龙在武道方面广泛接触和虚心接受不同派别的优点,选择性地吸收东西方格斗术精华,希望凝聚成"截拳道"的创新抱负,可以说是最早集合东西方徒手实战格斗文化于一炉,努力融会贯通的尝试者,也是将东方哲学的道家思想引入截拳道的尝试者。

李小龙善于调查研究,这是他成功的重要因素,例如走遍加州武馆进行分析研究,又例如看遍港台国语武打片进行分析研究等。

李小龙除了成功凝聚了东方格斗术的中国功夫，在全世界获得良好形象之外，他还对唤醒被压迫民族的意识起到积极作用。李小龙逝世二十二周年之际，香港有李小龙的电视片《"Death by Misadventure"—The Mysterious Life of Bruce Lee》（意外事故造成的死亡——李小龙的奥秘一生）[1]。此片除了有黄淳樑、李俊九（美国跆拳道之父）等的评语之外，也有李小龙本人对空手道、柔道的评语等等，还有前世界空手道冠军龙云奇里夫（Ronald Van Clief）的评语，这位十段高手说："空手道好比机械人那样，而李小龙好比一条蛇，他非常矫捷，跳高蹲低，左闪右避，冲前弹后，综合各门各派，甚至西洋拳、摔跤，他成为武术宗师一点不出奇，我同样非常佩服他。"

在民族意识方面，此片提到了1972年3月香港放映《精武门》时，几乎引发骚乱，被欺负的中华民族之压抑情绪不但表达出来，而且增添了一份优越感。当此片世界性放映时，很多国家，例如希腊、菲律宾、墨西哥等，都同时渲泻了对他们的传统敌人发泄心头怨恨的情绪，于是李小龙就成为国际受压抑民族心目中的复仇天使。

今日，李小龙仍然是世界性英雄人物，在他们父子长眠西雅图"湖景墓园"（Lake View Cemetery）的墓前，仍然日日有来自世界各地的瞻仰者（图6-1），大家都希望他们遗留的截拳道事业继续发扬（图6-2）。美国的《黑带》《内幕功夫》等杂志和其他国家的武术杂志，尤其是中国的武术杂志，仍然常常登载有关李小龙和截拳道的文章，他的功夫形象和伟大贡献，将永远活在人们心中。

---

[1] 关于李小龙的死因，片中有两位医生，例如Dr.Don Lanford、Peter Wu都发表意见，认为化验出除止痛片外，还有大麻成分，不能排除大麻的因素。对死因裁定为由于服食镇痛剂带来的过敏反应"死于不幸"有保留。

第六章 沙煲兄弟喜相逢

图6-1（A B C） 一群青少年在李小龙墓前瞻仰

图6-2（A B C D） 莲达相信李小龙与李国豪的不朽光辉，将推动着截拳道事业继续向前发展

第七章 叶问孖宝走向自由之道

李小龙一生的武术经历和思想变化有五个阶段，即前香港—西雅图—奥克兰—洛杉矶—后香港。第一阶段是他初学拳术的重要时段，第五阶段是他最后的思想变化情况，这两个阶段都发生在香港。其他三个阶段虽然都发生在美国，但是李也曾回过香港，甚至长达四个多月。李小龙一生中有三分之二时间在香港，他在香港的经历和思想变化，以前还未被重视和全部披露。李小龙的家庭、武馆、弟子、写作都在美国，人们自然容易忽略香港对他的影响。其实，李小龙走向自由之道的过程之中，他的截拳道三要素（詠春、拳击、击剑）启蒙于香港（少年时期），他的截拳道完整构思也发生在香港，他的截拳道与詠春拳唯一交锋亦发生在香港。

本章就从香港叶问开始，带出黄淳樑与李小龙的以往逸事，说明他这两位孖宝弟子，在武术思想上走向自由解放之道，是有其主客观原因的。为什么没有传统套路、讲究实战技击的叶问詠春种子能散播世界？为什么没有传统套路、讲究实战技击的李小龙截拳道（振藩截拳道）思想能散播全球？简言之，就是因为它有科学构思，精简实用，直截了当，因而也被西方人所接受。

其实，不只是叶问的孖宝弟子走向自由解放之路，没有叶问自己走向自由解放之路，就不会有后来的至尊双雄。叶问从资本主义最早萌芽的发源地佛山，来到现代资本主义社会的香港，在东西方文化碰撞与交融的独特环境下，创造出有自己特色的叶式詠春拳体系，它既有继承传统和发展创新的基本理论，也有符合时代潮流化繁为简的基本技术。经过22年与时俱进的发展，终在港、澳、台地区发扬光大，而其间李小龙等弟子们也将此拳种传播至世界各地。

关于詠春拳的源流，有很长的历史，有很多种版本，都不在本文内探讨。现在只参考叶问詠春的文字记载，相传是清朝广东女子严詠春，随父避祸到西南川滇交界的大凉山脚时，从女尼五枚师太处学到的。

詠春拳传到第六代传人的佛山儒医梁赞时，借着他同人比武而威名大振，被人冠以"詠春拳王"之称。他的得意传人是陈华顺,据说同人比武更频。陈的弟子中最后是叶问(1893—1972)。

叶问是南海县佛山镇的大族,富家子弟,6~12岁就跟陈华顺学拳,陈去世后再随师兄吴仲素学拳。15岁去香港就读于赤柱名校圣士提反书院,无论华人、洋人、印度人的好斗学生都败在其手下。偶得同学介绍认识梁赞次子梁碧,相随深造詠春近四年,叶问武技突飞猛进,因为梁碧能将其父的精妙之处传给他。

叶问21岁时回到佛山。44岁时,日军侵占佛山,因而家道衰落。48岁时收第一批弟子。

1949年,56岁的叶问再来香港(图7-1)。1950年7月在饭店的职工总会开设第一个詠春班,仅得梁相、骆耀等8人,稍后徐尚田等参加。22年间授徒众多,黄淳樑于1954年参加,李小龙于1956年参加。

图7-1　1949年初到香港时的叶问

叶问的儿子叶准和叶正,也是叶问弟子。叶准在叶问大殓之夜,为纪念父亲写了一篇《我的父亲叶问》。他写道:"詠春发展之迅速,除因时代风气和梁(相)、骆(耀)、招(允)、徐(尚田)、黄(淳樑)……几位大师兄大力推广和邓(生)主席对詠春之爱护外,先父对詠春的贡献,也值得一提的。"

"先父授拳，有他一套方法和经验，他会根据每一个人的知识水平、接受能力、身型体格和兴趣，而定出各种各样不同的教授方式，这样，使得每一位学者都能有不同的进步。但先父这一套方法，会为一些不了解他的人所非议，其实，这些人实在不明白先父对每一个学者的苦心而矣。"

"其次，先父对詠春的爱护，实甚于爱护自己的生命。大有先詠春之忧为忧，后詠春之乐为乐的意思。他对詠春同人之团结，时常耿耿于怀。因此说詠春盛于叶问，先父真算是受之无愧。"

詠春拳是讲求实效的攻击术，必须加以实践，要多同人切磋印证始能进步。叶问一向鼓励弟子同人切磋，他的早期弟子正如叶准所提到的几位大师兄之大力推广，其中包括四处同各门派切磋印证，并且在报刊上广为宣传，因而使詠春拳得以迅速发展。

不言而喻，传媒的重要作用起到很大实效，尤其是媒体一致公认，并非个别吹捧或自我吹嘘。

从叶问的师祖梁赞开始，就有屡次同人比武印证的事迹，叶问的师父陈华顺同人切磋也不比他的师父少。叶问也常同人切磋，在佛山地方很有名气。由于詠春派有传统的同人切磋印证之风气，到了黄淳樑讲手时期，自然深得叶问器重。

叶问教人正如叶准所说因人而教，叶问根据黄淳樑讲手实践而施教。黄淳樑的讲手经验，都是每次同人较量之后请教叶问而总结的，有时有的问题叶问也需第二天解答。因此黄淳樑的进步是因讲手实践而得，同别的弟子从叶问教诲所得不同。

在《新武侠》第54期中，以"黄淳樑替詠春派打开门户"为标题一文中有："叶问宗师也认定他是替詠春派打开门户的功臣，而且不以替詠春派开山劈石而居功，所以有很多同门对他也佩服的。"

叶问对黄的信任是基于他十多年来从不计个人的私利，处事甚得公允（图7-2）。例如当年代师教导李小龙等人，悉心指导从未计较半点利益，只求耕耘不求收获。所以当李小龙名成利就后，叶问曾喟然对黄说："没有你多方给他鼓励和教导，小龙决无今天的成就。"黄说："没有你老人家教下合理的拳理也不能竟全功，我们都负起詠春的延续罢了。"

在叶问众弟子中，李小龙聪颖灵活，不墨守成规，将詠春拳结合实际，融会贯通，敢于创新（图7-3）。

图 7-2 叶问师傅在生日聚会上与门人合照
（在叶问右后面的是黄淳樑）

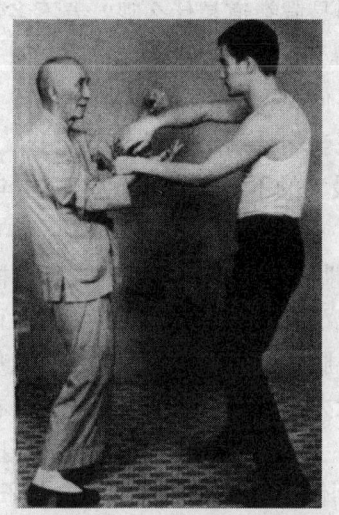

图 7-3 叶问师傅指点李小龙詠春黐手

　　李小龙是唯一不为自己门派所限，敢于运用詠春拳理论于运动战的创新者。他是解除詠春拳只有阵地战一种模式的束缚，自由选择多元技法的第一人。他认为詠春拳阵地战虽是不讲形式的，但又被阵地战的形式所限制，因而另创截拳道强调运动战，但也重视詠春拳阵地战。

　　李小龙的弟子严镜海在其英文《詠春拳》书中有这样的前言："我决定写

下这本书，冀望这本书能使詠春拳流传更久。"

"詠春拳大大改变了我的整个人生。"

"我非常喜欢詠春拳的练习方法，今天所学到的东西，今天可以马上应用。"

"我很幸运能接受李小龙的指导并成为他的助手，当李小龙还住在奥克兰时，我们几乎天天在一起练习，我有了任何疑问，他总是不厌其烦地为我解说，我则把这些宝贵的重点抄录下来，作为我日后个人练习及指导学生的指南。"

可见李小龙确实是重视詠春拳的。对于他冲破阵地战模式，詠春派自必有抗拒反应。可能是李小龙识做，回港后一来同师父师兄有来往，二来从未具体阐释截拳道，詠春门人也不好说什么，大家很难对"以无法为有法，以无限为有限"说三道四。

《新武侠》第68期刊登的《李小龙的截拳道》中说："由于李小龙的两部新片都打破了全港电影票房纪录，一时之间，李小龙本人和他的截拳道都成了街头巷尾的热门话题。但是截拳道是什么呢？差不多每个人都不大了解。银色记者从李小龙口中采访得到的，往往很零碎。事实上，用口头解释一种武术，通常很难有满意的结果，何况，截拳道不像其他的武术，没有历史、传说、固定系统、套拳，解释起来当然特别困难。"

詠春门人对李小龙最大的不满，可能就是1972年叶问大殓没有参加，真正原因只有他自己知道。

《明报周刊》第246期在叶问大殓之后不久有这样的报道："及至叶问在九龙殡仪馆出殡，小龙也没有去，据知，不是故意，而是他不知道。因为他从来不看中文刊物，很少心腹朋友，与詠春的联络，只凭黄淳樑，那些日子，前后三天两夜找不到他，没办法。后来，他夜祭先师，在詠春体育会中匆匆签了二百元奠仪，多嘴者说：'他有没有签错，三百万身价的明星签那么少。'而且，停留两分钟不到，问候了柱哥一句（叶问之公子）就在近门口换了跑鞋，跑步去了。那时是丧事期间，大家也没有什么话说。"

"事隔很久，我（文章作者）偶然跟李小龙的嫂嫂林燕妮谈起，林女士说：'他在美国时，嘴上经常提及师父，没有理由不去送殡，不过，他是从不看中文报纸的那种人。'"

1965年，李小龙因父丧全家回港居住了一百多天。在此期间，他在7月31日写信告诉严镜海，告诉他正在香港创立一个新的武术，主要融合詠春、击剑和拳击。回港之后，从1966年开始，认真去练习他的新武术，到了1967年才公开新武术的名称为截拳道。

李小龙在1970年回港前，给黄淳樑的信上曾提到1966年日日练截拳道。在信中，他特别提到"现实"和"偏见"各两次，并且反复强调要"日日"练。

他说："拳理虽是要紧，'现实'的还是重要，两者都需要。"

"我是感谢你和师父在港时多指导我詠春门径，其实是多得你使我多去走'现实'路。"

"自从1966年开始认真去练习后（护手套等），觉得以前的'偏见'是错了，因此改叫我的心得练出的为截拳道。"

"截拳道只是名称矣，至紧要还是不要去局部'偏见'而练，当然我是'日日'练修习工具（拳、腿、摔等），'日日'要提高基本条件。"

数十年后的今天，回顾他自己要提高截拳道修习工具的基本条件，现实之路就是日日练功，没有快捷方式可走。

当日詠春派对截拳道存有"偏见"亦可理解。今日詠春派开放的程度，可从黄淳樑提出的"詠春拳学"中看到。

如果今日分析它们的区别，就是一个着重近体阵地战，一个着重移步运动战，黄淳樑同意这个观点，承认截拳道的特色。

在实战时，以上两种情况都可能发生，不以个人的意志为转移，因此它们既是一个整体，又是不可分割的两个方面，缺一不可。

事实上李小龙返港之后，在电影事业红透半边天的百忙之中，还抽时间自己著作出版全球第一本英文《詠春拳》（此书在1972年出版，改为作者严镜海和技术编辑李小龙的名义）。

李小龙之前曾请叶问为其徒弟签名赠照，正式承认木村武之和严镜海是徒孙（图7-4），这说明他在第五阶段仍然重视詠春拳的实情。而他回港后同师兄多次切磋，也都用近体战亦是事实，如说截拳道只有远体战也是不全面的。

李小龙在短暂的武术生涯中，一直致力追寻武术的真谛。有些人从他

图7-4 叶问师公亲笔确认木村徒孙

遗留下来的七册档案中撷取截拳道精粹，其实他的真实武术思想尚待最后咨询，尤其是授业师兄黄淳樑。

他的真实武术思想，应当最后定型于他的武术生涯第五阶段，也就是1970年返港直至1973年在港去世这一阶段。

在这个阶段，他见到了詠春师父叶问和授业师兄黄淳樑，而且曾同师兄全面探讨截拳道和詠春拳一整天，期间还相互切磋印证。

这样透彻的毫不掩饰的对话，李小龙在美国时绝不会同别人和自己的弟子这样讨论。

他们的对话没有结论，可以肯定的是双方观点拉近了。无论截拳道也好，詠春拳也好，都只是名称而已，它们之间有着盘根错节的关系，而且两者都是讲求实效的攻击术。

他们师兄弟的长时间对话，事实上是难得的契机，对他们两人都有启发。

二十多年后的1996年，国家体委武术运动管理中心特邀香港詠春体育会黄淳樑主席到北京，主教中国首次的"1996全国詠春拳短训班"（图7-5）。在此期间，黄淳樑第一次提出了他的"詠春拳学"，这是他的诸多讲手经历印证詠春拳的总结，并且认为詠春拳不仅是一门技击艺术，更是一门学问。

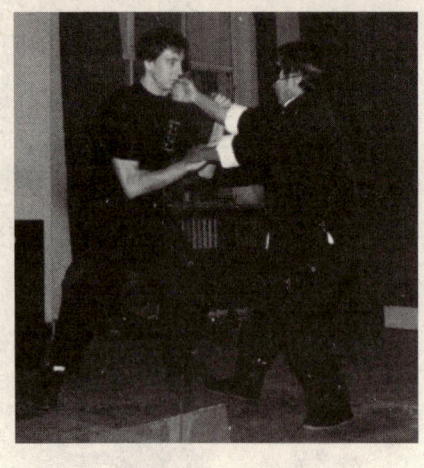

图7-5A 61岁用布蒙眼的黄淳樑同德国弟子Lutg Komp在结业典礼上徒手自由搏击，结果是"无招胜有招"。观战者有徐才、康戈武、《武魂》杂志社及石景山体育场等负责人、全国詠春拳短训班全体学员、各大报社、通讯社、中央电视台、北京电视台、美国全国广播公司（NBC ASIA）记者

图 7-5B 原国家体委副主任徐才先生代表中国武术协会接受咏春体育会黄淳樑主席（左）赠旗

图 7-5C 新上任的中国武协主席李杰会见咏春体育会黄淳樑主席并接受该会赠旗（左起黄淳樑、李杰、梁敏滔）

　　黄淳樑接受了师弟的观点，终于自己也走向自由之路，他所创新的"咏春拳学"包容了远体格斗的学问和近体摔跌的学问。

　　不幸地，黄淳樑由北京回港不到 4 个月，在会所内突然昏倒，送医院治疗无效，于 1997 年 1 月 28 日逝世，终年 62 岁。第二日中国体育当局即发唁电并予以高评。

　　一年后的 1998 年 11 月，在北京隆重举办的中国武协成立四十周年庆祝活动，历史上首次对外公开颁奖给海外华人李小龙，表扬他在世界上崇高的功夫巨星地位。美国李小龙家族和振藩截拳道核心十分重视,特别委托木村武之顾问,由美国西雅图"振藩国术馆"(图7-6)前往北京代为领取(图7-7)。

图7-6　1998年的西雅图振藩国术馆在木村武之的超级市场地下室(今已拆除重建)

图7-7A　木村武之代表已故师父李小龙领奖后,即与李小龙师兄等人合照(左起徐尚田、萧煜民、陆地、木村、彭锦发、梁敏滔)

图7-7B　中国武协授予李小龙先生之奖座

再一年的1999年6月，美国权威时事杂志《时代（Time）》周刊，评选了20世纪最具影响力的百位名人，其中包括选出的20名"世纪英雄及偶像名单"。根据此周刊的介绍，该世纪有很多勇敢的人挑战创举，也有很多英雄启发人民以非暴力手段争取公义，这些表现出激动人心的个人成就和超凡的人物，令"人类精神在二十世纪高涨昂扬"。"英雄及偶像"的光谱涵盖多方面，逝世26年的香港功夫巨星李小龙是上榜的唯一华人。

黄淳樑生前曾有宏愿，他必须亲手写出《詠春拳学》，不假手别人，而且是厚厚一册。因为他的心得实在太多了，没人能像他有讲手切磋四五十回的机会。

李小龙生前曾有宏愿，他必须亲手写出《截拳道》，不假手别人，而且已写下不完整笔记七册。因为他的心得实在太多了，没人能像他有交融东西方格斗文化的机会。

叶问孖宝徒弟走向自由之路弘扬国粹，自己出书的宏愿都因暴殒而不能竟其功。破译他俩的格斗文化就落在我们大家身上了，因此任何人都应当做到正确的传播，而且首先必须做到的，就是客观分析和客观比较。

这是"香港李小龙节2005"为纪念李小龙65岁冥寿（2005年11月27日）在香港尖沙嘴星光大道安放的铜像,它高2米,重600公斤

第二篇

李小龙格斗文化精要

第八章 基础训练

第一节 练习是成功的秘诀

习武者要在实战中获得成功,必须要有两个元素的互补,这就是技巧与体力,正如阴阳学说一样,忽视任何一方,都难以成功。从李小龙与黄淳樑的习武比较,两人打沙包练习视作真打一样的认真程度都有,但是黄淳樑较为重视法度,对功力锻炼则不如李小龙。

李小龙习武成功的秘诀,很大程度取决于他的功力艰苦练习,所谓熟能生巧,业精于勤。他每天坚持体力锻炼时,十分重视跑步与跳绳有氧运动,这是他的截拳道运动战不可或缺的基本功,因为可以锻炼运动战中最需要的动态平衡感。

李小龙可以24~25分钟之内跑完4公里,并且注意多样化锻炼,例如变换步幅节奏和速度,甚至跑步打拳。

他认为人就是一个工具,要尽量发挥工具的摧毁性能,因此非常重视拳打的基础训练,可以每天打一千拳。

他认为拳打是技击的重要一环,因此也重视抗击打的锻炼,例如腹肌锻炼等。李小龙甚至尝试用机械仪器锻炼,其用功程度令师兄黄淳樑也吃不消。

他重视大运动量的训练,因此特别强调事先要做放松的准备活动和舒展的柔韧性练习。练功受过伤的他,深知循序渐进的重要性。

第二节 警戒式练习

截拳道讲求科学的实战理论和技术,警戒式是它的经典站式,既是实战的起始点和支撑点,也是阴阳循环整体可连贯性的步法移动之中,隐蔽意图蓄势待发的阴柔静止姿势；既是进可攻退可守保持有力状态的最有效姿势，也是身体的准线进退移动或侧向移动保持动态平衡连贯性的最佳姿势。

截拳道强调实战，经典警戒式侧身的主攻手与主攻脚必须最接近对方，因为它们都是最有力的进攻武器，所以要置于最前方。其理念与实战的西洋击剑相同，但与竞赛的西洋拳击相反。

截拳道强调正确的姿势是警戒式的基础，它的身体重量必须均匀分配于两脚或稍偏于主攻脚。主攻脚控制着身体的姿势，要做到连同身体直接对准对方中线，同时主攻手要伸出接近肩的高度。出拳进攻时，后脚跟要像弹簧或活塞一样支撑身体，接着要敏捷地抬起后脚跟并迅速将身体重心前移到主攻脚。

截拳道强调动态平衡是警戒式最重要的方面（正、侧、背面见图 8-1~图 8-3），因此两脚的理想站式，要有一只脚可以快速向任何方向突袭，并能成为全力进攻的中枢，而另一只脚能保持良好的动态平衡，用以抵挡任何方向的攻击，同时也能发动出其不意的突袭。截拳道站式与传统站式正好相反（图 8-4、图 8-5）。

李小龙强调詠春黐手练习是发展双手互动的平衡能力最好的方法之一，将正身站式改为侧身，虽与截拳道警戒式有别，但也较为接近。

图 8-1

图 8-2

图 8-3

截拳道主攻手置前站式

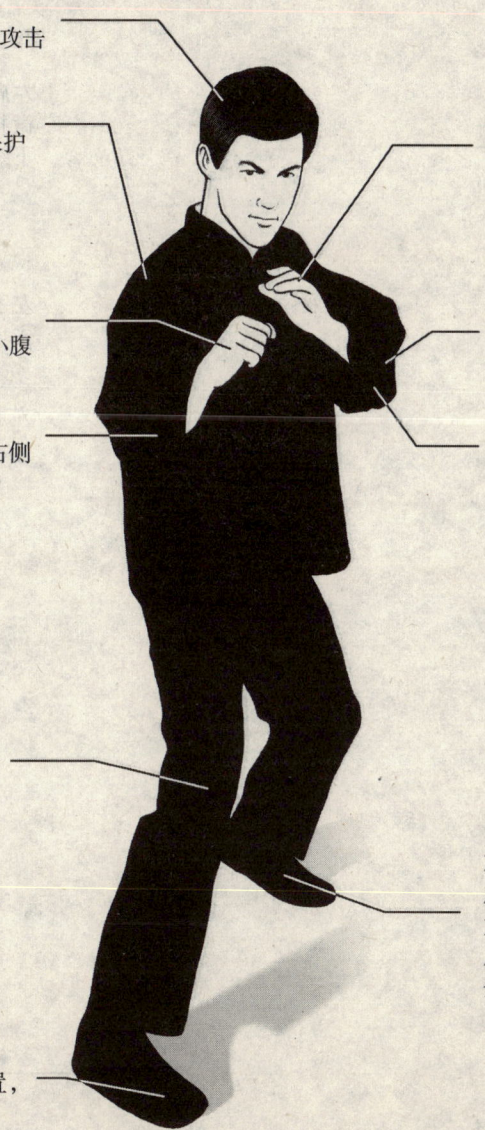

头：
摆动与摇晃，以免被攻击

右肩：
微抬，下颏稍降，保护下颏和面右侧

右手：
主攻及保护脸和小腹

右肘：
保卫身体中部及右侧

右膝：
微内扣和防卫腹股沟

右足：
处于25~30°角的位置，主攻踢击

左手：
防守主要依赖左手，护脸和小腹

左前臂：
防卫身体中部

左肘：
防守身体左侧

左足：处于45~50°角，后跟抬起，从而具有较大的灵活性，并像一个压缩的弹簧，随时推动全身向前移动

图 8-4

传统主攻手置后站式

头： 摆动与摇晃，以免被攻击

右手： 防守主要依赖右手，护脸和小腹

左肩： 微抬，下颌稍降，保护下颌和面左侧

右前臂： 防卫身体中部

左手： 主攻及保护脸和小腹

右肘： 防守身体右侧

左肘： 保卫身体中部及右侧

左膝： 微内扣和防卫腹股沟

右足： 处于45~50°角，后跟抬起，从而具有较大的灵活性，并像一个压缩的弹簧，随时推动全身向前移动。

左足： 处于25~30°角的位置，主攻踢击

图 8-5

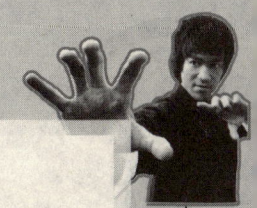

第三节 步法练习

截拳道步法运用的目的，是用简单直接的最少动作，取得最有实效的结果和速度。

李小龙认为运用步法有四个组成部分：
1. 感应对手的灵敏性；
2. 活力而自然的流畅性；
3. 步测距离的直觉性；
4. 起动和制动的平衡性。

李小龙强调："移动的艺术是实战格斗术的精华，出色的步法能击败任何人对你的进击。"因此截拳道是战胜任何攻击的锁匙。

截拳道的步法是一种流动性运动战的步法移动模式。良好的步法是非常有目的的移动，可以使你从任意角度发动攻击，同时也可使你跟得上发动强力的终极攻击。总而言之，步法移动除了可以躲闪攻击之外，既可令你迅速接近对手突袭成功，也可使你迅速摆脱挨打的困境和重组反击。

实战格斗时，要多消耗对方体力，而少消耗自己的体力。但是运动战的步法移动是要消耗体力的，因此任何移动都只是为了取胜或避免挨打。

一、移　步

移步不要用交叉步或跳步，要用滑步。向前和向后的滑步要用连续的碎步，以便体形保持瞄准对方靶心和动态平衡的连贯性，可以随时向任何方向快速移动的同时进行突击或截击。后撤移步是向前移步的反向移动，基本动作相同。

向前移步时，前脚向前滑步约半步，后脚跟随着滑步上前，跟进到前脚原来的位置，立即回复警戒式姿势，然后再重复此过程（正、侧、背面见图8-6~图8-14）。

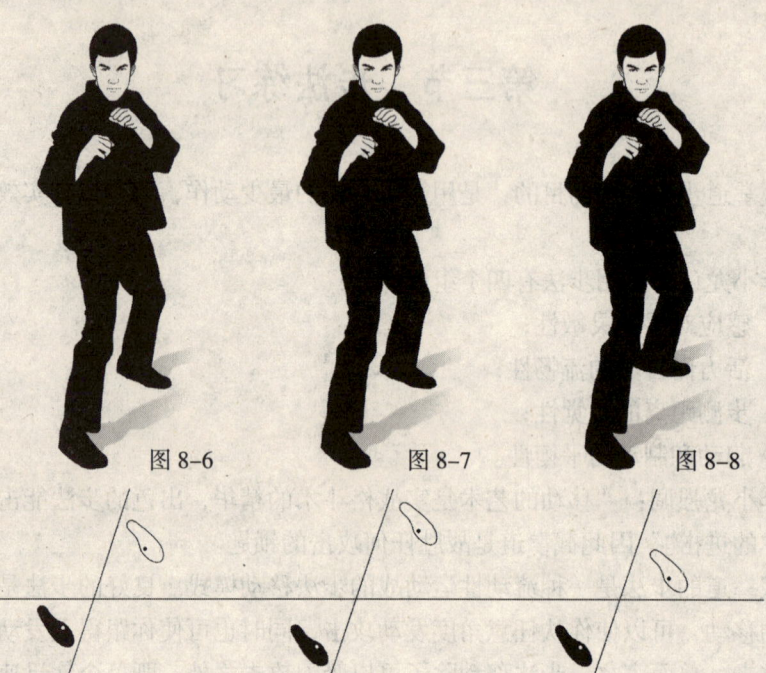

图 8-6　　　　　图 8-7　　　　　图 8-8

图 8-9　　　　　图 8-10　　　　图 8-11

图 8-12　　　　　图 8-13　　　　　图 8-14

　　向前移步时，两脚的前脚掌要灵敏的滑动，无论快速移动或突然移动，前脚都要轻盈抬起1/8英寸左右，后脚跟要稍微抬起，略高于前脚。

　　截拳道是一种流动性的拳法。主攻手置前的进攻特色，首先是出手拳击，随即是脚步的移动——先出手，脚后动。即使是躲避对方的攻击，身躯亦应先于脚步移动。它与主攻手在后的西洋拳"随足进攻"相反，但与西洋击剑"手先脚后"相同。

　　手先脚后时，后脚跟抬起便于将体重快速转移到前脚上，而抬起的后脚跟又可驱使蹬地的后脚掌借用地面的反作用力，起到快速反应的弹簧或活塞作用，方便从任何角度去出击。当用拳撞击对方时，后脚跟落地。至于后脚跟何时抬起或放平，并无规则限制，取决于身体的位置，用手或脚进攻或防御时自己的反应等等。

二、快速移步

　　快速移步是迅捷灵巧的滑步，必须保持你的体形瞄准对方靶心和动态平衡的连贯性（图 8-15~图 8-18）。这种快移，可使身体迅速移动较远的距离，例如 8 英尺或更远去接近对方。

图 8-15

图 8-16

图 8-17

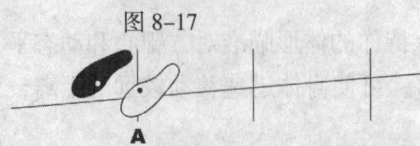

图 8-18

三、快速后撤

快速后撤也是迅捷灵巧的滑步，可使身体迅速摆脱挨打的困境和重组反击。

快速后撤时，前脚掌先蹬地和伸直前腿，驱使体重移到后脚，同时前脚向后急移。当前脚落地前，后腿像弹簧一样先屈后伸，并快速后撤。当后脚着地前的瞬间，前脚掌已先落地（图8-19~图8-21）。

图8-19

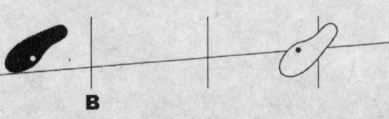

图8-20

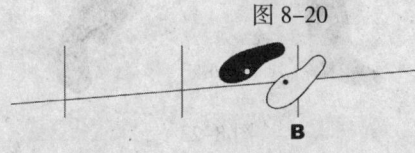

图8-21

四、猛冲突袭

猛冲突袭是最快捷的截拳道动作,也是最难学到的动作之一,因为要依赖整体良好的协调能力,否则十分容易导致自我失去动态平衡。此一动作特色常用于纵深的猛冲切入,并用侧踢或踢腿反击所进行的突袭。

向前猛袭时先要出前手,并用前手作为动力向上挥动所生的一股动量,好比一手抓住一条绳索,被它突然急拖过去一样(图8-22、图8-23)。前手的挥动,同时亦可分散对方的注意力和扰乱其预期的步骤。当向上挥前手的同时,髋部要向前摆动,并拖后脚向前,体重实时移到前脚,就在此瞬间伸直腿去推动身体向前,因而带出去至少两大步(图8-24~图8-26)。

向后猛撤也可以同向前猛冲一样的快捷,但不须前手做动力。

李小龙认为如要纯熟此一高难度移动艺术,每日须练二三百次。

图8-22

图8-23

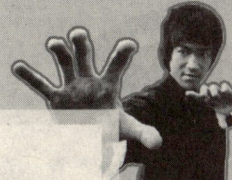

图 8-23A

图 8-23B

图 8-24

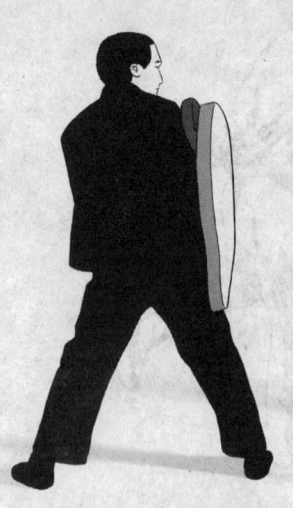 

图 8-25

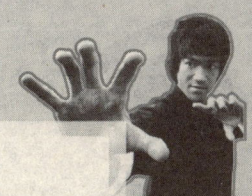

图 8-26

五、侧 步

侧步能够向左或右转移体重和换步，且又不致使身体失去动态平衡。

侧步有以下几个目的：

1. 它可以用简单的移步而战胜对方或对方的攻击。

2. 它也许用作避开对方拳打脚踢的手段。

3. 它或者用于去创造反攻的时机。

正处于右脚在前的警戒式时，当侧步向左边移动，应先移动左后脚。当左后脚移动 6~18 英寸的距离时，右前脚也应相应移出 6~18 英寸的距离。同样的理由，若向右边移动，右前脚先移动，而左后脚亦相应随之跟上。这里的关键是令你的身体始终要保持动态平衡（图 8-27~图 8-32）。

图 8-27

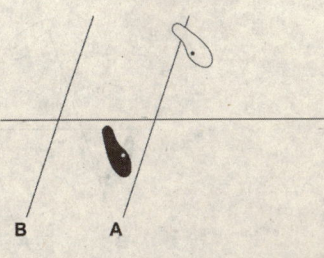

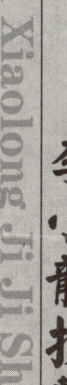

图 8-28

图 8-29

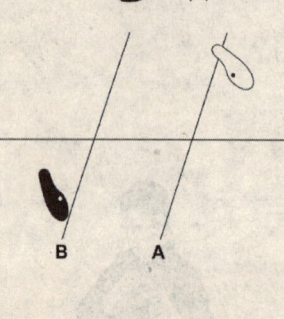

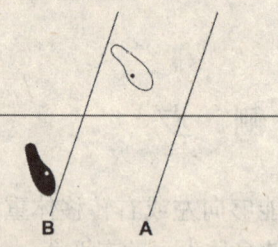

图 8-30

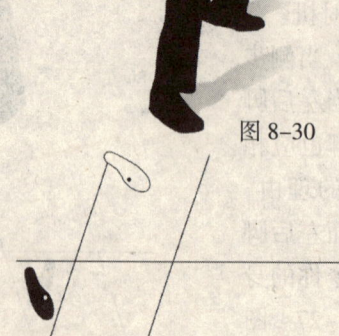

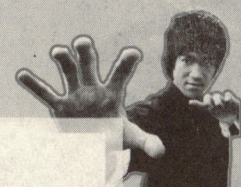

图 8-31

图 8-32

第四节　力量练习

　　截拳道出拳发力不来自肩膀，而是来自身体的准线。

　　截拳道强调出拳时，要集中髋、肩、手、脚的全身整体力量协调一致。其攻击的动量应在鼻子之前虚拟的一条导向直线（准线）上，并以它作为导向点，瞄准对方身体中线的靶心（图 8-33）。

　　李小龙能击倒超过自己体重两倍的对方，其秘密就在于上述集中重力于一点，从鼻下瞄准对方靶心的一瞬间击出的爆发力。

　　站式徒手格斗，力量之源来自脚底的地球。如何向地球借力量，李小龙具有科学的力学实践，例如利用脚底弹簧作用，因而产生的拱形推力，带动拳腿向前击打的直线运动；又例如利用脚底转盘作用向地球借力，因而产生的螺旋力，带动了髋部转动的圆形运动等等。

图 8-33

这些力量的作用，都可反映在具有截拳道鲜明特色的拳击和踢击等力量之中。

一、击拳力量

直线的拳击或踢击是科学和艺术的格斗基础。

手臂只是击拳力量的运载工具，只有正确运用全身之力，才能提供足够的击拳力量。

击拳的力量来自髋部的转动，而推力通常来自后面的支撑脚，把整个身体向前推进。至于力量之源，则来自支撑脚下的地球反作用力。

任何有力的猛击，身体必须保持动态平衡，并与瞄准对方靶心的前脚形成一条直线。身体的这一纵剖面作为主要支柱，起到产生力量的轴心作用。

如果要向前跨一步出拳，拳头就要在前脚落地前击中目标，而且髋与肩必须早于臂膀发力。

截拳道的直拳与詠春拳相同，采用日字冲拳。它是用拇指包住四个手指握紧拳头的中指中间，击打目标时不要旋转前臂，拳面是垂直的日字形。击打到目标时，拳面只用中指、无名指和尾指的三个指关节部位去接触（图 8-34）。如果在原地出拳，可以前腿原地下蹲，运用转髋的外力和内力带动肩膀和手

图 8-34

臂，在接触目标前的瞬间，拳头突然握紧向上一扭，发出短暂的"寸劲"爆发力（图 8-35~图 8-37 附图）。

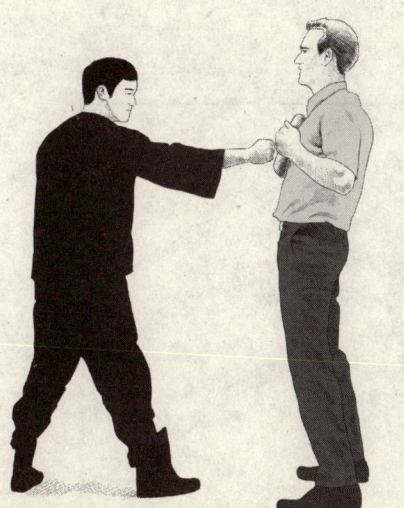

图 8-35

图 8-36

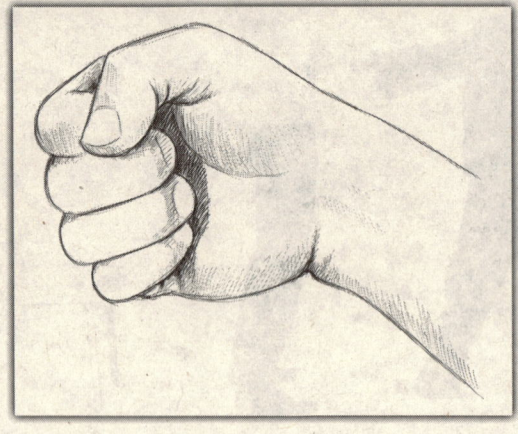

图 8-36 附图

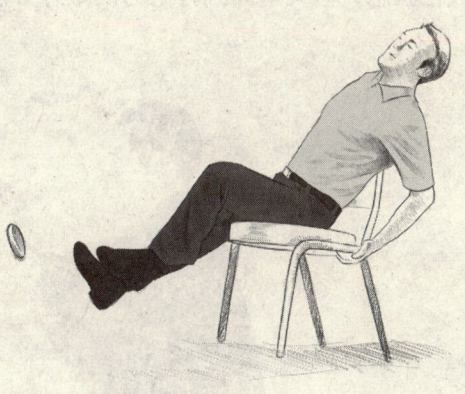

图 8-37

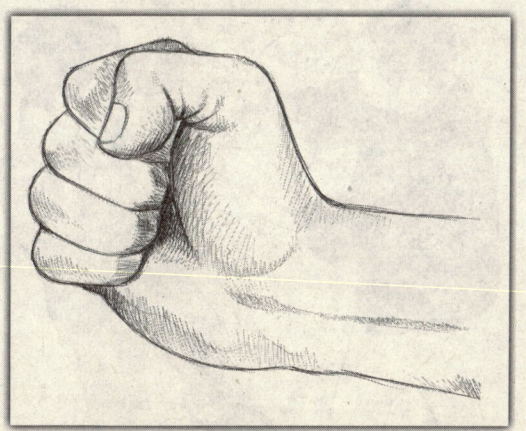

图 8-37 附图

李小龙认为詠春黐手锻炼是截拳道的一个重要组成部分，因为截拳道的技巧的有效运用，有赖于双手的互动和身体的放松（图8-38、图8-39）。

黐手作为双手互动的条件反应锻炼，可以增强内力的流动感，使全身保持放松状态，但又不失去打击力的最好方法。

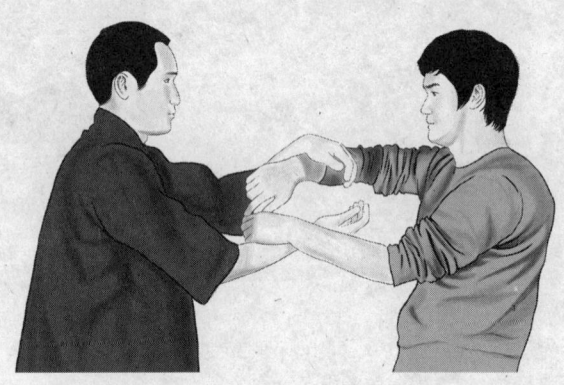

图8-38

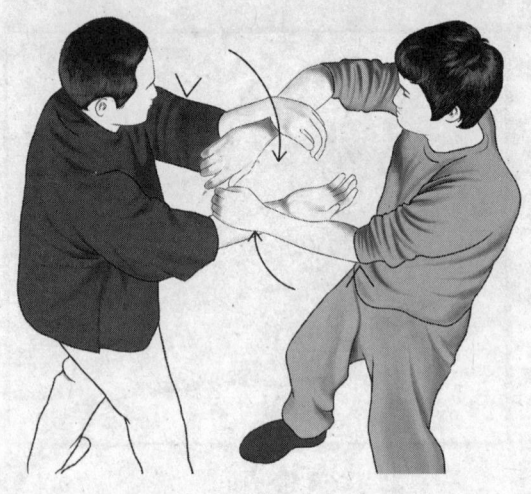

图8-39

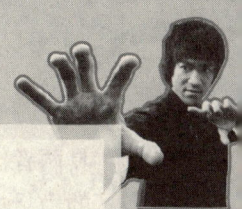

二、拉拽力量

截拳道除了包容詠春黐手中的内门手（摊手、正掌、膀手）和外门手（伏手、撕手、冲拳）之外，还包容了以拉拽力量来达到连消带打动作的捋手和拍手，其技术另见第十章第三节"李小龙的《詠春拳》著作"。

由于捋手和拍手的连消带打动作，都要依赖前臂的肌肉力量，因此李小龙很注重用詠春木人桩去锻炼捋手和拍手技术，增强两臂力量。此外，还可运用木人桩法锻炼其他技术。

三、踢击力量

用腿踢击是由于：
（一）腿比手更有力和最有杀伤力。
（二）腿比手长，所以它是攻击的首选。
（三）要阻截踢击是十分困难的，尤其是身体下面的足踝、胫骨、膝关节、腹股沟部位。

李小龙擅长他的独特侧踢，它与传统侧踢并不相同（图 8-40）。例如传统侧戳踢虽有力量但无速度，传统侧摆踢虽有速度但无力量。截拳道侧踢，则兼

图 8-40

具两者优点。至于直踢（图 8-41、图 8-42）和直腿蹬踢等，并不能产生足够的力量去造成损害或破坏的效果（第三篇第十七章中介绍另类贴地超低空直踢，可造成瘫痪性效果）。

图 8-41

图 8-42

李小龙模式的截拳道侧踢动作中，以主攻脚为例，有三个特色（图8-43~图8-45）：

（一）将两腿平行分开，在左脚保持平衡的前提下，先抬右腿离地约12英寸，随即用力向下踩地，并使它反弹离地约1英寸。正如用流动能量发拳一样，要将全部力量集中于脚上，借用地球的反作用力。换言之，如同水流经过右腿（像管子中的水流动），当它踩地时全部射出去（如水的喷射），又使它反弹而起（爆炸性地溅起）。

图8-43

图8-44

图 8-45

（二）如同跺地一样，当抬右脚时，全部体重落在左脚，并沿直线踢出。左腿稍屈，使身体略向后倾。当右腿踢出时，要以左脚掌作为活动支点，并在踢腿的力量爆发前之瞬间拧髋，以便产生一股外加的力量，给予一种螺旋劲或扭转劲。然后在腿完全伸展时，迅速地踢出，从而产生鞭打的效果。

（三）当撞击瞬间，要使双腿都同时最大限度地用力挺直。借用地球的反作用力，其双向的作用力，可以产生出最大推力的效果，正如拱形推力的力学理论相同。

侧踢借用地球力量的剖析，可以引申到其他踢法，此处不一一枚举。

在实战格斗中任何踢击都要时间第一和速度第一。例如后踢腿就不太实用，因为距离对方较远，难以在时间和速度上占优，而且一旦未击中就容易导致失衡。

第五节　速度练习

这是指实战格斗必具的独特速度，而且要经过艰苦训练才能掌握。例如冲击接触到对方的一瞬间，手或脚要迅猛抖动或抽击，正如过肩投掷棒球的原理一样，在大挥臂过肩投掷的前提下再加上最后瞬间的抖动手腕，具有投出最大加速度的冲击力。又如用一条12英尺长的鞭子击中目标，它必比用2英尺长的鞭子击中目标要戳痛得多。

一、击拳速度

翻背拳并非最快也非最有力，因为它不能同时利用整个身体移动力量的帮助。但是它是一种可以充分运用抽击或抖动的动作，可以由腰到肩的任何高度打出去，而且可用于突袭，只须动作隐蔽，对方难以抵挡（图8-46）。

图8-46

翻背拳多用于攻击头部，主要结合咏春捯手使用，可以弥补打击力弱的缺陷。当用捯手动作突然用一手抓住对方手腕拉向自己，同时又用另一手打出翻背拳，因而与迎面而来的对方头面相撞时，其撞打的威力可以收到倍增击打力度的实效。当用指关节撞打对方的面部时，其撞打力量将是致命的，好比两辆迎面疾驶的汽车相撞一样。为了提高翻背拳的速度和灵敏度，可以用李小龙在西雅图打灭蜡烛火苗的练习方法，锻炼翻背拳的加速度。

前手标指戳击是最快的攻击武器；因为它只运行短距离就很快到达目标——眼睛（图8-47~图8-49）。攻眼不但破坏力大，而且很难防御。因此，标指不须要用很大的力量攻击眼睛，只须准确与速度。正确的指型可保护手指不受损（图8-48），而纸靶就是一种不伤指的和绝佳的标指练习用具。

图 8-47

图 8-48

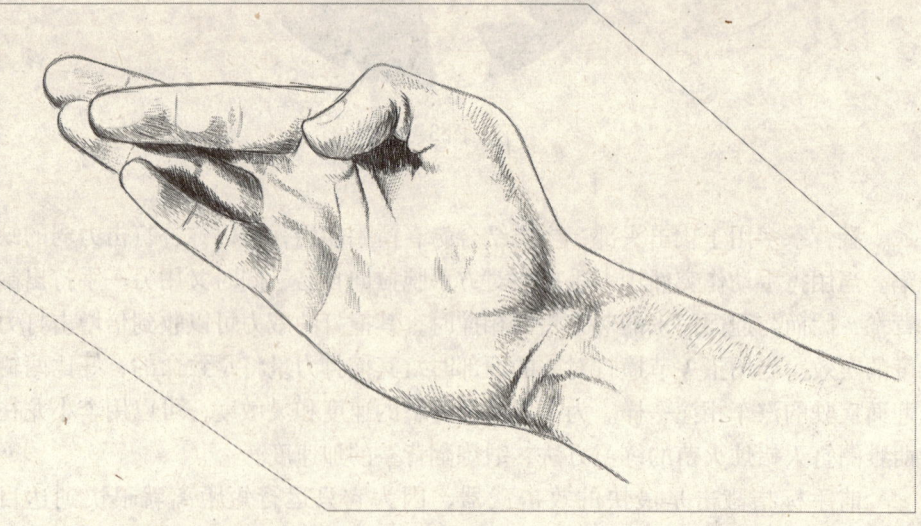
图 8-49

前手直拳是所有拳击方法中最快的攻击武器,因而是截拳道的主要支柱(图 8-50~图 8-55)。它是主要进攻武器,也是刹那间就能阻止和截击复杂攻势的重要防御工具。

图 8-50

图 8-51

图 8-52

图 8-53

图 8-54　　　　　　　　图 8-55

　　前手直拳不但最快，而且最准，因为是在近距离内向前直击。它同标指一样难以阻截，特别是移动中运用短小的连续动作更难应付。因此，这种最接近对手的前锋手快拳带有威胁性或骚扰性，可以引致对方紧张不安或迫使其失去平衡，甚至扰乱其判断力。

　　李小龙十分重视利用一只或两只拳击手垫的两人互动对练。对练时，一人用拳击手垫防御，另一人练前手直拳的速度、力量，踢击和组合攻击（图8-56~图8-58）。单人练习可用绳子在上下端弹性吊拉沙袋，可练前手直拳的加强速度和准确性。

　　前手直拳不是太有力的攻击，虽可运用寸劲爆发力，加大出拳的力量和速度，但是力量并非首要，快速打击才是首要。因此，它并非要一拳击倒对方，而是要达到其他目的的手段。例如用前手直拳先破其动态平衡，顺势切入带出其他拳、腿以至肘、膝、拿、跌等无限组合，因而获得终极胜利实效。

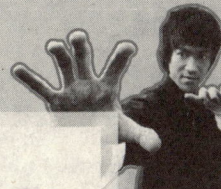

图 8-56

图 8-57

图 8-58

二、隐蔽出拳

击剑运动被誉为"速度和智能的竞赛"。截拳道区别于任何东西方传统拳种的最明显特色之一，就是李小龙融入了西洋击剑主攻手在前，不暴露出剑意图的特点。他还采纳了其中一部分简捷步法，并且运用了出手攻击先于身体移动的原则，从而使翻背拳、前手直拳等快速进攻难以闪避或阻截，因为它是没有先兆的隐蔽出拳。实际上在身体前移的时候，拳头早已击中而又抽回了。这就是击剑者的剑向前猛刺而身体并不前移，直到手向后抽回时身体才前移的典型动作。

三、踢击速度

截拳道的踢击，大部分先由前面的主攻腿发动，因为缩短了与目标的距离。截拳道最占优势的腿法是侧踢和钩踢，前者快而有力，而后者主要是快击。前腿发动钩踢时（图8-59~图8-62），先将前腿膝上提至水平，小腿松垂与地面约成45°角；体重全落在微屈的后腿上，身体向后倾斜；立即以后腿的

图 8-59

图 8-60

图 8-61

图 8-62

前脚掌为轴，转动髋部，最后用力伸直后腿，同时前腿用爆发力踢出。踢击目标走半圆弧路线（前腿不要向后摆动再踢出），一般利用脚背为接触面积。最实用和最经济的钩踢训练，就是采用纸靶。

钩踢通常结合快速的前进步法来实施。但当对手逼近时，则可将警戒式的后脚直接快速滑步跟上，接着在对手未及做出反应时，就起脚踢击（图8-63~图8-65）。

图 8-63

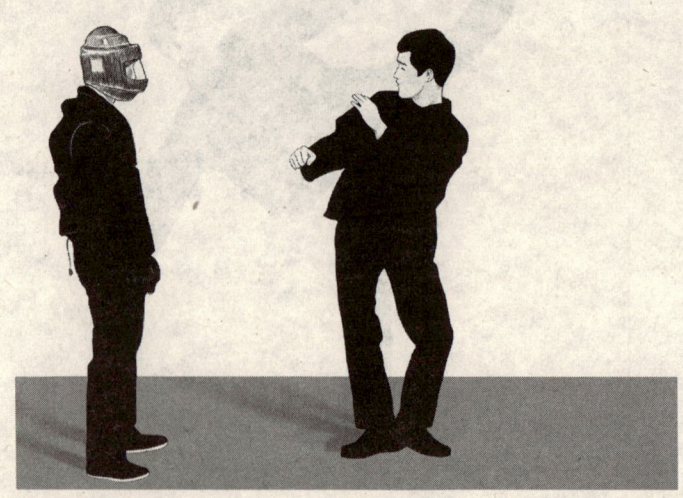

图 8-64

图 8-65

钩踢起腿一般踢击上身，尤以快击对方肋部使其失去战斗力的效果为好。如果移动自己身体与对方形成角度时，以对方小腹作为快速钩踢的目标则更好。

如果踢击的目标在身体的下部，例如膝部或胫部时，采用侧踢可以像钩踢一样的快捷。李小龙运用前腿低位侧踢，几乎如同用前手戳击一样快捷有效。

截拳道不常用向前踢击，因为在警戒式中没有充分的机会运用它。但是当对方不善于保护小腹时，前踢快击此暴露的要害则是有效腿法之一，前脚要用脚背或胫骨从对手的两脚之间向上踢裆，这样几乎不可能踢不中目标。

四、警觉洞察

李小龙具有对周围环境保持高度警觉洞察的意识，而且能够抢在对方起脚或出拳之前截击。李小龙不仅两眼要盯住对方的眼睛，还要将其整个身体置于视野之中。

李小龙快速反应的秘诀，就是他练就的高度"洞察力"，这对他那娴熟的拳脚功夫是一种补充。

单凭速度并不能保证抢先击中对方，只有经常锻炼敏锐的洞察力，方可使抢在对手之前的机会大大增加。例如对练时，抢在对方做出手势之前就无声地"啊"一声。这种简单的练习可以提高自己的反应速度。

第九章　技法中的技巧

第一节　移动中的技巧

在格斗技术中，移动中的技巧是十分重要的。无论是攻与守，还是假动作和保持体力，都须依赖于移动中的步法。对于同对方相互之间的距离是否确切，也都取决于移动中步法技巧的掌握程度。

运用步法的策略，就是要用自己的步法去迷惑对方的步法；同时也要认清对方的步法规律，以便调整步幅和节奏去对付。

一个移动的目标不但较难被击中，而且在移动时发动攻击，要比从固定位置上发动攻击更为快捷。因此，截拳道强调运动战模式，就是不长时间地停留在某一点位置上，而要不断地变换距离和节奏来迷惑对方，扰乱其攻防的准备，务求对方处于失衡的状态。

练习截拳道的步法技巧，必须在移动中与拳法及腿法等技巧紧密地结合。如果不熟练移动中的步法技巧，就如同一门固定在阵地上的大炮，不能对准移动中的敌方开火一样。

一、距　离

两位拳击家相遇，他们之间的互动距离是不断变化的，其最佳距离是处于对方拳击不到，而只要向前移动一小步，就可击中对方的状态。此最佳距离取决于双方各自的速度和灵敏性。

两位格斗家相遇，允许用腿踢击时，相互之间的互动距离就要相应远些。截拳道有三种不同的格斗距离：

（一）不清楚对方本领或意图时，采用最远的距离（图9-1）。

（二）当摸索到对方时，就要接近他，采用中等距离。它是刚好后退到足以免受攻击，而又能反击的位置（图9-2）。

（三）近距离时，双方防卫都较难，占先优势常在先下手一方的一次攻击或反击。终极优势仍与速度第一有关，例如善用手法胜过擅长腿法，而反应速度并不完全依赖于手法（图9-3）。

图9-1

图9-2

图9-3

较优秀的格斗家总是机动地移动,尝试站在最合适的距离上,因为距离十分重要,即使小小的差距,也能丧失一次攻击成功的机会。通常攻击的时机,是对方犹豫未定之时。此外,要抢在对方达到理想距离之前出拳攻击,而非它之后。

近距离格斗时,需要提防来自向肋、膝和头部的攻击,还必须防止被摔倒在地。因此一旦双方靠得很近,格斗就可能很快结束,因为有许多招式可用。如果双方都擅长近距离格斗,形势就会不同。

李小龙近距离格斗时,必先主动占据优势,例如自动地用自己的前脚抵住对方的前脚,使它难以自由移动等等。

李小龙常用的入身招式,就是挤靠对方失衡,先破其势有利于确保随后运用许多近攻招式。他的入身破势之秘诀,就是挤靠时不仅用肩膀,还要借用地球力量运用移动的臀和髋。

二、步 法

对付一个具有良好判断距离能力的对手,自己又难从正面攻击时,应采取突破防线或缩短距离的战术,例如连续后退几步,步幅要不断缩小;又或者先让对方行动,因为他在进攻时,必然会缩短距离。

对付一个具有良好判断距离能力的防御性对方，则应连续向前迈出平稳轻松的一两步就退回，用以引诱其追逼。如追出，也可让一两步。当对方正向前迈的一刹那，就可出其不意地突然前出，截断其路。

为了迷惑对方，要用小步变换步幅与速度。如果向前一步佯攻，往往能增加攻击速度和创造机会，因为对方要被逼应战。在战略上，可采取后退的移动，以对付不想贴近格斗而远站得难以触及的对方。

还应指出，李小龙在右脚离地和上身歪斜时，是不出拳的。而是在上身向前移动，脚即将落地的瞬间始发拳，这样兼可排除落地后的阻力削弱击拳的前冲力量。

任何时候都不能让对方猜出我方的意图。有时不但不冲过去反击，反而要后退。有时后退是要让对方有起腿的间距，这是要逼迫对方不能出拳攻打的绝妙战术。聪明的格斗家通常都不做前后的直线移动，而是要成为一个变幻莫测和难以对付的目标。

三、侧　步

在截拳道中，侧步是闪避拳脚攻击的一种防御技巧。实际上，闪避将是反击的一种安全而有效的行动（侧步也是一种侧击的进攻技巧，可见第十三章）。

对付近身或远身攻击，闪避与反击不会相同。前者反击可施突袭，后者优势常在防御的一方，因此有时间酌情反击。动作的协调准确，必须长期锻炼才能得到。

第二节　手法中的技巧

一、直　拳

在截拳道中，最常用和最重要的拳法是前手长、短直拳（图9-4~图9-8）。这种拳速度快，是因为距离最短；这种拳打得准，是因为径直前打；这种拳用力最小，因而不会失稳。

图 9-4

图 9-5

图 9-6

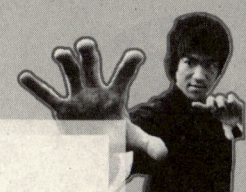

图 9-7

图 9-8

后手主要用于防御和补充另一只手。当前手击出时，后手要随时准备阻挡对方来拳，并且还要准备反击。如果左右手连击中线，例如先出右拳，接着出左拳，最后止于右拳，不但都由鼻尖指向中线，并且落拳点都一致（图 9-9~图 9-16）。

第九章 技法中的技巧

图 9-9

图 9-10

图 9-11

图 9-12

图 9-13

图 9-14

第九章 技法中的技巧

图 9-15

图 9-16

当前直拳遭受阻截，改为标指时，从鼻下正前方直戳对方眼部。由于标指瞄准中线占有很大优势，即使双方同时攻击和同样路线，打出的标指沿着准线导向，一定能挡开对方来拳，正如击剑直刺靶心（图9-17~图9-19）。当前直拳遭受阻截，而对方也收回手准备再出拳时，自己不必收回手，可改变打出翻背拳。前直拳变化不一一枚举。

图9-17

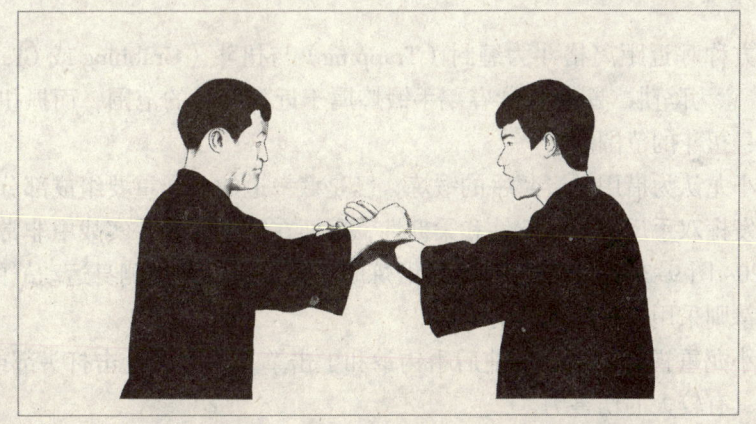

图9-18

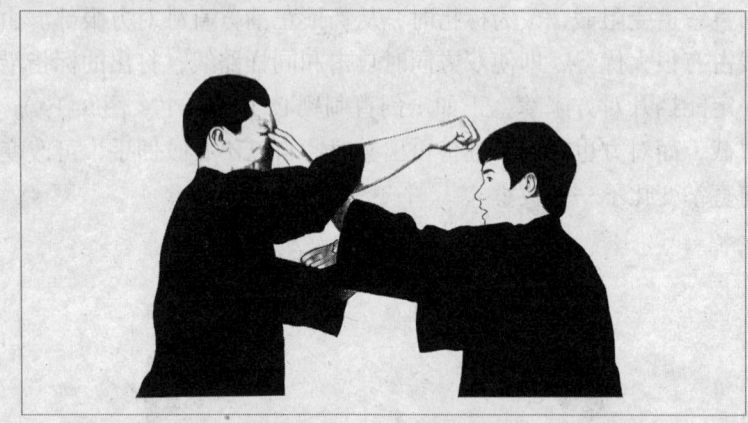

图9-19

李小龙认为詠春拳黐手的"不动肘"特点，同样适用于前手直拳，肘部也必须坚挺有力。他形容前手直拳在重击中，手臂与手腕可以成为一件武器，好像一根实心棍棒一样，前臂是把手，拳头是锤头，拳头和前臂以及不弯的手腕全都连成一线。

二、缠封与扭斗

西方称呼近距离格斗为缠封（Trapping）与扭斗（Grabbing 或 Grapping）。"缠封"意为陷阱、圈套，詠春黐手锻炼属于近身缠封的范围，而抓扭跌摔则属于埋身扭斗的范围。

李小龙认为借用詠春黐手的锻炼，已是截拳道的一个重要组成部分，因为它可以发挥双手反应的敏感性和柔韧性，因而在贴近的徒手实战中非常有价值（图9-20~图9-34）。双方互动黐手锻炼时，截拳道是采用侧身运动战的步法，而詠春拳则采用正身阵地战的步法。

李小龙重视近体击打的前后手钩拳和上击拳，因为无论击打头部或身体，它们都具有较大的伤害力。

李小龙对抓扭跌摔的扭斗技巧亦非常重视，因为他在香港早就认识传统的擒拿术，在美国与柔术之父谢华亮有深切交往，又与美国职业摔跤大师Genelabell（肯尼拉贝尔）相熟。

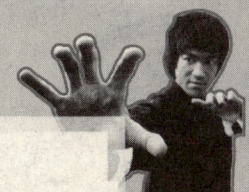

图 9-20

中线直击　　　　　　　甩手直冲

图 9-21

图 9-23

图 9-22

图 9-24

李小龙技击术

Li Xiaolong Ji Ji Shu

这是詠春掙手的四图组合或分解

来留　　　　　　　　　　　　去送

图 9-30

图 9-31

图 9-33

图 9-32

图 9-34

第三节 踢击中的技巧

一、前低侧踢

虽然手是格斗中最重要的工具,但脚也是整体战略中极为重要的组成部分。在截拳道中,最有效的踢击是先于对方的侧踢。侧踢也可用于防御的手段。

在截拳道中,攻防的最前线是对胫骨或膝关节的前低侧踢,因为目标最接近和暴露在前难以防守。李小龙使用这种前低侧踢突袭,如同用标指的手刺戳那样迅捷,能于每秒连击不止一次。

由警戒式做前低侧踢时,前脚向前滑步3~4英寸,立即带动后脚向前。几乎同时,提前脚和用力转髋,踢出有力的前低侧踢(图9-35~图9-38)。踢击时身体要保持倾斜,避开对方的反击。此外,还可以做高侧踢或中侧踢。

图9-35

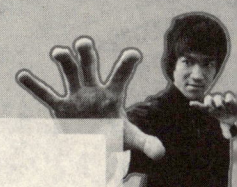

图 9-36

图 9-37

图 9-38

二、钩 踢

在截拳道中，钩踢是利用最多的踢法之一。它并非一种有力的踢法，但可快速突袭和骗过对方。它并非一种强力的踢法，但也可能击伤对方。钩踢比侧踢有一大优势，就是许多情况下，在对方还未防范之前就发起突袭。它也是一种保险的踢法，因为踢击后能很快复原。它较侧踢使用的距离要近，但又较贴近的徒手格斗之距离远些。

由警戒式做钩踢时，前脚向前滑步 3~4 英寸，立即向前移步或快速移步。当后脚刚要落地的瞬间，立即发出钩踢（图 9-39~图 9-42）。这是一种清脆的腿法，而且身体要后仰而不前倾。

图 9-39

虽然钩踢常用于攻击腰以上部位，但有时也攻击股部或腹股沟。实际上钩踢很难和很少攻击股部，因为效果并不好。钩踢弧线太短，难以产生足够的力量。

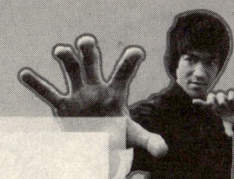

图 9-40

图 9-41

图 9-42

三、旋 踢

旋踢最多地用于反攻的战术中,例如对付直线进攻但又没有冲前的对方,将会是十分有效的。但是如用于对付防守或防守反击的对方,那将是十分危险的。

旋踢又是一种突袭的战术,例如对付防守有经验的对方,往往只有旋踢才能打乱对方的防御。

做旋踢时,旋转的支撑点要放在右脚的前脚掌上,使头稍为超出下身,以便起脚前看清目标。踢击时身体瞄向对方中线,就像侧踢一样,在接触目标时转髋,旋踢像用鞭抽击一样(图 9-43~图 9-46)。

做旋踢不易,因为身体旋转时,必须同时发出旋踢,而且踢出之后要保持身体平衡,这是十分困难的。

图 9-43

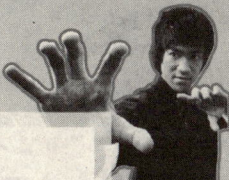

图 9-44

图 9-45

图 9-46

四、其他踢法

扫踢或反钩踢不常用于截拳道，因为它缺乏力量。严格而论，截拳道的扫踢是用于高踢面部。通常是作为一种突袭，例如对付因对方攻击时伸出的前脚，妨碍了前踢或钩踢的路线，因而采用扫踢面部较易成功，原因是它可以避开阻挡的那只脚。

由警戒式做扫踢时，必须要有柔韧性的腿。前脚向前滑动3~4英寸，然后快速度移动和扫踢（图9-47~图9-50）。这种腿法可以擦伤对方，但起不到击倒作用。

李小龙为截拳道的实战性创造出一种内侧踢的腿法。它用于专踢下身，尤其是腹股沟和大腿内侧，其接触点是脚面。与对方正面时，使用这种腿法攻击对方下身，同前钩踢一样快。内侧踢同前踢不同的是向斜上方踢出，与钩踢正相反，而发力则同前踢一样。这是一种较难掌握的腿法，因为它所产生的爆发力必须是髋与踢击动作完全同步进行。

图9-47

图9-48

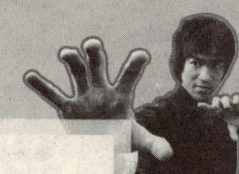

图 9-49

图 9-50

第四节　阻挡（连消带打）

阻挡是一种易学的防卫战术。它是以手的张开或合上以及向内侧或向外侧的各种迅疾动作，来挡开对方直接的打击。

阻挡时只须轻巧拨开对方的拳锋，偏离自己身体即可。这种阻挡技巧的肘部位置几乎固定。只须用手和前臂来完成挡开和控制对方打击的手。做出反应的时机比力量更重要，必须在快要打到前才动作，以免对方有时间再变招。

对付重拳疾贯或身高臂长的对方，在阻挡的同时应后退一步，同步动作可舒解其来势。

截拳道的阻挡，采用了咏春拳连消带打的拳理，几乎可以在挡开来拳的同时进行反击。它的速度要较先挡开后还击，使动作分两步做，要快得多。

截拳道的阻挡，可以由前手阻挡至外侧，高的来拳时称为高外侧阻挡，低的来腿时称为低外侧阻挡。也可以由后手阻挡至内侧，阻挡高的来拳时称为高内侧阻挡，阻挡低的来腿时称为低内侧阻挡。由于攻击大都是向面部打来，所以通常采用后手高内侧阻挡。

当左后手高内侧阻挡（图 9-51）时，腕关节逆时针方向轻巧一拨的同时，右前手直拳便打到了对方的面部。

图 9-51

低内侧阻挡（图 9-52）可以对付来自腰部以下的踢打或较低的来拳。例如左后手阻挡右手来拳时，可顺势转为捋手或扭斗技巧，近乎圆滑的连贯动作，顺势将对方拉近自己，同时移体向前，打出右前手直拳击其面部。

高外侧阻挡（图 9-53）比高内侧阻挡更具突袭性，它是一种更强的连消带打动作。由于左后手高外侧阻挡时，只是与右前手交叉，毫不降低还招的速度，因而几乎在阻挡的同时，右前手更接近对方的瞬间，可以任意用重手猛击。

低外侧阻挡（图 9-54）几乎与低内侧阻挡相同，其目的都在于使对方打击的力向下偏向身侧，只是左后手由内侧转到外侧，去保护这一侧，阻挡可能向低位发动的攻击。因此，低外侧阻挡要比低内侧阻挡，会有更大的左后手弧形动作。

图 9-52

图 9-53

图 9-54

第五节 目标

一、主要目标

在实战的格斗中,最主要攻击的目标是眼睛和腹股沟(确定主要攻击的目标要视乎实际情况,见第十七章第一节的"近距理念"和"要害理念",这是外露的脆弱要害。因此,体育的格斗项目,设立了禁打部位的规则。

截拳道是讲求徒手实战的格斗理论与技术,因此建立了有自己特点的警戒式站姿。由于前腿遮住了腹股沟,加上没有削弱步法速度的灵活移动,要害部位可以得到很好的保护。

截拳道的另一特点,就是除了做旋踢外,很少用后腿踢击。这是因为当后腿要越过前腿时,腹股沟便被暴露了,尤其是圆形踢击时。

在进攻和防守的手法中,用指戳主要目标眼睛,就如同在踢击中,对手前腿的膝胫或脚踝是攻击的第一线目标一样,被认为是攻击目标的第一线,因为指戳要较拳击延伸了3~4英寸。

身体上还有其他要害部位,不一一枚举。

二、善用攻击

可用侧踢攻击对方的膝部或胫部,以及脚踝或大腿。踢击前腿各部位是相当安全的。

身体上部较难攻击,因为通常可较好、较容易的防卫。要攻击一位熟练的格斗家的咽喉几乎不可能,因为他的手总是守卫着,而且下颌也总是贴近肩头。不过指戳有时却能直贯咽喉。

肋部是易受攻击的脆弱部位,尤其是手肘抬得较高露出破绽时,任何突袭都易使肋部受到损伤。一旦被重击,常可令对方难以继续战斗。

腹腔的神经丛是最易受伤的部位之一,但不易击中。因为大多数格斗家总是用手防卫着。

颌部比咽喉目标大,要攻击一位熟练的格斗家,他会摇晃和躲闪,也可借助移步或只移动头部,成为一个难以击中的目标。除此之外,对腮部的攻击能

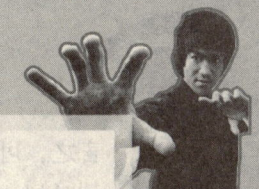

起到很大破坏作用。如果出拳的角度适当，腮部很容易被打成骨折。

要学会攻击时不损伤，握拳方法要对，否则会损及手指或腕部。

侧踢时，须用脚侧或面接触目标。偶尔也可用脚后跟。如果穿鞋前踢，可用脚尖直踢。

第六节　对抗

一、站姿

对抗性接触的格斗虽形似真实格斗，但两者是相异的。因为前者受到护具和手套的约束，限制了某些有效的进攻手段。在有人发明更好的装备和方法之前，这仍然是今日最实际的训练方式。

李小龙经常强调对抗锻炼的重要性，他说："一个未经对抗锻炼的格斗者，就好像一个未曾下过水的游泳者。"

但是现代格斗运动确有其不足，例如西洋拳击有规则限制的保护条文，因而对抗者都不在乎游戏与真实之区别。所定规则禁止打击某些部位，尤其是腰部以下，而且还限定只能用拳套打击，不许用任何其他技巧。至于现代东方格斗运动，同样有各种规则上的限制，不一一枚举。

在真实和整体的格斗中，所有基本技术都应有效地运用。

良好的防守便是良好的进攻。

虽然要用上一对拳套和穿上各种护具进行对抗性锻炼，但它仍是在仿真实战中可以取得经验的好方法。

在对抗性锻炼中，就可取得截拳道的站姿和移动攻防的经验，而且可修正各种不良习惯。

二、假动作

假动作是欺骗对方，谋使他对自己（手、腿、眼睛和身体）的动作做出有利自己的反应。假动作应诱使对方调整防卫，因而瞬间暴露出空当。

假动作要快速，而且有表达力和威胁力，并有变化和准确性，随后就是一记干净和锐利的打击。

假动作最直接的好处，就是一开始就用假动作向前猛冲攻击赢得距离。换言之，可以利用佯攻缩短距离，逼使对方做出仓皇反应或犹豫不决，从而赢取到时间。

假动作有很多种方法，常用的有"声东击西"：

（一）佯攻面部和下击胃部；

（二）假做低侧踢胫部和真用钩拳击头部；

（三）假装指戳面部和真用侧踢击胃部。

诱使对方对假动作做出反应的策略称为引诱，例如迅速后退，诱使对方深入陷阱再进行反击等。

虽然速度和时机是互补的，但是时机掌握不好，快攻也不会有效力。在可攻时机上，是根据对方暴露出破绽而决定的。例如对方准备移动时；对方处于移动时；对方处于紧张部署时；对方精神不集中时，等等。

李小龙曾强调手是进攻和防守的主要武器。如果将脚楔入对方脚侧位置，就可起到近身控制双脚的作用，但是双手则很难控制，因为它可以从近距离及所有角度上攻击。

三、身体躲闪

防守手段通常最好用交替的方法进行，除了阻挡之外，就是滑动、摆动、晃动和跳动等躲闪动作。

在对抗中，滑动躲闪是有效的技巧，因为双手可以在移动中反击，这要比阻挡中反击有力。

在对抗中，上下晃动和伴随跳动的躲闪，也是避免攻击的有效技巧，并且常用钩拳近身反击。

在对抗中，摆动躲闪是通过身体的移动，破坏对方的攻势，例如对付直拳就要稍退，对付钩拳则偏移。

当对方发出猛烈的攻击时，运用躲闪技巧可挫其锐气，并可扭转被动局面，成为攻击对方的主动局面。当不用躲闪技巧时，就必须运用阻挡技巧，连消带打去还击。

四、防守与反击

反击是一种诡诈而安全的妙策。例如引诱对方冲前攻击，使用迎面反击具有很大破坏力。

反击是一种更高形式的攻击。真正精通技击术的人，才有可能做出最迅速的反应和最有效的反击。

截击用于阻截对方展开的攻击，它可以是间接的或直接的。正确选择时机和保持适当的距离，是截击成功的关键。例如用于对方移步向前出拳或起脚进攻，做出假动作或展开组合进攻时突然截击。

前手指戳截击是很好的防守与反击武器。例如可在对方进攻的途中指戳截击，用同一只手及时挡开来势又同时直前反击。

前手直拳截击同前手指戳截击一样，也是很好的防守与反击武器。前手直拳除了打击面部外，也可对身体展开攻击。出拳时自己身体要配合，尽量与目标保持在同一水平上，身体前倾并前移（图9-55~图9-60）。

图9-55

图9-56

图9-57

图 9-58

图 9-59

图 9-60

　　后手直拳很有威力，可将全部力量集于此一拳，但因习惯运用主攻的前手，因此要练就后手直拳的技巧，直到左右手一样都可运用自如（图 9-61~图 9-66）。后手直拳与前手直拳对身体的攻击，运用方式几乎完全一样。

　　翻背拳是突发性最大的打击法之一，既可进攻也可作为反击和闪避时的防护手段（图 9-67~图 9-72）。如果能用一手抓住对方一手的同时，向前靠近或拉其靠近的瞬间，用另一手的翻背猛击对方，可打其一个措手不及。

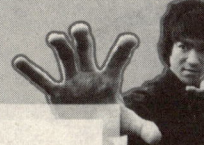

图 9-61

图 9-62

图 9-63

侧视

图 9-64

侧视

图 9-65

侧视

图 9-66

图 9-67

图 9-68

图 9-69

侧视

图 9-70

侧视

图 9-71

侧视

图 9-72

钩拳是一种很好的近距离反击或补充打击的手段，钩拳中手臂的挥动是身体转动的结果。如果能巧妙地运用步法，就能产生足够的打击力量（图 9-73~图 9-77）。

上击拳（屈臂向上，拳心向内）也用于近距离打击，例如截击一个低头冲前挥拳进攻的对手，就可以采用上击拳对付。要想打出短促而有力的屈臂上击拳，就必须在出手之前弯曲两膝，而在打出这一拳时要使之伸直。击中时应踮起两脚和稍向后仰。

图 9-73

图 9-74

图 9-75

图 9-76

图 9-77

截拳道所谓的"截击"腿法，常用于侧踢截击对方前腿的胫部和膝部，这种防御战术是对方最难应付的（图 9-78～图 9-83）。如果熟练地掌握，则几乎可以截击任何形式的拳腿进攻。运用它的目的，就是抢在对方进攻之前就踢击。就是说必须在对方要加速或要进攻之前就踢击。为达此目的，必须具有比对方快得多的速度。

图 9-78

图 9-79

图 9-80

图 9-81

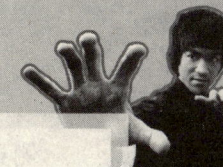

图 9-82

图 9-83

侧身截踢与侧踢技巧一样，只是它具有更大的破坏性，踢击的目标和位置一般较高，其目的不仅要截击，还要击倒对方（图9-84~图9-86）。

图9-84

图9-85

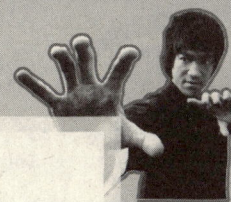

图 9-86

这种侧身截踢在截拳道中用得十分广泛,在中距离和远距离格斗中都能运用。此外,它还是威力最大的攻击,如果运用得当,一踢便能完全阻止对方攻势。

钩踢是一种极好的攻击和反击踢法,虽然力量较侧踢稍差一些,但十分有效(图 9-87~ 图 9-89)。踢击的目标应是对手易受攻击的部位,例如捉腕踢裆(图 9-90~ 图 9-92)。

图 9-87

图 9-88

图 9-89

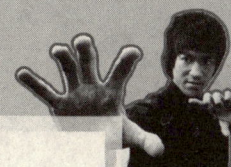

图 9-90

图 9-91

图 9-92

旋踢是一种突发性的反击战术,主要用来对付直线进攻的对手(图 9-93~图 9-95)。

图 9-93

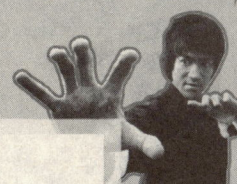

图 9-94

图 9-95

第七节　特质与战术

一、速　度

一个人必须具备某种特质才能成为高超的技击家。这种特质可以培养而成，也可以是天生的。例如，敏捷是天生的特质，但也可以后天发展它，如果生来就缺乏敏捷力，那么就必须天天练习才能得到它。或者有一定的敏捷力，但是还想进一步提高它，这也须苦练。

这里讲的速度，实际上是指身体各部分的敏捷性。如敏锐的眼力，是指眼睛能否在对手的运动和静止状态时迅速地发现其破绽。

大脑思维、判断能力，是指与对手交手时能正确、迅速地选择进攻或反击战术的能力。动作迅速，是指人体从静止状态到运动时，手、脚等部位的加速运动，并在运动中使身体或身体某一部分增加速度的能力。

变向能力，是一种在运动中迅速改变方向的能力，也就是在格斗中改变方向的能力。

素质是一种综合的特质，它包括几方面的因素，如机动性、弹跳力、恢复力、耐力、身体和头脑的机敏性。判断和反应都需要时间，形势越复杂，反应就越慢，因为需要较长的时间去思考。

要获得较快的速度，需要注意下列几方面：（一）为减少黏滞性和增强灵活性要做基本功训练；（二）掌握正确的姿势；（三）培养视觉与听觉的洞察力；（四）对习惯方式做出快速反应。

敏锐的洞察力，因为它不是先天性的，所以必须长期坚持训练才能学到。这种练习应该成为每天训练内容的一部分。也就是说要集中做短暂迅速的观察练习。

当你对听到枪声或看到旗子落地等一些简单的事件能做出反应时，那么你的洞察力也就有了很大的提高。原因在于你能够集中精力对一个简单的现象做出反应。下一步要做的就是要缩短反应的时间了。换句话说，也就是你感觉得越敏锐，则反应的时间也就越短。

下列的原因都会使你延长反应时间：（一）当你特别容易激动时；（二）当你十分疲劳时；（三）当你不再训练时；（四）当你的注意力集中

不起来时。

选择性的反应要比本能的、灵敏的和准确的反应更复杂、更慎重。像敏捷力一样，如果你的注意力集中在几件事或行为上时，那么你的反应力也必将是十分迟缓的。而且在你做出反应之前，你必须要有一定程度的概括。

正因为如此，在训练中，要尽量减少不必要的选择性反应。如果能让对手做出各种不同的反应，那就可以迫使他处于一种动作迟缓、犹豫不定的状况。

当对手呼气时，当他刚刚完成动作时，当他的注意力和洞察力都受到干扰时，以及失去身体平衡时，他的反应时间就会比较长。

一个反应和动作都迟钝的人，可以通过快速观察、感觉、判断来克服这一不利因素。一个只能充分利用右手和右脚进攻的拳手，应该学会使用双手、双脚。

二、心理状态

一个有着必胜信念的运动员，显得很自信和轻松，他感到自己在驾驭着局势。在比赛前，他也可能会产生精神紧张，或因紧张而发抖、恶心甚至呕吐，这对于新手，甚至许多有经验的运动员来说，都是一种很自然的现象。

一旦他出现在运动场或拳击场上，他就能够控制住自己的情绪，并以最佳状态进行比赛。但是一个新手或一个极力想取胜的冠军，就可能紧张得肌肉发僵，使动作变得呆滞、笨拙。

一个拳手绝不能是一副无精打采的样子，应当在格斗或训练中保持高速度和发挥高水平，还要想象在关键时刻能随意加快频率。真正的党争者在训练和比赛时都是全力以赴，甚至比赛时要比平常更迅速和勇猛。只有这样，才能培养出良好的精神状态。

经验证明，运动员在需要时可以最大限度地发挥其能力，如果这种发挥达到某种极限状态，那么他本身潜在的精力或者说"重振精神"（二次冲击）就会起作用。

但是有经验的运动员和老运动员是不会滥用精力的，著名的运动员总是有效地发挥其技巧从而保持体力，很少做徒劳的动作。

如果想发挥得更好，那么就应尽量少做需要付出很大的努力的冲击。而这种冲劲儿应留在冲破对手的抵抗时使用。还应注意，在必须做突然或急剧地变向时，曲线运动要比直线运动省劲儿。

必须清楚的一点是：当与一个不熟悉的对手遭遇时，一种很自然的倾向是动作过多或过分用力。应该在一种简单、容易、自然的节奏下进行训练，因为这样就可以平稳地、得心应手地发挥技术。

要想成为一个冠军，必须在思想上对准备工作有正确的看法，应当乐于做最冗长乏味的工作。对付某种挑战时，准备得越充分，其结果就越会令人满意；相反，准备得不充分，在格斗时就越会感到急躁。

三、战术

拳手可以分为力量型和智力型两种。力量型的拳手，在每次交手中都沿用相同的模式，打击方式是机械的和重复运用的。一个机智的拳手则不然，为了运用合适的打法，他不断地根据对手的技艺和格斗方式来变换自己的战术。每次逼近对手时，所采用的战术都是以预先分析、充分准备和良好的技艺为基础的。

对对手的初步分析，是在最初的交手中进行的。它包括研究对手的习惯、弱点和力量，以及他是进攻型的还是防守型的？他的主要进攻和防守的方法是什么？还必须用假进攻诱使对手暴露其速度、反应和技巧。

摸清对手的战斗力之后，要充分利用其弱点，制定出智胜对手的方案。如果打算采取攻势，则必须控制好局势，以假进攻将其引入歧途。接着，展开真正的攻击，不断地变换攻势，将对手置于混乱和穷于招架而无法取得主动的境地，如果对手试图采用突然截击或反击，那就必须做好躲闪的准备。

虽然准备与进攻是一整套连贯的运动，然而实际上做好准备和对付可能的反攻是两个独立的部分。

在开始准备进攻时，应能毫不费力地迅速地停止前进，要注意保持身体平衡和步法的灵活性。快速的小碎步，要比大跨步容易控制得多。

特别是在近战中，可以向处于准备阶段的对手发起攻击，并在其未来得及防御或反击时便已经打击了他。

有准备的进攻，也可作为对付一个保持精确距离又很难以接近的对手的方法。这种对手总是在攻击范围之外，以保证自己的安全。要想接近他，就必须先向后退一步，将其引入攻击的距离之内。

但如果过于频繁地重复这种有准备的进攻，那将会招致截击而不是躲闪。因此，应最大限度地消除或缩短易受攻击的时间。故意露出破绽，也应恰到好处，能以引对手上钩即可。要练习把准备工作放在交手和交手的变化中以及佯攻对手期间。

　　实施真正的攻击须具有突发性、高速度、流动性和良好的时机，思维必须果断、警觉和注重实效。如果对手取得了主动权，就必须以不间断的虚张声势的反击，攻击其外侧和打破其防御，以干扰他的注意力，重新压回主动权。

　　战术，是一种比对手有先见之明的能力。运用战术，必须有准确的判断力和发现破绽的能力，以及预见性和勇气。力量是贯彻战术的必备条件，但是单单靠力量是不能保证取胜的，还必须靠对对手作理智的分析，然后有针对性地运用自己的技能。

　　一位优秀的拳手，首先是以灵活的步法控制距离，然后是不断地用假动作、佯攻和短促而有力的打击来破坏对手的节奏。学会利用自己的节奏，使对手陷于混乱，然后进行突然袭击。另一有效的方法是时间差进攻法，也就是在击中对手前的一瞬间稍做停顿，因为此举可以破坏对手的防守。

　　对于新手的节奏，可能因其不规律而很难判断。他可能对你的引诱不上钩，但他会惊慌失措，并以毫无目标的胡乱抢打阻挡你的攻击。有时也会碰巧打中你的手臂。为避免这一点，要学会有耐心，要在对手露出破绽时才迅速、简便地直接攻击之，但要力戒采用复杂的复合攻势。

　　一个新手不规律的节奏，很可能成为无意识的时间差进攻，以致一些没有预料到这一招的颇有经验的拳手都会被愚弄。在这种情况下可保持一定的距离，当笨拙的对手为了打着你而把动作做得过火时，你再行反击。

　　一个聪明的拳手，总是采取不同的办法与对手交战。他会用直接进攻、复合进攻和反攻来改变战术，也会对每一个对手改变距离和位置。

　　一个应注意的问题是，除非必须借此达到目的，否则不要采用复杂的技术。首先应当运用简单技术，如不奏效再使用较复杂的技术。从防守姿势上突然发起简单的攻击，常常可以使对手猝不及防，特别是用在一连串的佯攻和假动作之后，其效果更为明显。因为防御者所估计的是复杂运动或是有准备的攻击，而对这种迅速又隐蔽的打击并无准备。在与一个优秀的对手交手时，如果运用复合攻击动作，那只能使对手感到高兴。因为你暴露了技术水平，如果在这种情况下仍能以简单直接的攻击打中对手，那更说明你的技艺是十分娴熟的。

　　如果能洞察到对手要干什么，那就等于你已经先胜了一半。对付一个镇静、耐心的对手，不要采用直接进攻，因为这样的人一般对自己的防护都是很

严密的。要避免做任何的准备，只保持相当的距离。如果他还精通打击和阻截、踢击，那么对付他就应以假动作诱其阻截、打击，而后牵制或扭住他再施打击。在这种情况下，假动作的时间应稍长一些。

但是如果要对付一个十分紧张的对手，则假动作应较为短促，以使紧张的对手更加不安。但是不论对付紧张还是镇定的对手，自己都必须很放松。

矮个子对手，一般喜欢在进攻时逼近他的目标，以弥补其打击距离短的弱点。如果他很强壮，他就宁愿靠近你格斗。如果遇到这样的对手，则不要与其做近距离的格斗，而应将防守的范围扩大，以此破坏和限制他的战略。

高个子对手，通常是动作较慢，但其打击距离较大，力量较强。对付这样的对手，要保持安全距离，寻机靠近。对付连续攻击和步步进逼的对手，也要保持好距离，但不要总是后退，因为那样做恰恰是对手所希望的，而相反地应该迎上去破坏其动作的节奏。

迫使对手不断地改变战术，这一点十分重要。例如，可以用反击对付惯用拦截打法的对手；可以用拦截对付惯用假动作的对手。但是对于一个防守型的对手，如果发动频繁的进攻，那将是不明智的。

笨拙的对手总是虚张声势或者采用无法预料的动作。对付这种人，可站在一定的距离上，当他要击中你的最后一刻再闪开。因为他的攻击是简单而直接的，最有效的战术是截击或做时间差进攻。

对付一个出手或出脚后犹豫不决的对手，要不失时机地冲上去，给他新的迅速地回击。通常一连串的高位置假动作，可以使对手的下部露出空当，特别是膝盖和小腿。

在实践中，两眼应紧盯对手。在近战中，注意其身体下方，保护好自己的面部。在距离较远的格斗中，要盯住对手的眼睛。迫使他处于防守地位，并让他捉摸不定。一旦对手遇到了麻烦，就要从各个角度进攻他、逼近他。要引诱对手前来，并在其向前迈进时攻击他。集中攻击对手的弱点，并迫使他按你的意志去打。

老手和业余者的区别就在于老手能发现机会，并能迅速地利用它。老手能充分运用自己的技术和智慧，每击一拳或踢一脚都是胸有成竹。在发出最有力和具有摧毁性的攻击之前，促使对手不断地露出破绽。

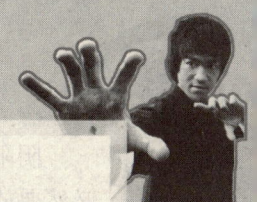

第十章 李小龙的振藩国术与詠春拳

第一节 西雅图振藩国术

西雅图振藩国术馆教授的就是黄淳樑教给李小龙的詠春拳（经过些微修改），其课程大部分为黄淳樑詠春拳的基本训练。

第二节 奥克兰振藩国术

1964—1967年期间，奥克兰国术馆教授振藩国术，1967年后李小龙教给严镜海截拳道，从此奥克兰国术馆课程含有西雅图振藩国术和洛杉矶原始截拳道。

第三节 李小龙的《詠春拳》著作

李小龙在1972年著作（以严镜海著作名义发表）出版的英文《詠春拳》，应是逝世前的最后论著。虽然同他早期教学的"振藩国术"同是修改的詠春拳，但因他自1970年回港之后，直接同师父和师兄弟接触，必然对詠春拳的理解要较早前深刻。还应指出，他的独特见解已应用于截拳道之内，摘要如下[1]：

---

[1] 本书主要阐释李小龙振藩截拳道的技击术，第十章仅简单介绍李小龙修改的詠春拳。如需了解黄淳樑"詠春拳学"的詠春拳技击术，可参考1999年港台出版的《东方格斗术大观》或2002年天津古籍出版社出版的《东方格斗文化》。

阴阳哲理：骑自行车时，须用双脚轮流踩踏板，右脚用力向下踩时，左脚必然要放松，否则同时用力踩，二力互制下自行车难以前进。如果左右脚轮流用力，力量源源发生，这个踏板的循环运动，也就是刚柔相济的阴阳哲理。

中线理论：它是詠春拳基本攻防技巧的核心（图10-1）。

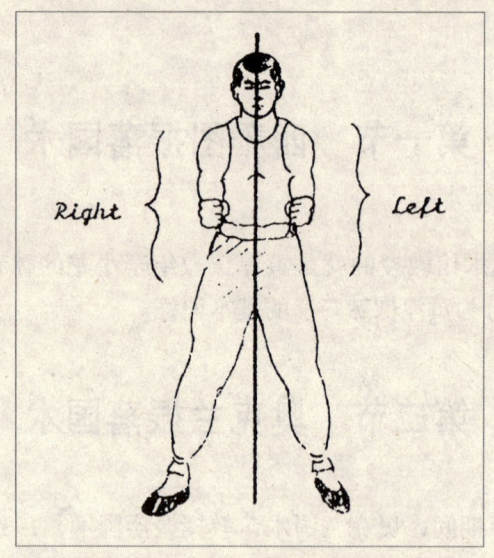

图 10-1A　正身马的中线

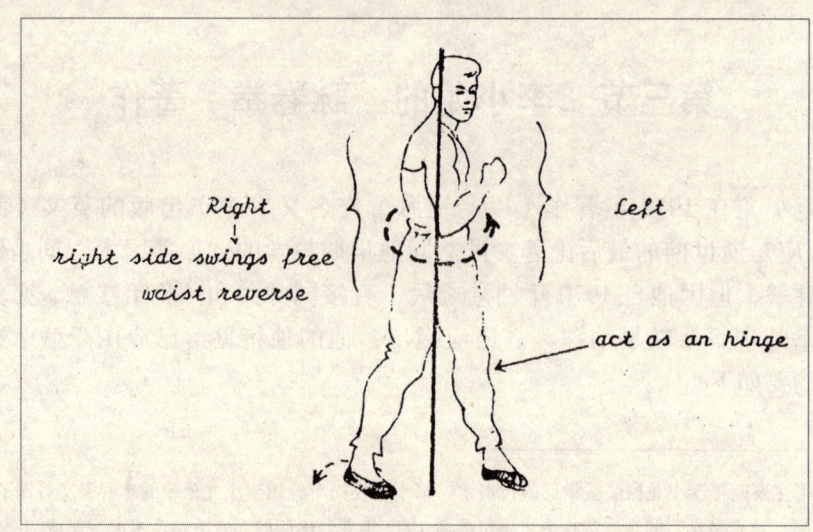

图 10-1B　侧身马的中线

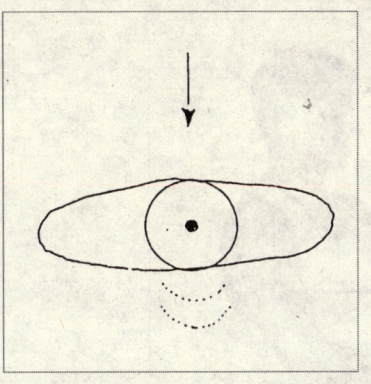
图 10-1C　击打中线受全力

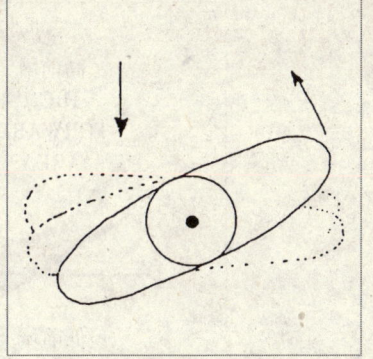
图 10-1D　击偏中线会卸力

固肘理论：要以固定的肘部为圆心，并以前臂作为半径，可以做任何上下角度和方向的转动。它像台风一样，肘部好比静止状态的台风眼，而前臂和拳、掌则具有连贯攻击性和威力强大的破坏性（图 10-2）。

四门理论：分区域防御与截击（图 10-3）。

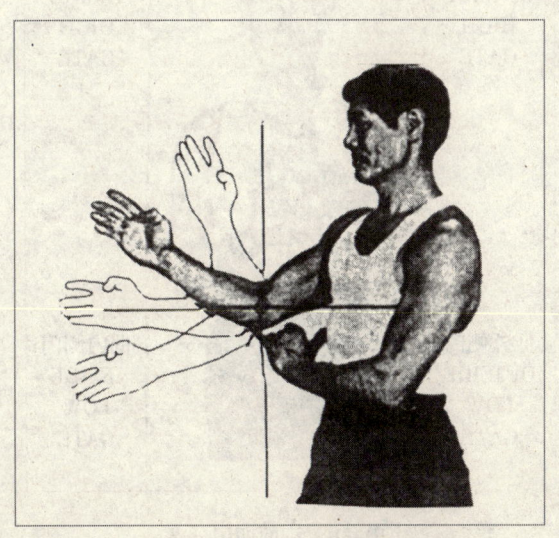
图 10-2　后臂如曲柄，前臂如连杆

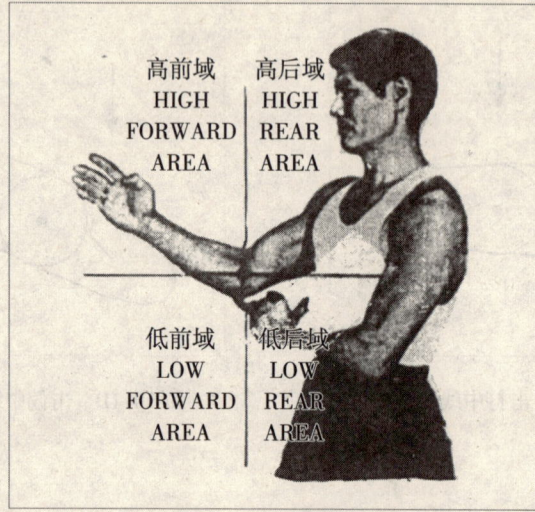

图 10-3A 侧面四域分区

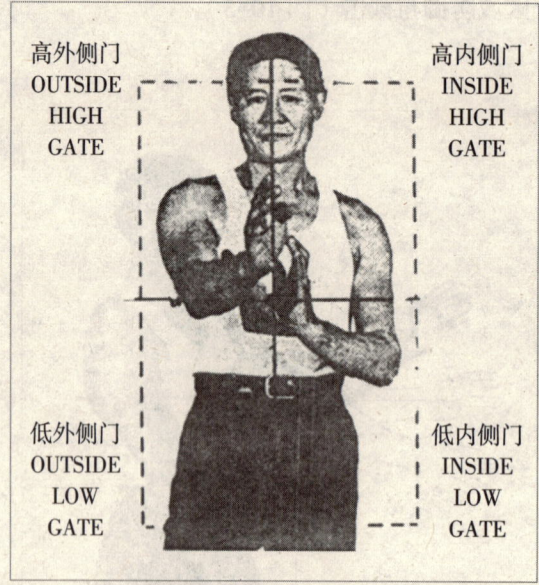

图 10-3B 正面四门分区

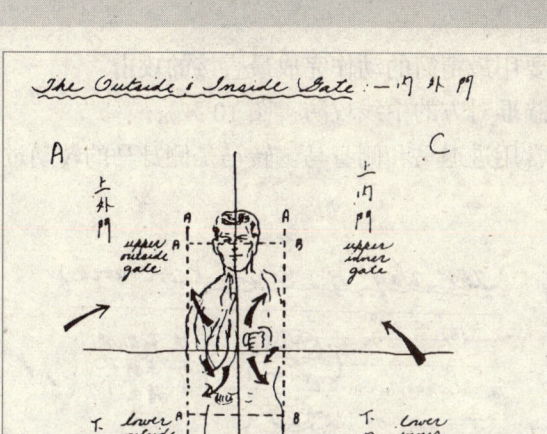

图 10-3C　李小龙手绘四门分区

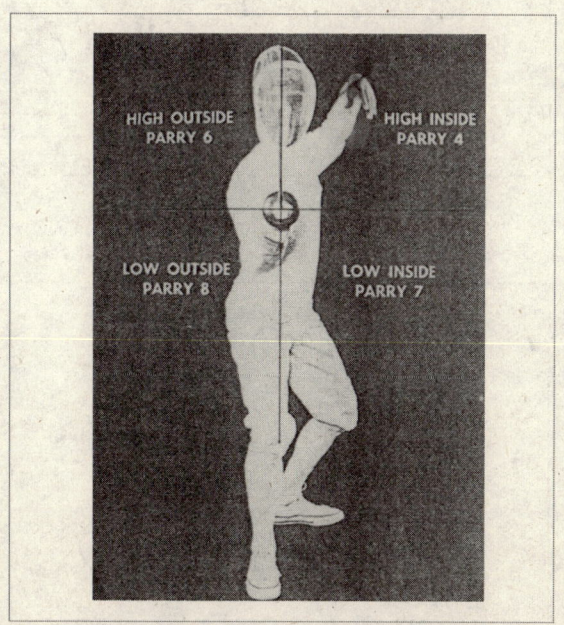

图 10-3D　击剑四门分区

动作精简：要用最精简的动作完成最直接的攻击。

朝形理论：瞄准对方的中线攻防（图10-4）。

桩马步法：常用进退马和侧身马。转马是侧身马的转动过程。

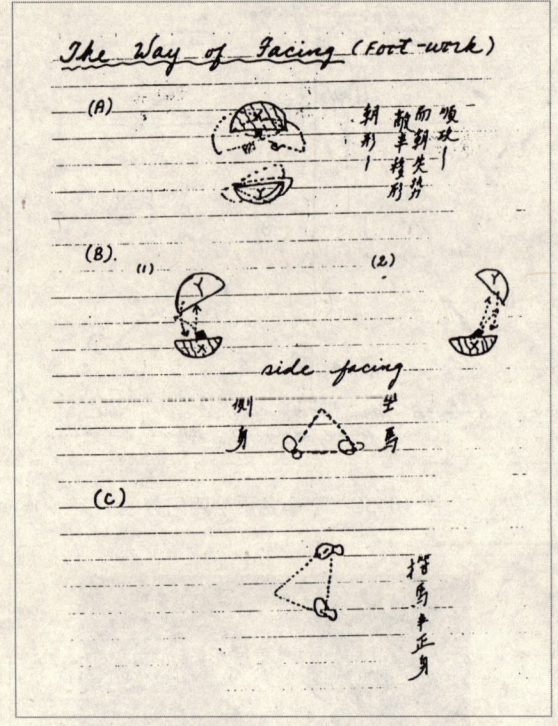

图10-4A 李小龙手绘的朝形

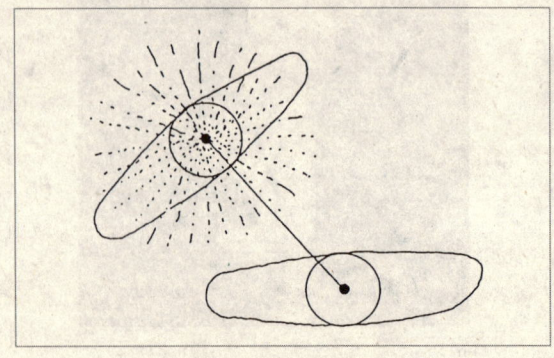

图10-4B 一方侧身，中心线仍在的"朝面追形"

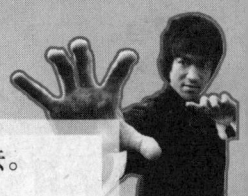

小念头：小念头是詠春的代表性套拳，可以练习詠春所有攻防手法。
直拳与指戳：詠春的直拳与指戳简单直接，快速准确（图10-5）。

图 10-5A

图 10-5B

图 10-5C

图 10-5D

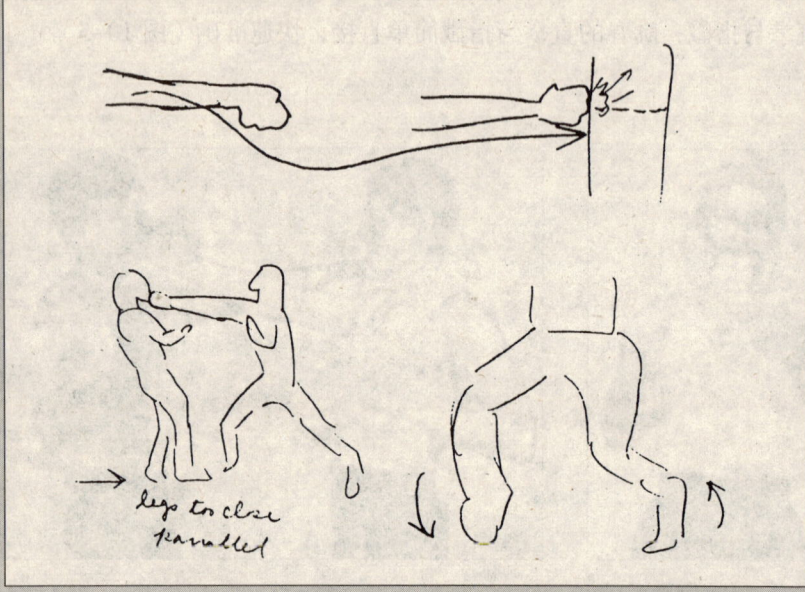

图 10-5E

（1）拳未击出之前，拳头不要握紧，拳头微微向下，即手腕微向下压。

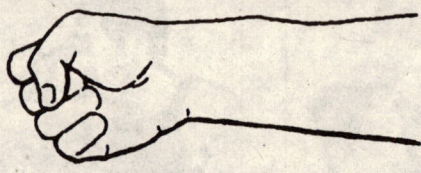

（2）当拳在击中目标前之一刹那，拳头握紧，手腕转向上，力量贯注在拳头上，以拳头之正面打击目标。

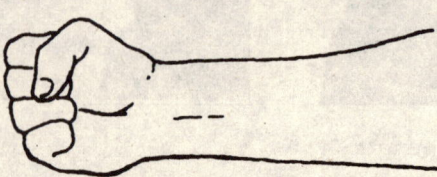

图 10-5F

脚法：詠春以手法为主，辅以简单直接的脚法攻击和阻截踢击（图10-6）。

图 10-6A

图 10-6B

图 10-6C

图 10-6D

前 踢

图 10-6E

图 10-6F

图 10-6G

图 10-6H

侧 踢

图 10-6I

图 10-6J

图 10-6K

黄淳樑的"无影脚"常在立体的连消带打中运用，当双手消解对方攻势的同时，突然隐蔽地起脚进攻

消打同时：攻守同时的快速截击，符合最精简的经济原则（图 10-7）。

黐手：培养手臂力量有不断流动的感觉，好比流水自手臂流出一样。更因流动力的存在而渗透至心理能力，以确切地把握住对手的每一空隙（图 10-8）。

封手：用黐手的双臂流动力，缠封控制对方双臂，再加以攻击。

反击：詠春主要以"封手""连消带打"之技术来显示反击特点，包括捋手和拍手。

内门挡法：应用小念头几种防守手法作为"连消带打"的要领。

外门挡法：应用小念头几种防守手法作为"连消带打"的要领。

内门打法与外门打法：应用高低内外门打法的要领。

捋手与拍手：用一手掠下或拍开对方攻击手，同时另一手反击。

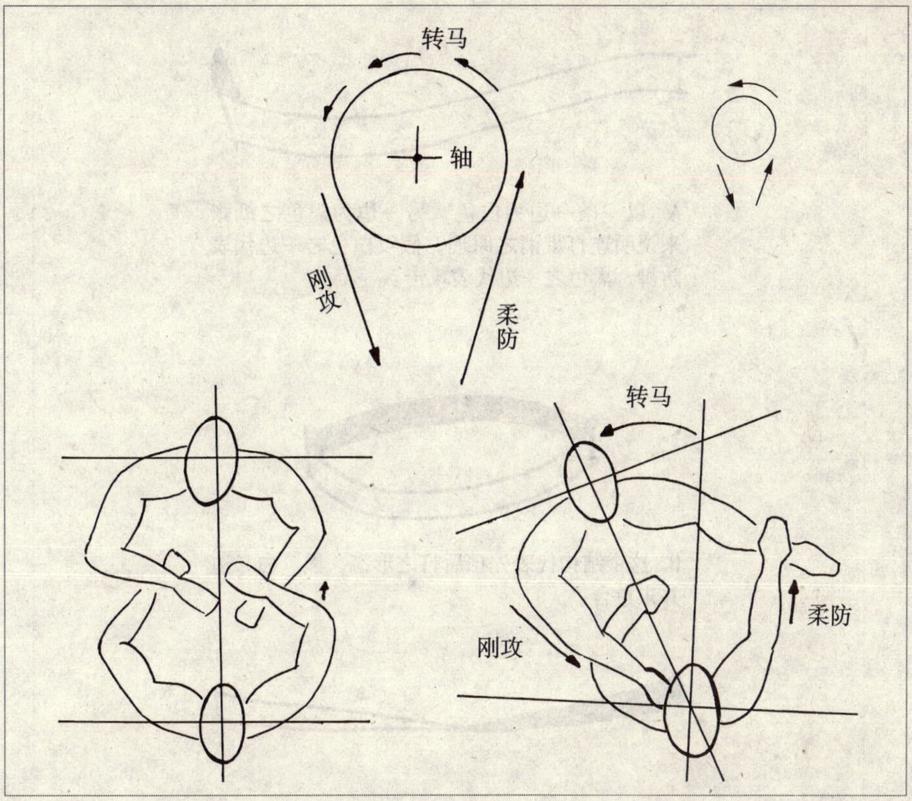

图 10-7A　顺势转马，以阴力带动阳力的柔防刚攻

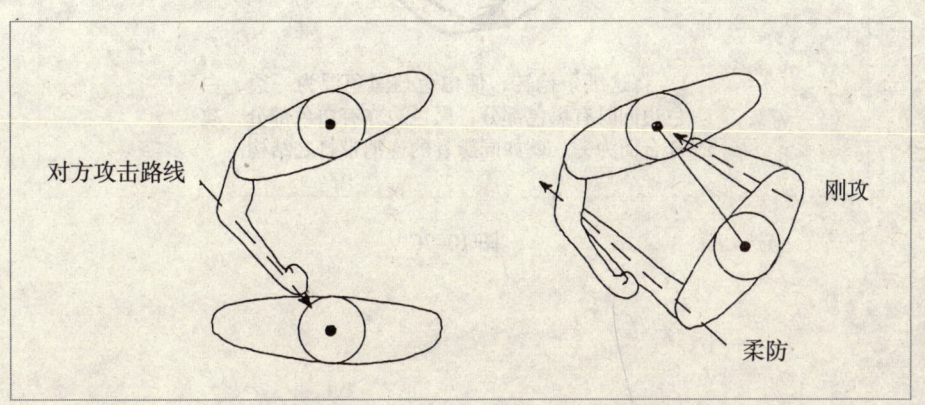

图 10-7B　连打带消

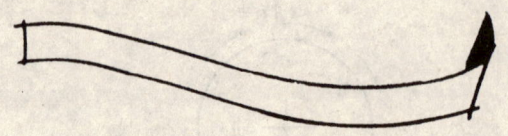

A. 以一条一边为白色，另一边为黑色之纸张来说明连打带消之原理，假设白色之一边代表防御，黑色之一边代表攻击。

B. 这个结构代表先挡后打之形态，黑、白二边并未重合。

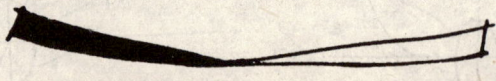

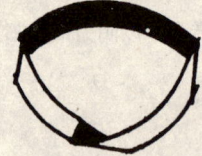

C. 将这纸条捻转，使白色与黑色混为一边，白色边同时有黑色部分，黑色边亦有白色部分，攻守合而为一，就如同詠春的连消带打之结构。

图 10-7C

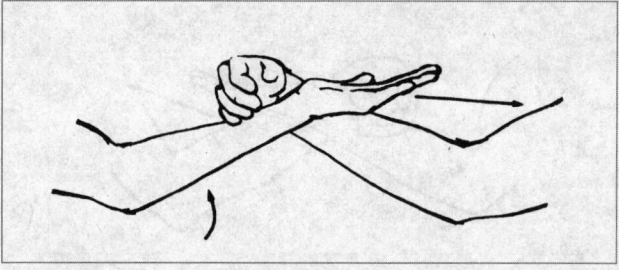

图 10-8A 詠春单黐手，双方以窄马步对立，四平八稳维持重心，但自始至终双脚的位置必须保持不变。开始练习时，左边一方以摊手伸出左手，右边一方摆伏手，原理为，如果左边一方改摊手为拳打向右边一方之胸前，右边一方便可用伏手来化消。

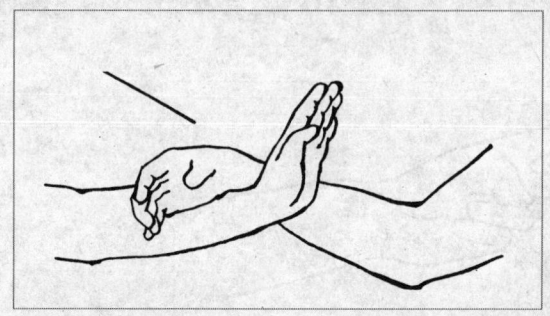

图 10-8B 左边一方以摊手挡开右边一方的伏手，使其中线暴露出，然后摊手改为正掌，打向右方胸前；右方感觉出对方的流动力传至自己臂膀时，伏手随时改为伏消（黄淳樑建议改为撕手），并准备攻向左边一方。

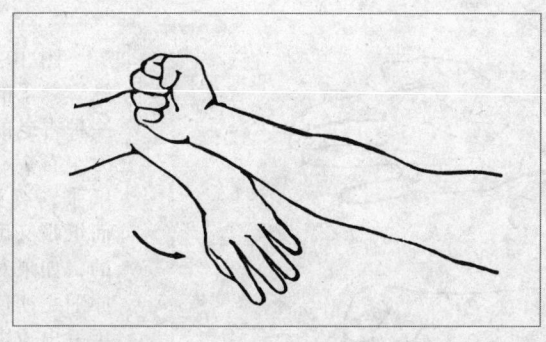

图 10-8C 右边一方的伏消变为日字冲拳，打向左边一方的面部，左方连忙用膀手将来拳卸掉。

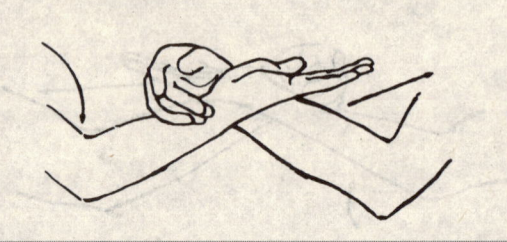

图 10-8D 做完上述三个动作后，双方恢复至原先位置。詠春单黐手只有三式，循环不绝，练习时双方重复此三个动作。

注：黄淳樑认为单黐手包括（1）内门手 —— 摊手、正掌、膀手（2）外门手 —— 伏手、撕手、冲拳

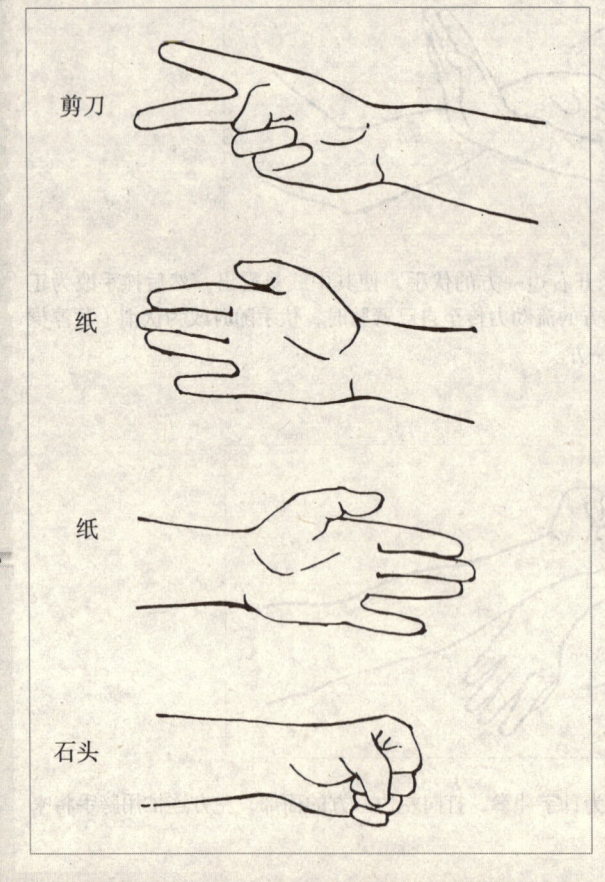

图 10-8E 在本质上，詠春黐手的练习方法与中国一种古老的游戏相同，即剪刀、石头、纸，剪刀可以剪纸张，石头可以击碎剪刀，而纸张又可以包石头。同样的，如果对手摆出摊手，你亦随之摆伏手，当对方由伏手发出攻击时，你可以膀手化消对方之攻势，如此式式相克循环构成黐手之原理。

第十一章　李小龙功夫之道

"道"是老子哲学的中心观念，在《老子》文中前后出现了73次。李小龙多次说过截拳道名字不是重要的，他强调的是中国功夫之"道"[1]，这个"道"应是老子哲学的"无"。

道家哲学主要是讲"无"，《老子》书上"无"的出现很多。李小龙的中国功夫哲学也主要讲"无"，用"无"与"有"的辩证法去解决世界上任何格斗技术与理论之间的矛盾与统一。

事物的发展都是从"有"的境界走向"无"的最高境界。对于中国功夫，通俗地说"无穷的有招构成无招"，因此"无招胜有招"。它与唐诗李白《琵琶行》的"此时无声胜有声"同属于道家哲学范畴。

李小龙另一"阴"与"阳"哲学，并不完全表达李小龙的中国功夫之"道"，只有太极拳才特别讲究"阴"与"阳"哲学。

研究现代科学的"李小龙学"，一般有技术层面、科学理论层面、历史层面、哲学层面，它是一个整体，不能分割开来研究。如果以"无"作为"李小龙学"的灵魂去研究它的技术和理论，就不易迷失方向。

在李小龙长眠美国西雅图"湖景墓园"的墓上，放置了一本他的书，并且已翻开其中一页给瞻仰者阅读，它就是代表李小龙功夫之"道"的标识图形，可见其意义之重大（图11-1）。李小龙自己曾将此标识图形图解为三个标志（图11-2），并于1967年1月31日致信弟子李鸿新（George Lee），请他做可以挂在墙上的标志（图11-3）。

---

[1] 李小龙在洛杉矶时期，用英文称他的格斗文化为"Tao of Chinese Gung Fu"，中文称为"振藩拳道"。直译应为"中国功夫之道"，也可译为"中国武道"。李小龙逝世后，有将中国功夫之"道"与截拳道之"道"加以区分的倾向，与李小龙的截拳道之"道"就是中国功夫之"道"的宏观原意有点不同。本文所提李小龙的中国功夫之"道"与截拳道之"道"是一致的。

图 11-1　西雅图前华人美协主席汪凯（Victork Wang）作品

图 11-2　李小龙与莲达、李国豪在标志下合影

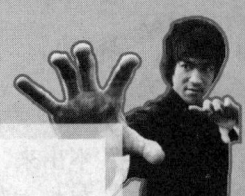

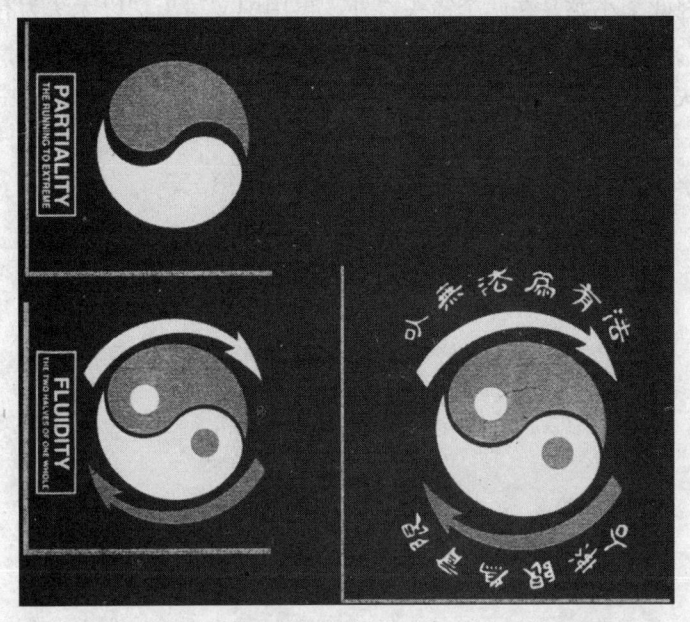

图11-3 功夫之"道"的标志及图解为三个标志的图形

第一个标志的解说：用两个方向相反的鱼形代表第一个标志，由于未装上对方的鱼眼，两条鱼必然是各管各的，容易片面性和"走向极端"（THE RUNNING TO EXTREME）。因此，称此标志为"不完整的其中一半"（PARTIALTY）。

第二个标志的解说：两个鱼形已装上对方的鱼眼，你中有我，我中有你，在一个整体之中，组成一分为二的阴阳图形之两个侧面，因此称它为"完整的两半"（THE TWO HALVES OF ONE WHOLE）。环绕阴阳图形有两个动态的箭头，用它说明阴阳互补的"流动性"（FLUIDITY）。

第三个标志的解说：它是没有形象标志的"无"（EMPTINESS），也就是李小龙格斗哲学的无形之形（THE FORMLESS FORM）。

李小龙中国功夫之道标志图形的解说：他将第二个标志的"阴阳"加入到第三个标志的"无"之内，两个标志就合在一起了。也就是李小龙的中国功夫之道有"拳家无有说"和"拳家阴阳说"。前者是李小龙首创的，而且是主要的，而后者早被太极拳用上了。由于两个标志合在一起，"无"的标志就显现不出来，因此李小龙又在两个箭头之外，再用中文写出，"以无法为有法，以无限为有限"，以突出"无"的重大意义。他不用英文，而是用中文，显然它就是中国功夫之"道"，因为翻译成英文只能意译，难与老子哲学的中文原意相匹配。

关于李小龙功夫之"道"的其他阐释，请见第三篇。

第三篇

后李小龙格斗文化

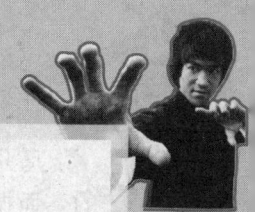

第十二章 振藩截拳道与截拳道

第一节 "振藩截拳道"释义

在过去几年间,很多人对于李小龙的武学作出解释。有些将其定义为"求变"的过程,有些则简单地美其名为"詠春的改修版本",还有其他出于好意的认为李小龙的武学目标是集各家所长的招式,期望将来有朝一日能演化成对个别练武者有意义的东西。

由于振藩截拳道组织的成立,这些具有争议性及混乱的定义便不容存在,振藩截拳道只有一种定义,振藩截拳道就是李小龙毕生所学习及教授的技术(包括物理及科学技术)及哲学(包括心理、社会及灵性上的学问)。换言之,振藩截拳道的精要所在是李小龙综合其毕生打斗的理论、技巧、训练方法及思想精神,是李小龙通过武术而达到的个人进化及自我启发的过程,这一过程分别以笔录(李小龙私人文章及藏书中)及口述(曾经与李小龙相处或学习过的人转述)的方式流传下来。也就是说,旁人不能对振藩截拳道妄加诠释,因为振藩截拳道只代表李小龙本人对以下标题的看法及意见:

- 李小龙的武学历史及发展
- 支持并由李小龙武术延伸的哲学思想
- 将武术衍译为实质招式或精神思想的训练及健体方法
- 替李小龙强调及重视的技术提供基本的科学原则
- 李小龙的生平、武术及事业

我们要特别分辨开振藩截拳道这门功夫与极个别学员自己透过练武而由武术所引发的自我启发过程,但每一位学员可以自由地利用李小龙的教导或多或少地去帮助他们这方面的发展。振藩截拳道并不是设定限制或"特定的做事方式",它亦没有兴趣将练武者定型,它是提倡接受真我。这就像由高山流出翻涌的泉水,等待着任何口渴的旅客去品尝,假若哪位旅客愿意的话。

鸟儿歌唱并不是为了促进歌唱技巧，但如果有人喜欢停留聆听，这是好的。而振藩截拳道希望那些对李小龙及其武学论点有兴趣的人提供灵感及欣慰，振藩截拳道应该被视为李小龙创立的基础，而并不是个人习武的最终目标。很多人认为振藩截拳道只是一种概念，可以随意增加及删除，直至他们能升华到无需要任何"招式"或"门派"——包括振藩截拳道。但当到达这个过程时，他们所寻求到的不应该再叫做振藩截拳道。

我们应该鼓励求变，但那些改变的人应该对自己的创新负上责任。当一个武术家以个人理论创造这些改变，这亦不能说振藩截拳道已作废，李小龙的个人解放哲学思想就好像医生一样，常将病人尽快治理好，让他们能再次站起来。李小龙作为一位老师的基本目标，是让学生们能独立，不再需要他或其他老师。振藩截拳道可被视为通过武术锻炼而达到最高个人能力释放境界的指南。

一个通过自我启发过程的人会成为自己最好的老师。我们对自己的认知及表现，不能够因为从学校毕业而停顿。在体验振藩截拳道的旅程中，我们通过武术的考验及锻炼，从而得到不断自我教育及成长。在李小龙不断精益求精的前提下（利用不同招式但不被招数所规限），由于历史及哲学的原因，我们只能用振藩截拳道这个名词来形容李小龙所传授的武术。虽然李小龙肯定会继续进步及探索，但我们不能很肯定地知道这探索的方向。

振藩截拳道的目标是消除多年来一些关于李小龙及其武术的误解，以及展示李小龙所遗留下的东西的更清楚的一面。为了振藩截拳道的将来，当导师需要教授振藩截拳道时，他们必须只教授来自李小龙的武学。振藩截拳道关心的是李小龙所教导的武学，以及永远保存及发扬这种武学。

此致

振藩截拳道的精神
振藩截拳道核心（美国会）

第二节　什么是截拳道？

李小龙用这句话开始了他那篇发表在1971年9月号《黑带》杂志，题目为"Liberate Yourself From Classic Karate"（中译"从传统武术中解放自己"）的意味深长的文章。在小龙去世23年后的今天，看来是颇有必要再一次提出这个问题的时候了。

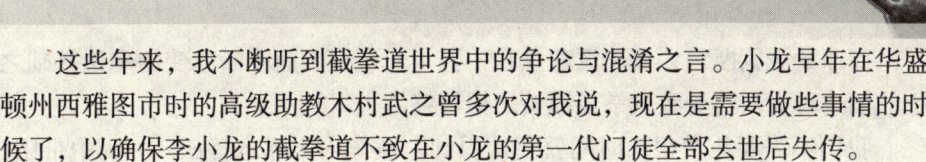

这些年来，我不断听到截拳道世界中的争论与混淆之言。小龙早年在华盛顿州西雅图市时的高级助教木村武之曾多次对我说，现在是需要做些事情的时候了，以确保李小龙的截拳道不致在小龙的第一代门徒全部去世后失传。

痛苦的起因

在小龙的墓碑上刻着"截拳道创始人"这几个字，我真诚地希望有一天小龙的徒孙辈们读到这碑文时，会知道他们的师祖是一位有着多么非凡创造力的天才。我为目前所读到和听到的关于什么是"截拳道"这个名称涵义的众多片面解释与论点感到痛苦。

小龙曾说过："一旦有人妄称截拳道是什么，或是与这个与那个又有所不同，那么，不妨就让截拳道这三个字永远消失罢！消除掉这虚有的名称，只让它的实质存在罢！截拳道只是个名称罢了！"

我一直对小龙这解释抱有崇高的敬意。有时我想，是的，让它消失吧，小龙会更愿意这样，而不愿让人把这名称用到一套有限的单纯模仿他打斗动作的技巧上，或是一些以任何武技和实用主义哲学教条折衷而成的大杂烩上，或是以上三者的混合体上。那么显然，截拳道可以意味一切或什么也意味不到。

或许，"截拳道"这个名称很久以前便应该消失了，但是现在，在小龙逝世23年后的今天，这一名称却被越来越广泛地与李小龙失传的武术联系在一起。现在是该再一次将手指指向月亮，看看它能否让截拳道之光华通过的时候了。记住，像小龙说过的那样："手指的作用在于由它指向那照亮手指与周围一切的光芒源头。"

为了研究这天空的美景，就有必要让那些小龙的挚友与嫡传门徒团结在一起来探究截拳道的含义与指导方针。1996年1月10日至11日，13位小龙最杰出的原始嫡传门徒，包括小龙当年开馆授武的两大助教木村武之与伊鲁山度、三名第二代弟子、我的女儿香凝和我，在华盛顿州西雅图市举行了会议。这次会议制定了一系列对于永久保存李小龙的武术遗产具有重大意义的决定。

原始派与概念派之争

我们的讨论变成传媒中热门的话题，当时争论最多的是两种表面上似乎背道而驰的观点，那就是把截拳道分为"原始的"和"概念的"两派。概念派指责另一派盲目自大，只是单纯模仿小龙的动作而无视他关于不断提高与改进现有武技以适应时代与环境发展的遗训。

而原始派则断言，概念派建立在一套为适应发展而不断改变的理论基础之上，而这种做法将导致截拳道原始之根最终消失。

我们不需要花费很长时间就会认识到，就像阴阳标志特征——阴中带阳，阳中带阴，小龙当年传授的原始内容，包含了上述两派中所共有的独立探究事物本源的概念："学武之道，绝非是单纯的模仿，亦非知识的简单积累与混合。学武之道，是一个不断发现的过程，一个永无终止的过程。在截拳道中，学习是一个不断发现那些为我们所忽略而遗忘在背后的事物本源过程。"

显而易见，世上存在着一个由李小龙亲自创立并传授的"未经混合"的武技与哲学体系；截拳道之要素并非一件单一事物，而是一个最大限度发展自我的独特进程。因此，结论是，"原始派"和"概念派"两种截拳道学说所教授的知识并无真正不同，"原始派"和"概念派"的称谓是无意义的，应早日消除，两派应团结一致。

但问题仍然存在，不管怎样，对于不同的人来说，截拳道之名意味着不同的含义。所以我们要尽力澄清。与会者讨论认为：目前世界各地出现了不少以传授一些被称作"截拳道"的东西为招牌的学校，其传授者只有一点点的截拳道知识或根本不懂截拳道为何物。这些学校盗用截拳道之名，或仅仅依靠一些目前已非常流行的截拳道书籍来教授学生。这种做法已在公众中导致对截拳道认识上有着极大的混乱，特别是对那些真心希望获得正宗截拳道传授的爱好者造成了很大损害。

因此，我们开始便一致决定采用"振藩截拳道"之名来称谓李小龙的真正武道艺术，期待将李小龙用毕生的心血创立和传授的武技与哲学同其他一切冒牌的"截拳道"区别开来。

振藩的复兴

我们选择"振藩截拳道"这个名称是颇具深意的。首先，"振藩"是小龙的中文本名。"振藩"二字在中文里的意思是"唤醒和震撼外邦"，小龙期望用伟大的中国文化照亮世界各族人民的心灵；再者，小龙当年在西雅图开办他生平的第一间正式武馆时，便是命名为"振藩国术馆"，由此可见"振藩"这个名称的重大历史意义。小龙的首位助教、嫡传高足木村武之，至今仍以"振藩国术"之名向学生传授小龙早年所传的武艺，因为这个名称是小龙当年在西雅图生活期间亲自制定的；伊鲁山度也在教授小龙当年学校的全部课程，包括"振藩国术"在内。正是由于上述原因，"振藩"之名方得以保留至今。

我女儿李香凝在会上建议将真正由她父亲创立的武术命名为"振藩截拳道"，这一提案受到与会者的一致赞许并实时通过。应请注意的是，在"振藩国术"与"截拳道"之间并没有一道十分明显的分界线，因为小龙的武术进程是一个连续不断、前后关联、密不可分的过程。

经过一段长时间的讨论，前来西雅图的与会者一致决定将"振藩截拳道"用作我们成立的非牟利团体的正式名称，从而使这个名称得到法律的保护与承认，并使后代获益。在这里，我们又想起了小龙在1971年所写的文章中的一段话："我们可以假设，很久以前，有位武术家发现了部分真理。在他活着的时候，他拒绝将这些尚不完善的发现加以归纳总结……但当他过世以后，他的学生们把'他的'设想、'他的'基本原理、'他的'喜好和'他的'理论当做一种教条来遵从……当属于一个人天性中的流动直觉被后人固定为一种模式，成为一种混合的知识，……如果这样做，忠心的追随者所建成的不是一座知识的圣殿，而是一座被他们所埋藏的创立者智能坟墓。"

当然，我们成立这个组织，不会用规章制度和强硬命令去阻碍热爱截拳道的人们追求个人解放的热潮。但组织有不同类型，其中有一类组织赋予自己一种职权，培养人盲从，目的是想使组织长久存在。这倒像小龙在批评'模式'的时候所说的那样：

"所谓'模式'永远不会被视作真理，因为它那僵化的规则与原理不准被人违背。对于活生生的人来说。发挥个人的特长与创造力，永远比盲从那些僵化的模式更具重要性。"

突破束缚获得自由

小龙非常清楚，他所创造的打斗方式并非任何一种"模式"，他传授给学生这些知识的目的，在于引导学生突破模式、外型和种种教条的束缚而获得真正的自由。出于这种美好的愿望，我们的组织不会抑制会员的成长，并且鼓励会员进步。

我们决定使振藩截拳道成为另一种类型的组织，它成立的目的是通过追寻李小龙的武术资料，从而得到真理，我们可以从学术性的教材中得到，例如书、文章、录音带、录像带、专家研讨会与个人辅导。

决定成立这个组织，是因为我们一直为信念而奋斗。而这一信念，早在1975年经我允许而把小龙的笔记整理出版的《The Tao of Jeet Kune Do》（截拳道之道）时便已提出。当年小龙在整理笔记时，曾尝试把这部书定名为

《Commentaries on The Martial Way》（武道释义），但他当时犹豫而没有出版。他不太愿意出版这部笔记，是担心他的方法被拿来当做真理或效法的典范及永远不准违背的教条。小龙逝世以后，我扪心自问，觉得小龙的笔记中所总结的知识是如此弥足珍贵，若永远封存起来，对世人来说将是无可估量的损失。

有一个关于佛的传说：佛祖传道，宣扬通过克服自我消除人的自私与彼此仇恨。这时魔鬼出现在他面前对他说："您已经参透人生之真谛，但如果您把这些真理宣讲给世人，是不会有人理解你的。"佛祖答道："终有一天有人能理解的。"这也是我出版的愿望和对振藩截拳道组织的期望。

让争论开始

在那些片面执著于截拳道某些理论的人中存在这样一种趋向——把《The Tao of Jeet Kune Do》（截拳道之道）当做"圣经"，他们首先得出结论，然后便翻开这部书，找到当中相关的一页作为论据支持这种结论。截拳道被描绘成一种仅仅用来学习武术的"理论"。他们背诵著述中小龙所写的"无形，超越一切形式而又存在于一切形式之中，使用一切方法，又不为任何方法束缚，其作用无所不在"的那些章节，作为他们论点的依据。

另有一些人则称，截拳道只是一套包含若干有限技术的课程，由于小龙没有来得及完成他的武学研究体系便猝然去世，因此截拳道的发展与进化自小龙去世之日起便停止了。以常理而论，上述两种观点都有点道理。

假如说，这两种论点中的任何一种可以代表"截拳道"的全部含义的话，那么小龙当年也无须用心血著成那厚厚的数千页笔记，来阐述搏击原则与技巧的本质、在训练中培养勇气的哲理、科学的基础和超越于格斗艺术本身之上的人生真义了。

当小龙的武术被人当成各种元素的简单组合或折衷混合物时，我感到痛苦，直到现在，我仍遗憾地看到上述错误观念的存在与其负面影响。李小龙曾经研究了所有类型的格斗艺术（东方的、西方的、古典的和现代的），他融合了拳击、击剑、柔道、咏春以及其他诸多流派武术的原理与技巧。如果仅仅是将其他流派武技拿来，缺乏创造力地简单混合，这种做法是我所不赞成的。因为，没有什么事物能远离真理而存在。

截拳道是李小龙为拥有两只手臂、两条腿的人类而创立在原理基础之上的武道。任何一种技术只有适合这一基本原则，才是属于小龙的个人表达方式的一部分。这是经过深思熟虑，并以艺术家的技巧和创造性的天赋来最终

完成的。

这套基本技法、科学和哲学原理,就是"振藩截拳道核心"所要维护的李小龙武术原则。假使每一位理解截拳道基本原理的人都能找到表达自我的独特方式,那么,他就应研究他所获得的各种经验,吸收有用的而摒弃无用的,并提出自己特有的理论阐释。当他们到达返璞归真阶段的时候,他们就真正发现了属于他们自己的与众不同的截拳道表达方式。但如果没有上述基石做铺垫,一个人是绝不可能到达光辉的顶点的。

如果蒙上天恩赐,小龙今天依然健在的话,截拳道将会有很大改变。但如果我们尝试去揣测活着的小龙将会给截拳道什么新的指导方针,将是徒劳无益的。振藩截拳道不会去妄断它的创始人会采取何种研究方针。"振藩截拳道核心"的一位成员 Pete Jacobs 对此发表意见说:"妄说这个或那个是截拳道是无意义的,除非今天小龙在这里才有资格说它是或不是什么,其他说法都是解释而已。如果你写一本书来展示技法,你将背离小龙的全部立场和观点。如果你写一本书来展现小龙的哲学,则每个人的解释又有所不同。去解释小龙曾经怎样做、怎样寻求改变和自我提高,才是我们所能做的唯一有用的事。"

一人有一票

在西雅图开会的全体成员选择了"振藩截拳道核心"这个名称,来作为我们这个组织领导核心的称谓。采用"核心"这个名字,是因为小龙常使用这个术语来描绘所有的格斗形式或是"没有圆周的圆形"。小龙在其书中写下这些的时候总是谈到"紧随核心,由核心中获得解放、回归原本的自由"。

"振藩截拳道核心"不像那些级别繁多的武术学校,它没有等级森严的管理,每个成员都有相同的权利参加"核心"所组织的活动。"核心"认为本组织每一位成员都有自己对李小龙的热爱与怀念、描绘与理解以及"一点儿困惑",都拥有均等的渴望去保存李小龙的武术。不论他们与李小龙共同度过的宝贵时光是长或短,都值得重视及承认。这一点,也是卓有远见的。

在西雅图出席组织成立大会的"核心"全体成员一致认为"振藩截拳道"组织的目的如下:

1. 推广和保存振藩截拳道武术及促进对于始创者李小龙的尊重。

2. 根据李小龙的笔记及其亲传弟子的个人经验,将振藩截拳道的武术及科学理论传播到各武术团体及社会大众。

3. 作为振藩截拳道,包括物理及技术上的训练、历史上的基础、科学理

论、哲学及灵性思想上的学问等多方面材料之宝库。

4. 对于传播有关振藩截拳道武术及其始创者的资料，必须保持高度清晰的水准。

5. 设立会员操守准则，以达致各教者之间互相尊重，包括与其他武术教者的相互关系。

6. 对于符合资格的振藩截拳道教练及修习者作出承认。

总而言之，"振藩截拳道"组织视自身为知识的传播机构，借用小龙一句话："核心"既不谋求任何人的赞赏，也不力图影响任何人朝向一种固定的思维模式。如果通过我们的努力，能使一位热爱并潜心研究李小龙武道艺术的人"开始察觉一切，而不是不加鉴别的盲目接受"时，我们的目的就达到了。

伊鲁山度辞离"核心"

"核心"就是振藩截拳道的董事局，它不是一个封闭的小圈子，新的成员将陆续加入。在"核心"成立初期，我们失去了一位重要成员，又得到了一位新成员。在参加了1996年1月的"核心"会议后不久，小龙在洛杉矶唐人街武馆的助教伊鲁山度向"核心"请辞，决定以他自己二十多年的截拳道教学经验去独立完成小龙当年交给他的重任。

他衷心祝愿"振藩截拳道核心"，并同样地将坚持和维护李小龙的武道艺术作为自己的目标，希望近年来出现在截拳道内部的不幸争吵早日可停止。

当伊鲁山度辞离"核心"的时候，我感到不理解，此事对我打击很大，我的调和与解释也未能挽留住他。他辞去的时候，要求以"退休"的身份离开。这意味着"激流勇退"，且他在"核心"的时间实在太短暂了，"退休"这个词实在不那么恰当。事实上，由于"核心"刚刚创立，"退休"一词对它的任何成员都是不合用的。接着，伊鲁山度又提出以"顾问"身份离开，向我和木村武之表示，他愿意与"核心"在今后的工作中分享他所掌握的小龙武道艺术知识。

出于伊鲁山度多年对李小龙武道艺术教学的丰富经验，"核心"基本上欢迎他做顾问的，但顾问的职务已授予"核心"的两位成员木村武之和周裕明。

由于伊鲁山度在小龙生前或以后都是"核心"许多成员的师父，为表达大家的敬仰之情，伊鲁山度被请求接受"资源顾问"这个荣衔。我们觉得，只有"资源顾问"一词才恰如其分，也符合他的独立性的愿望，但是伊鲁山度却谢绝了这一邀请。伊鲁山度由于其精湛的武技与非凡的振藩截拳道知识，受到他

昔日众多学生的高度尊敬，"核心"永远欢迎他以活跃或顾问角色加入到我们统一李小龙武道艺术的工作中来。伊鲁山度是李小龙截拳道大家庭中不可或缺的一员，"核心"的大门将依然对他敞开。

"核心"热切希望与其他一切热爱和尊敬李小龙的人们一起共同推进我们的工作，而并不是用自己的个人方法表达出来。李小龙曾说过："我们不会孤立地工作，更不会去搞那种要求'独占真理'而排斥其他意见。我们所寻求的，只是成为一座振藩截拳道知识的宝库，这个地方正是一个武术家自我发现进程的起点。

承认他们自己

振藩截拳道核心的一项重要任务，是对于符合资格的振藩截拳道教练及修习者作出承认。可能有些读者会对"承认"这个名词不大理解，振藩截拳道不像一般的武术学校，它不授予段位和证书，任何一位合格的教练或学员在得到本组织承认之前，必须事先得到他的教练的考核与认可。

有资格考核颁证的教练必须是"核心"的现有成员，尽管在将来"核心"的成员资格将被放宽。当一位学生由他的教练颁证后，才可由教练将其进一步提请"核心"承认。我们确立这种"承认制度"的目的，是便于将来向热爱李小龙武道艺术的公众推荐符合资格的教练。

振藩截拳道核心成员名单

本村武之（顾问）	李小龙在西雅图时期振藩国术馆的首位助教。
周裕明（顾问）	李小龙在奥克兰（屋仑）时期的弟子。
李鸿新	李小龙在奥克兰时期的弟子，李小龙的训练器械制造师之一。
严万发	严镜海（已故）之子，现从事私人教学，严镜海是李小龙在奥克兰时期的助教。
黄锦铭	李小龙在洛杉矶唐人街时期的入室弟子，现举办有关振藩截拳道的研讨会与私人教学。
李　恺	李小龙在洛杉矶唐人街时期的弟子，现从事振藩截拳道的教学。
Richard Bustillo	李小龙在洛杉矶唐人街时期的弟子，现指导加州IMB学院并在研讨会教学。

Larry Hartsell	李小龙在洛杉矶唐人街时期的弟子,现在加州LAMA学院任教并在研讨会教学。
Herb Jackson	李小龙在洛杉矶唐人街时期的入室弟子,李小龙的训练器械制造师之一。
Bob Bremer	李小龙在洛杉矶唐人街时期的弟子,现从事小规模教学与研讨会教学。
Pete Jacobs	李小龙在洛杉矶唐人街时期的弟子,现从事小规模教学。
Steve Golden	李小龙在洛杉矶唐人街时期的弟子,现在太平洋西北地区从事小规模教学与研讨会教学。
Jerry Poteet	李小龙在洛杉矶唐人街时期的弟子,现担任电影武打设计和从事私人教学。
Tim Tackett	伊鲁山度的资深弟子,现从事小规模教学与研讨会教学。
Chris Kent	伊鲁山度的资深弟子,现在加州威尼斯市拥有一所自己的学校。
刘录铨	黄锦铭的弟子,现在加州三藩市从事教学。
John Little	黄锦铭与李恺的弟子,李小龙的笔记与书籍的研究家兼作家。
李香凝	李小龙的女儿,曾向Richard Bustillo学武,现跟随黄锦铭与Herb Jackson学习。
李莲达	李小龙在西雅图时期的女弟子,迄今没有教授截拳道。

图12A

图12B

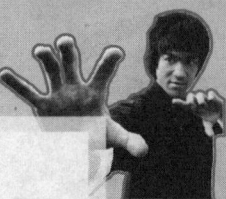

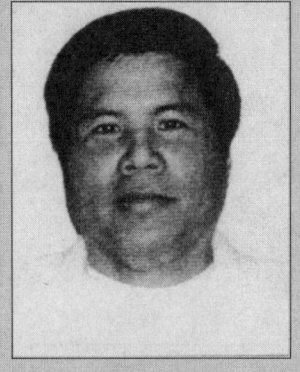

图12C　　　　　　　　图12D

图12E　　　　　　　　图12F

图12G　　　　　　　　图12H

图12I

图12J

图12K

图12L

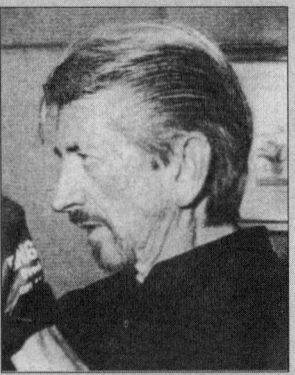
图12M

图12N

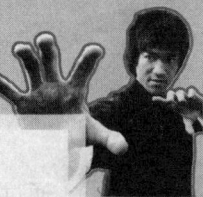

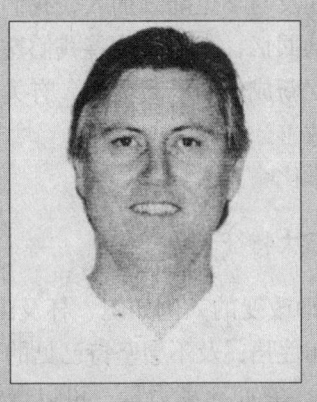
图12O

图12P

图12Q

图12R

图12S

图12-1　振藩截拳道核心成员

振藩截拳道核心欢迎小龙昔日的朋友与学生陆续加入，我们所感兴趣的是通过过去的每一位小龙的朋友和学生的回忆，来不断改善我们这座"宝库"的历史记录。随着时间的推移与"核心"新成员的不断增加，有关小龙当年的工作和振藩截拳道的知识必将不断得到改善。

李小龙时常将其热爱的截拳道哲学比喻为水。

水有五大特征

1. 水的形状是可以随着它的容器而改变的，例如碗、杯及山谷。换言之，它的特质是有弹性的，适应力强，合作性强，及不会坚持己见的。

2. 水是有耐性的，但是另一方面，它亦充满力量；可以慢慢地侵蚀最坚硬的石头。一个沉默寡言的人比起先声夺人及过分自信的人更有足够的勇气去面对挑战。

3. 水在静止时是清澈的，但是当水在翻腾汹涌时是污浊及充满破坏力的。所以我们在心平气和时才能静心地自我思考。

4. 水能冲破障碍，它任意地飘流及穿梭在世界各地，所以它是不分界限，没有偏袒任何一方面，公平地提供服务的。

5. 当你与水合作时，它是你的朋友；反之，当与水对抗时，它是你的敌人。胆小的人若胡乱地在水中挣扎摆动，很容易遇溺；另一方面，冷静的人在水中轻轻地浮动时，会自然地飘荡。当面对众多敌人时，人们会进入无止境的矛盾、疑惑及怨恨的境地，因此温柔及可信赖的人是较受欢迎且本身能得到内心平静的。

闪　光

当父亲李小龙去世的时候，其儿子李国豪年仅8岁。在他们共同度过的短暂岁月里，小龙同国豪和年仅4岁的香凝一同游戏及训练，度过了生命中最快乐的时光。小龙去世一年以后，我带着他们兄妹俩迁居加利福尼亚州，国豪努力想在伊鲁山度和父亲的其他弟子的指导下恢复武术训练，但父亲的去世对他打击是如此之大，以至于他无法面对那些父亲生前所酷爱的事物。

国豪十分活跃，从小到20岁，国豪始终坚持跑步、骑单车、器械训练，像运动员一般保持着惊人的体能。20岁以前，他跟随老师及他父亲弟子圈外的一位朋友 Mike Vendrell 练习武术。

但几年后，他终于鼓起勇气自己回到伊鲁山度武术学院，在他父亲老朋友

的指导下，恢复了中断十余载的截拳道训练。他训练刻苦，成绩突出，表现出闪光的才华。很多人希望有朝一日他能继承父亲之衣钵，成为新一代截拳道领袖，尽管国豪自己从没有把这件事作为他的第一愿望。但不幸的是，1993年3月31日，一场不幸的失误夺去了国豪的生命，人们的渴望也永远成为泡影。

我相信生命是由能量与智能组成的，虽以某种我们所知的方式熄灭，但它始终循环不息。就像那遥远的星光，当它长途跋涉照到地球上的时候，那颗发出光芒的星可能早已不存在了。我相信李小龙与李国豪父子用生命的能量与智能化作的不朽光华将继续照耀我们，推动我们勇敢向前。

小龙与国豪父子二人为武术所作出的贡献及遗留给人类的丰厚的武术遗产，我们希望能通过我们的努力将其继续发扬光大。

（李莲达著 唐龙译）

第十三章　振藩截拳道与詠春拳学

　　李小龙的振藩截拳道源自传统武术詠春拳，因此具有传统武术的基因。
　　振藩截拳道是东西方格斗文化相结合的创新拳术，具有很大的文化包容性、多样性和交融性。
　　振藩截拳道的主攻手和主攻脚置前，构成长短兵互动的格局，因而成为运动战的主要武器（图13-1）。詠春拳的左右手前后呼应或左右手置前，构成双短兵互动的格局，因而成为阵地战的主要武器（图13-2）。詠春拳同振藩截拳道一样强调时间第一，例如用一个动作达到最直接的攻击或用一个动作达到有几个效果（连消带打或以打为消）的最直接攻击；又例如用左右手连环进杀的连珠炮破势以及连击同一目标制造局部重创；再例如运用以少胜多的要害理念和以多胜少的立体理念，其中侧攻是较佳选择之一，当以振藩截拳道侧移步法或詠春拳转马使对方侧身相向时，即可造成以双手逼其单手的二对一优势，达到以多胜少攻其一处之目的（图13-3）。

图13-1A　李小龙主攻手在前的攻势

图 13-1B 李小龙主攻脚在前的攻势

图 13-2 李小龙穿着有截拳道标志的国术衣裤练詠春拳

图 13-3A 主攻肢在前的短打,以双手逼对方单手

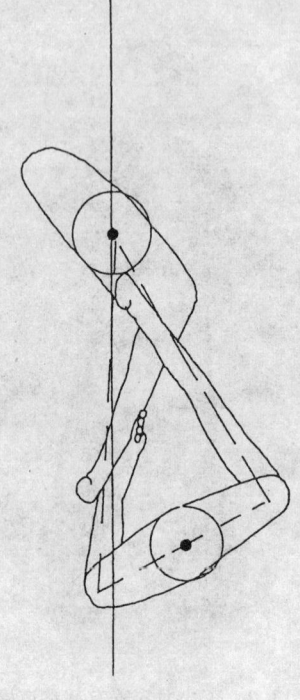
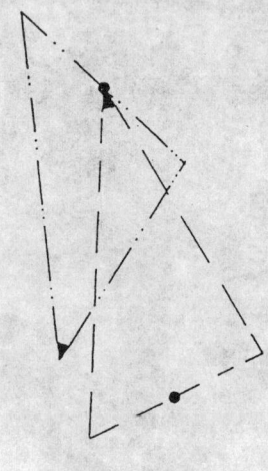

图 13-3B　转马朝面追形双拳对单拳（俯视简图）

詠春拳讲究双手缠封的近取，其奥秘在于逼使对手近体格斗。要使近体实战打得好，其奥秘在于使对方失去平衡。扭斗时全凭肢体触觉的条件反射，所以西方称之为 Trapping（陷阱）。落入陷阱就不能自拔，正如被人搂抱时，限制了双脚随意移动，因此不可能发挥振藩截拳道运动战出色的移动步法。

如果将詠春拳的双手钳形攻势视作平面双短兵，那么振藩截拳道就是垂直长短兵，因此它们高低左右空间的无限组合，既可以使攻击多样化，也可以使截击多样化。

黄淳樑的"詠春拳学"设想，就是要在没有规则限制下进行阵地战时，如何运用科学理论去解释随意对抗的规律性（见附录六《论詠春拳学》）。因此，它的格斗哲学就是道家思想的"以无招胜有招"，强调道家的"无有说"是阵地战的理论核心，在任何形式的阵地战中均可运用。

李小龙的"振藩截拳道"设想，就是要在没有规则限制下进行运动战时，如何运用科学理论去解释随意对抗的规律性。因此，它的格斗哲学就是道家思

想的"以无法为有法,以无限为有限",强调道家的"无有说"是运动战的理论核心,在任何形式的运动战中均可运用。

李小龙振藩截拳道的运动战与黄淳樑詠春拳学的阵地战,可以是一个整体的两个侧面。后者的许多优点,例如日字冲拳等已反映在振藩截拳道中,因此两者是可以包容互补和相辅相成的。

第十四章　振藩截拳道与格斗竞技

任何格斗竞技都是有规则约束的游戏。自称20世纪最强的技击术是"格雷斯柔术"的巴西格雷斯家族，自从1993年在美国推出"终极格斗冠军赛"（UFC）以来，虽经多次修改规则，但一直是被他们早期的长胜冠军——李小龙式传奇人物霍思·格雷斯所认同。然而到了2000年，当霍思在日本另一冠军赛的奖金诱惑下，愿意接受他并不希望的游戏规则，因而输给了日本的樱田和志。关于此次赛事，UFC的金牌裁判约翰·麦卡锡曾接受传媒访问。

美国梁敏康评论此一访问时有如下介绍和观点：

"麦卡锡提到1993年诞生于美国的UFC只是一种娱乐性的格斗游戏，当时麦卡锡已担任UFC过百次的赛事裁判，有资格提出此一观点。"

麦卡锡认为以往的格斗游戏，击打型选手可以击倒对方取胜，但是在UFC的游戏规则中，改变了过去的潮流，擒拿型选手常为胜方。后来突破擒拿型选手必胜格局的是Maurice Smith（摩莱士·史密斯），一个踢拳型的前世界冠军进入极限格斗比赛，向大擒拿型选手Mark Coleman（马克·柯尔曼）挑战，后者是美国奥林匹克式摔跤手和当时的UFC重量级冠军。因为摩莱士处在巅峰状态和有一个很好的作战计划，因而走向胜利的那边，从那时起击打型选手开始有了胜利。

UFC游戏规则稍有改变，也可能会影响战局。麦卡锡提到曾得过三次UFC冠军的霍思·格雷斯和Pride Champion（派拉冠军赛）冠军樱田和志（Kazushi Sakuraba）之间的比赛，就因不按UFC游戏规则而影响了霍思取胜的机会。霍思虽曾要求该赛事要有特别的赛例，包括对霍思有利的无时间限制规则，因为霍思并不想有时间限制，除非有时间限制时他将赢得比赛。霍思尝试带领樱田进入他的游戏之中，但是霍思本人并未参加讨论规则的会议。因此，虽然霍思显露出和尝试去做得最好，但是樱田玩的那种游戏方法最终使其

成为胜利者。麦卡锡很欣赏这场清脆的格斗，樱田打出一种奇妙的格斗，因而证明他是当时的世界上一位顶尖的格斗家。

麦卡锡认为这场赛事对霍思来讲肯定是一种损失，此损失将会影响霍思的格斗事业。

当 UFC 比赛开始的几届，很多人不了解此游戏，所以格雷斯出了大名——这个较小个子打赢了较大个子。他一夜之间实际成为李小龙式的传奇人物。但再继续之后，时间在变化，游戏也在变化，以前能使某人好的事情可能现在未能使他再好了。

麦卡锡认为霍思是一个十分自信的家伙，从进入 UFC 开始就一直只信自己。但是每一个格斗者的事业过了一段时间之后会说："你知道什么？我并非每样事都想对。"因此他要提醒霍思，他是时候改变他的游戏了。

梁敏康认为麦卡锡是在霍思输给樱田轰动世界，格斗术界争相评论之下所发表的公开言论，因为他担任 UFC 裁判多年，他的言论比较中肯和有影响力，今天仍可借鉴。第一，任何格斗运动都是有规则约束的游戏。第二，谁玩的游戏方法最好，谁最终胜利的机会也最大。

麦卡锡提到击打型的摩莱士·史密斯，利用擒拿型的马克·柯尔曼显现疲势的机会，多次扫伤其大腿而取胜。但是，多年来限于规则的约束，击打型始终不如擒拿型玩的游戏方法好。例如，代表日本正道会馆、曾被称为"日本格斗王"的佐竹雅昭，自从 1993 年正道会馆推出"K-1 格林披治 93"世界冠军赛以来，年年参赛，屡败屡战。因此也想改玩游戏规则，尝试参加派拉格兰披治冠军赛，特地去西雅图邀请摩莱士·史密斯当教练，企图由击打型速成为击打、擒拿兼备的格斗者。但是，上场一瞬间就被锁住透不了气，裁判急忙结束了比赛。

从樱田多次取胜的那种游戏方法分析，它就是戚继光三十二势中所提的"双手逼他单手"，也是孙子兵法的"十攻其一"。例如樱田对霍思一役，就是利用游戏规则的保护，以二对一的优势攻其一处，用双手捉牢对方一肢不放，在局部上处于优势，霍思只能用另一手握紧被捉的手，但是始终无法解脱，稍一松懈就被樱田以双手之力将其一上肢反关节成功，胜来还不十分吃力。

自从终极格斗冠军赛推行在高围网内举行之后，允许将被压者逐渐推向网边，因为头部被困下居上者容易击打。2004 年最新的其他同类型赛事，仍是惯例推向网边，可见游戏规则影响胜负[1]。格雷斯家族常说："事实上95%实战要进入互抱和最后结束于卧斗。"

其实只有终极格斗冠军赛的游戏规则才会进入互抱和最后结束于卧斗。因为严禁击打裆部和指戳眼部要害，人为造成约束击打型和不约束擒拿型的不平等地位，因而导致两者优势上的不平衡。

没有游戏规则的实战讲求站斗，避免双方都难以防范、易遭攻击要害的卧斗。西方的古希腊瓷瓶上有站斗者袭裆，东方的传统武术有打要害和穴位，例如少林《拳经》的拳击制胜之秘，就是要插按"眼鼻心口肾囊上，不遭打损也昏迷"。

格雷斯家族将提倡打要害的日本传统柔术，变为不能打要害的有规则游戏，取名为格雷斯柔术（巴西式柔术）。它虽与截拳道同是运动战，但后者强调的是充分利用身体所有部位去攻击，并且可以应用要害理念攻击对方最薄弱部位，例如出其不意戳眼、袭裆以及牙咬、头撞等，务求以小力巧胜大力，达到《孙子兵法》速战速决的目的（图14-1）。因此，在卧斗不按游戏规则的实战时，前者必吃后者的亏，无论是居上或居下都一样，当然这是不公平的。所以用任何有游戏规则的格斗竞技与无游戏规则的振藩截拳道比较，都会有类似如上的答案。

不同格斗规则的格斗竞技，同样有如上的答案。例如散打与K-1的站斗较量，都证明此说。就以散打擅长的侧踹和摔跌分析，如果按K-1的每回合最高十分制和禁用摔跌，就只有击倒扣分最多。在2000年，中国武协曾派安虎、滕军两人赴日参加仙台的K-1世界格兰披治复赛，但都未能进入东京的决赛（规则有利于击倒型，冠军惯例由西方人获得）。由于中国首次参加，因此那次是K-1史上空前的高视听率和15000人超满员观赛。由于K-1是扣分制，不同于散打的积分制，规则截然不同。例如，安虎曾同正道会馆的中迫刚二回合战，但并未击倒对方，只能以10:9微弱优势胜出（除非击倒才扣分

---

[1] 为再次验证，2005年10月19—24日在曼谷时，笔者在电视《超级运动》节目中观看了在美国拉斯维加斯Mandalay Bay的UFC 2005，其中由麦卡锡裁判的轻重量级决赛，40岁的Randy Coture有30年摔跤经验，在3分一局的5局中战胜了能连续挨十多拳非常顽强的年轻对手，其中一个原因就是会利用网边控制。还看到宋猜泰拳2005、拳击2005、武士道竞赛、WWE摔跤等，无一不是利用网边条件。例如武士道经常利用拉网解困（只限用掌拍头和脚踢，因而常用卧斗的反关节制胜，还利用穿长筒鞋的有利工具击倒对手，甚至偷袭去踢倒地者的头）。

图 14-1A　卧地戳眼　　　　　　图 14-1B　卧地袭裆

多）。这次仙台比赛的结果，由日本正道会馆的武藏获得冠军。安虎回来后，认为对赛事和规则都不熟悉，难以发挥自己所长。[1]

中迫刚赛后对中国四千年历史和李小龙的功夫历史有向往，因此由电视台安排播映他的香港访问。中迫刚与摄影师在2002年冬来港，参观了李小龙授业师兄黄淳樑弟子李恒昌师傅的"詠春拳学武术学院"，观摩了学员的练习，并对赠送给他的《东方格斗术大观》一书（有关李小龙和黄淳樑生平和技击术）极感兴趣。第二天还到弥敦道新乐酒店10楼李小龙中学时期常去饮咖啡的餐厅摄录。2005年正道会馆的武藏和中迫刚仍活跃于日本格斗技界，5月份的《格斗技通信》杂志有所介绍。

规则决定一切。何以霍思输给樱田，就因不按熟悉的UFC规则打法。为何泰拳与空手道到中国输给散打，就因不熟悉规则打法。如果散打队员参加泰拳国际赛，又或参加极真空手道国际赛，同样也难以发挥所长。

任何强力击倒的竞技，例如泰拳和K-1，都难以在全球普及和进入奥运或

---

[1] 由中国广州精武会体育有限公司承办的"新恒星杯"2005年中国武术散打"王中王"争霸赛，12月29日晚在佛山举行，有柳海龙、宝力高、薛凤强、王强、王旭勇等参赛。据公司邢金喜董事长透露，可能有人2006年去参加K-1赛事。

世运。香港泰拳元老坤青（徐家杰）先生在2002年香港武术杂志上发表题为"宏观国际擂台，散打何去何从"的文章，对中国散打王能否"畅销"世界，其结论扼要为："作为一件商品，散打王可以走向世界吗？……最致命的，是散打王缺乏了击倒力量（KO Potency）的震撼。"他还拿K-1的爆炸性和泰拳的魅力进行了比较。

其实两者根本区别在于不同的规则，例如K-1和泰拳采用扣分法，而散打采用积分法，因此一个鼓励力量型击倒取胜，而另一个则鼓励灵巧型积分取胜而已。K-1商业操作的奖金很高，吸引全球高手竞逐，而鼓励力量型击倒的扣分法，连年总冠军几乎是西方人包办，日本虽占地利人和（裁判），只能看着人家捧杯。

即使同一拳技但有不同规则，打法也一定不同，例如职业拳击规则，就与奥运拳击规则不同，因而打法不同。即使同一拳技但有不同用具，打法也一定不同，例如职业泰拳打法，也与乡郊泰拳打法不同，因为前者要用西方拳套而后者不用。

在泰缅边境的泰民拳录像中（参赛者最小年龄只有8岁），可以见到拳手弃用西方拳套之后，以往惯用的较慢步法步奏和有大杀伤力的远身踢击，常让位给迅猛冲前连环拳击兼施肘、膝的打法，因此快速互撼之下易有流血披面的残酷场面。其刺激性虽有实战感，但是解放的双手仍被规则所束缚，例如未能利用灵活的手指去抓拿摔跌，必然与无规则限制的李小龙技击术迥异。

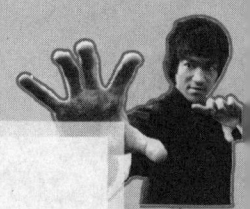

第十五章 黄锦铭论振藩截拳道

第一节 黄锦铭师傅简介

黄锦铭师傅在香港出生，能说流利的广东话及英语。他于1953年移民美国，并在1967年2月开始在洛杉矶唐人街的李小龙武馆修习，其后更成为李小龙的入室弟子及私人练武对手。在李小龙家中跟随修习截拳道，自1967—1973年的7年中，两人在一起总共不少于122次。由于黄师傅是李小龙最后期主要的入室弟子，时常一起修炼及研究截拳道的发展，因而获颁发截拳道证书。李小龙生前曾向人表示黄是他的截拳道接班人。

黄师傅曾在李小龙的两本书籍——《Bruce Lee's Fighting Method》（中译本《李小龙技击法》）及《Wing Chun Kung Fu》（港译本《詠春拳》）中担任示范工作。李小龙去世后，黄师傅并没有公开教授截拳道，一直保持低调，只是在洛杉矶及三藩市等地举办一些有关截拳道的研讨会与私人教学。

振藩截拳道总会始创于1996年1月10日的美国华盛顿州西雅图市。这个机构是由13名李小龙亲传弟子，5名第二代门人，李小龙的遗孀李莲达女士及女儿李香凝所组成。黄师傅亦是创会核心成员之一。

黄师傅曾在1990年于三藩市唐人街成立了一所非牟利的截拳道学校，目的是为了保存及推广李小龙称之为截拳道的武术及哲学，并希望令更多的中国人能认识真正的截拳道。

振藩截拳道香港分会（现称香港振藩截拳会）成立于1997年11月，黄师傅是创办人之一，也是此会的永远名誉会长。

图15-1 振藩教育基金颁"忠义"荣誉状

第二节 移动的艺术

步法运用的科学

——截拳道是战胜任何攻击的锁匙

移动的艺术是技击术的精华——李小龙

当我开始写这篇步法重要性的文章之前,请让我先阐明我在此介绍的并非就是振藩截拳道的徒弟们所惯用的全部的步法,显然在此文章中没有足够的篇幅可以去详尽地论述,故尽量写得简明扼要,以引导步法为宗旨,以便于对那些人们容易忽略的格斗状况做进一步的探索。作为我的后来的师父李小龙,他经常给予我非常难忘的印象,那就是要求我快捷地移动步法。也可以说,步法就是振藩截拳道的重要组成部分。

纵观时下许多武术界的事实,可悲的是不论业余爱好者或初学者,都有许多人忽视步法的训练。简单一句话,步法就是运动的科学。振藩截拳道中,我学得越多,也就越懂得步法的重要性。请勿嫌我再三强调一句,即步法几乎是振藩截拳道的最具重要性的事情,从另一角度来看待我这篇文章,我就想起李小龙的那句话"移动的艺术是技击术的精华",移动即是步法。移动的原理构成技击术的核心。步法就是意味着运动。在李小龙的技艺中,特别强调的正是移动。适当的运用步法,对习武者有两大优点:一是容易找到要进攻的目标;二是可以避开他人的攻击。其功能胜于去拳击或脚踢,使进退均得心应手;而且易攻易守,顺利摆脱被困的逆境。

有一次,李小龙曾说及运用步法的四个组成部分:

(一)感应对手的灵敏性;

(二)活力而自然的流畅性;

(三)步测距离的直觉性;

(四)起动和制动的平衡性。

显而易见,如果你运动步法失灵,则你将不可能很有效地运用手和腿——若你迟缓地移动你的脚步,那你的出手和腿击也将会延误。良好的步法能使你从任意角度发动攻击,同时也能使你跟得上你强力的终极攻击。总而言之,步法既可令你攻击成功,又可使你摆脱被动挨打的困境。振藩截拳道步法的另一重要工具,是学会如何正确地判断敌我之间的距离,李小龙称之为"格斗尺码",这也是"距离感"的另一种简单的叫法。你必须非常重视怎样去判断敌我距离,因为距离是你和对手之间的联系纽带,你要完全按照需要的距离与对手接触或埋身,以及根据对手的反应速度而增减距离。

李小龙总是强调步法,他对我说过:"出色的步法能击败任何人对你的进击。"他曾要我坚持勤练步法,以便使我努力地改进和提高我的平衡感。他又要我能够滑步前进和后退,通过技术性的从不同方位的步法训练后,才能从所有角度发动进击。当然他也同样强调利用步法来避开对方的攻击,没有足够的步法训练,你就不能成功的在各个不同的方位去完成格斗任务。

优良的步法可以击退任何进攻

步法是非常有目的的移动

一般人都认为步法是某种跳动式的移动。但有一点,李小龙着重对他的所有门徒们讲过,不要单纯仅仅为了移动而移动步法,单纯为了跳跃而跳跃。李小龙不会在他出击之前过多的跳跃,他有很强的自制力并能尽量减少多余的动作——直至他看准对方的漏洞空隙,随后才出手,结果对手就会被他击倒。每次移动你都是必须有意识的,或者是为了发动攻击,或者是为了摆脱对手对你的攻击局面。

步法成功的要诀就在于将动作做到简练,如果你的针对性简明扼要,则远胜过错综复杂的步法——它们更像舞蹈中的那种无用的花步。你的步法如果平滑、准确和有效,而且动作简练,你将可能一直处于轻松自如的状态——这些能够帮助你的反应时间,并对你的进攻、防守和反击速度起决定性作用。

另一个非常大的好处便是当你正确地掌握了振藩截拳道的步法,将会提供你一种意识去利用惯性力,只要适当的应用这种惯性力,就能使你的拳突然大增其威力,这些就是我如此重视步法的主要原因;同时步法也可以增进身体的协调平衡力,使你的格斗更具有压倒性的力量。

再有,从格斗方面来说,正确的步法能够提高速度。我的意思是指步法会带领你到达你想要到达的那个位置上,使你充分发挥你的技术;并且步法还能使你方便地离开那个位置,在你的对手要展开反击之前。步法不仅有利于你的进攻或回避攻击,而且还将你投身至竞赛状态。步法也是战略的部分——构成

P.I.A.（前进的不直接打击法）的时机，去引诱你的对手落入陷阱，提供你获得恰当的"格斗尺码"，使你和对手之间得以接触。良好的步法就可以完成所有这些事情。良好的步法就如同驾驭一部四轮驱动的汽车一样，一般人只会使用两轮驱动（前驱动或后驱动），而他们将限制自己技术的发挥，因为他们只能适应去操作这类车子。无论如何，一旦当你有机会选择学习驾驭四轮驱动的车子，就会增加你灵活的自由度和机动性，你会认识到步法的正确运用，就可以提供这种选择，步法确实能够提供你这种自由度。

许多人错误地以为步法仅仅是围绕对手跳步，就好像穆罕默德·阿里抑或好像苏加瑞·莱奥纳德一般。还有，持同样错误看法的人认为——步法只是简单地活动你的脚步去攻击你的对手，以免他人袭击你，就是没有认识到一件重要的事实，即你要避开对手对你的攻击。例如在泰拳比赛中，常见到有一种"给予和取得"的现象——一个拳手在那里猛击对手，然后等在那里，接受其对手的还击却不还手……如此按约定反复进行着攻和守。往往最后的获胜者，总是那个经得起被对手打的拳手。而振藩截拳道的宗旨，即是不论怎样，就是要你去打击对手而令其没有还手之力。振藩截拳道是教一个人如何成为善于思考和身手不凡的拳手的艺术，因为没有人甘心宁愿挨揍，特别是当你实际上能够运用适当的步法来捕捉偶然出现的各种战机，以减少对手的攻击时。

下盘是击中对手和不被反击

步法的四种基本类型

基本上讲，步法只有四种基本类型，其他类型都是从这四种基础上演变发展而得来的。此四种基本步法的类型分别为前移步、后撤步、左环绕步和右环绕步（环绕步即横侧步）。

警戒式是直线进退移动或侧向移动的最佳姿势

首先第一件事——站式（警戒式）

所有步法皆源于警戒式（图 15-2~图 15-4），即已谈过的"准备式"，这警戒式的用途尤为广泛，因为它能随时为你的攻击和防守作好一切准备。这是一种轻松的状态，以便投入战斗。当你处于警戒式，必须有一种舒展自如的感受，否则就说明你做的警戒式一定在某些地方出了差错。只有当你的感觉舒畅自如，那么你才会反应灵敏。倘若你感觉紧张，不能舒适自如，则你必然不能反应迅速。无论发生什么事情，你需要轻松自然，才能从容敏捷地对付它（不管是否必要立即上步、退步，还是横侧步去进击）。这就是警戒式之所以被称为振藩截拳道的支撑点的道理。所有的拳术技巧都由它发源而成。警戒式是最好的架式，当你移动步法向前、向后或向横时，你是不会再选择其他的架式了。

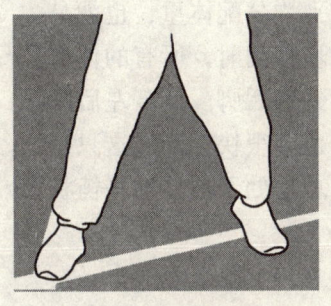 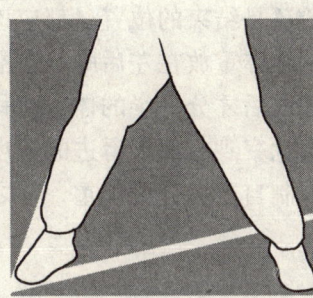 

图 15-2　正确的警戒式　　图 15-3　警戒式（太宽）　　图 15-4　警戒式（太窄）

　　警戒式将你最强的方面设置在前面，这就是振藩截拳道典型的架式，即右侧在前，最强有力的右手抬起，手和肩就会处在一条线上。你的下巴和肩膀保持一种半接触状态，而且右肩抬高 1~2 英寸，同时将下巴下降大致相同的距离，下巴的右侧要缩在肩头里面。你的左手亦同样握拳，以便去保护你的脸部和裆胯部位，你的左手前臂要去保护你身躯中部。你的右手是进攻的武器，将它竖起并准备投入战斗。稍微抬起你的右肩膀并略为降低一点你的下巴，以避免你的下颌所可能遭受的攻击。右膝稍微向里扣，用以保护你的腹部和下身部位，而你的右脚应向里扣 25°左右，在必要时可将右脚当做踢击的武器。你的左脚脚尖应向外摆 45°左右，脚跟踮起，因为它是你的"火花塞"。你可按遭遇的围困情况，立即准备去点火燃烧，推动你前进、后撤或向两边移动。你站立的架式犹如一辆汽车已发动，但尚未移动，处于空转状态而正待出发。应当尽量多地带上你所需的动能，当这汽车迅速地联接上动力传送装置。你的腿部和臀部就如同是这个装置，现在你准备好要移动，那么就让我们看看你会有哪些选择吧！

练习是成功的秘诀

前移步

滑步惯常用于接近敌方，滑步使用的次数并不算多，但无论如何，对于判断和想获得正确的出击距离，不失为是一种好的手段。

前脚上步，后脚跟随着滑步上前，跟进到前脚原来的位置。按常规来讲，前脚上步的距离不会超出6英寸，这就是说后脚滑步前移动最多不可超过6英寸的距离。不管是开始还是结束的位置，都应该平均分配体重，也就是一半体重放在右前脚，另一半体重放在左后脚。在滑步移动时，所有的体重都转移到右前脚，当动作完成后才分一半的体重转移到左后脚。倘若左后脚跟进的速度较快，那么你会觉察到右前脚滑进的速度也会很快，不过这只是瞬间即逝的过程。务必要控制自己去分配体重，使之总是处于最佳的平衡状态之中。

推进步

推进步（图15-5、图15-6）一般常用于保持和对手之间的合适对抗距离，此推进步的速度来得快，而且再结合采用步步进逼，转移出击时均可奏

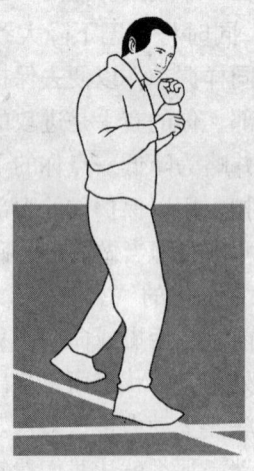

图15-5

图15-6

效。例如你可引手虚晃做假动作，然后马上向对手的防守空隙趁势将步子推进。其实这种推进步是帮助拳击唯一有效的步法。如果前移滑步被证明失效，那是因为在前移滑步时贻误了战机。拳术对振藩截拳道而言，是一种流动性的拳法。先是出手拳击，随即是脚步的移动——先出手，脚后动。即便是躲避对方的攻击，身躯亦应先于脚而移动，譬如有人朝我迎面打来一拳，我应首先闪开其拳头，然后移动步子躲过对方手臂攻击的范围，抑或采取反攻的打法。

拖曳步

拖曳步（图15-7~图15-9）犹如拖拉脚步，似乎是漫不经心之举，但它还是速度较快的步法。这种步法仅有一个动作，而上步和滑步却由两个动作组成。当推进滑行时，其发力来源于脚趾和脚掌，虽然看上去前脚好似完全贴在地面上，可是情况并不如此，因此大部分体重都是压在脚趾和脚掌上。它少了推力的动作，而起用拉动的动作。如果你用后腿去推动身体时也拉动了你的前腿，这就像是当你的前腿的脚趾抓起一团泥土并将之扔向后腿一般——这种张力将会充满你的双脚，同时正确活动你的前腿，取决于你所采取的适当的步法。开始的动作是很微妙的，而且单凭眼睛看也难以练得出来。无论如何，这是一种精巧、诱敌的动作，它将有效地令你的体重潜移转化到出拳的力度上

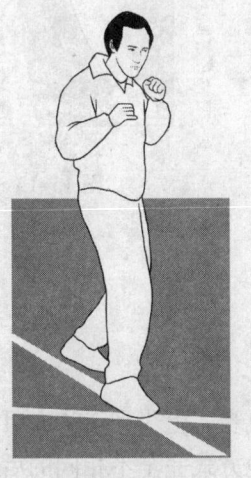
图15-7

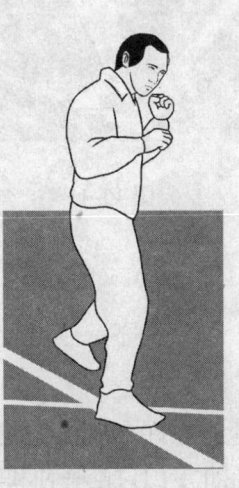
图15-8

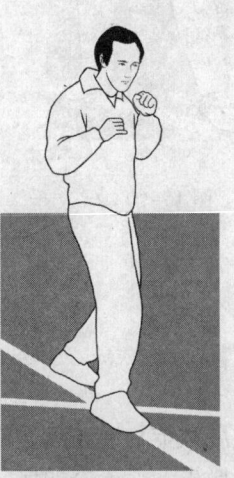
图15-9

去，使之产生极大的威力。尽管我在移动，但动作所表现的，并没有混杂体重的痕迹。虽然我没有在移动——但我还在动，正好像李小龙曾讲过的："平静状态下的静止并非是真正的静止，唯有处于移动中的静止，才会从节奏感中全部表露出来。"

突拖步（拖曳步的一种）

突拖步（图 15-10～图 15-12）也是一种拖曳式的步法。它通常用于快速的前移式，随之采取踢击或拳击，经常是用它来发动致命性的攻击，如发起侧踢，或者猛然向对方反攻。步法在各种技艺中，不会只是一种过渡动作——但它依然会像输送系统一样使你能正确地发挥你的拳术。不论踢击还是拳打，都要通过步法才能得到好的效果。

图 15-10

图 15-11

图 15-12

后撤步

后撤步和推进步一样，也存在许多步法。如拖曳步、上步和滑步亦可运用到后撤步上。无论如何，我在此专门讨论一种和其他方式完全不相同的后撤步法，它将是以上所谈各种步法的反面运用。

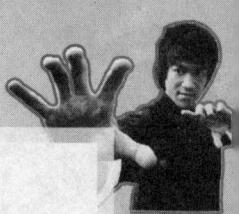

钟摆步

此钟摆步法（图 15-13~图 15-20）经常用以躲避对方攻击。从警戒式开始，将前腿快速后撤到后腿所在的位置，同时后腿向后移动。此刻全部体重应放在前腿上，而后腿一旦落地就要即刻保持平衡。完成这些之后，你应该做此

图 15-13

图 15-14

图 15-15

图 15-16

图 15-17

图 15-18

图 15-19

图 15-20

动作——抑或原地保持警戒式，以便妥便地脱离你的对手的手臂攻击范围——抑或立刻反用此动作，后脚上步至原先的位置，并将前脚作为主要的进攻武器，向对方进行猛烈的反攻。正如同我们在《龙争虎斗》电影中看到的李小龙的表演一样，当洪金宝试图以横扫踢击李小龙时，他正是采用钟摆步法向后撤出洪金宝的攻击范围。再看《精武门》一片中，李小龙与鲍勃·贝克的一场格斗，我们能够欣赏到李小龙运用钟摆步法既躲开对手攻击，又用腿立即反攻的精彩表演。

侧步（左侧步、右侧步）

李小龙曾经说过："侧步能够转移体重或换步且又不致失却平衡。"侧步有以下几个目的：

（1）它可以用简单的移步而战胜对方的攻击。

（2）它也许能用做避开对方拳打脚踢的手段。

（3）它或者用于去创造反攻的时机。

在侧步中首要的规则是，若你打算向左边移动，而你正处于右脚在前的警戒式，那你应该先移左后脚。同样的是，当你要向右移，只是右前脚先移动，而左后脚亦相应随之跟上。这里的关键是令你的身躯始终要保持平衡。

左侧步

由警戒式开始,向左移动左后脚约 18 英寸,随即向左移动右前脚到同样的距离,移动过程中一直保持警戒式(图 15-21~图 15-23)。

右侧步

由警戒式开始,向右移动右前脚约 18 英寸,随即向右移动左后脚到同样的距离,移动过程中一直保持警戒式(图 15-24、图 15-25)。

图 15-21

图 15-22

图 15-23

图 15-24

图 15-25

初学者要想练好侧移步法，其实很应该单独的反复去练习，只有勤加练习，方是成功的"秘诀"。如果你真正做到这一点，那一定能获成功。这道理不仅适用于振藩截拳道方面，其余武术的练习也是一样。我还记得，每当我到李小龙府上，总见他在练习，练习，再练习。他不停地坚持练习，一练就是几个小时。他练习步法和出拳攻击，接着又练习步法和用脚踢攻击——最后再移动步子，在各种不同的角度、不同的距离内，进行不同速度的练习，长期坚持下来，他的拳术变得炉火纯青。

我自己亦曾尽力进行练习，从李小龙在1967年教我计起，我已经练习振藩截拳道有30余年了，其中有些技术我已掌握得很好，但仍然有一些技巧需要我不断地再练习。不管怎样说，我都应该说，现在我的拳术与之比较，李小龙刚教我那时，我现在应当更是一个好武术家。其原因很简单，那是因为我已经有那么多年的经验。就像李小龙所说过的话："截拳道和拳击或击剑一样，都是讲究步法的运动，在锻炼过程中也都要反复不断地去重复。"

李小龙还曾对我特别强调另外一个关键就是"质量并非是数量"。他说"懂得怎样可以打出真正的好拳，总比无用地练习二十次好。所以每打一拳，你都应该投入百分之百的努力"。

李小龙在个人技术的发挥方面，总是强调感情的专注，抑或外形表现的强烈程度，强调要学会反应灵敏，不要只停留在盘算的计划上，要使功夫练就成由自身中自然的表达，犹如本能的反应一般。我自己早年追随李小龙习武阶段也曾碰到类似的许多问题，他经常告诉我说："泰德（我的英文名字Ted），你缺少一种像杀手一样的本能。"言外之意就是批评我在练拳时，不能从自己体内带出足够的激情、努气以及极大的能量。现在我已经体会到所谓的"杀手本能"，莫非就指难以表达甚至如同电灯开关一般，其实那就是指我对周遭环境的一种实时反应罢了。我感激李小龙的教导，基于我已学到的理解程度，我知道今天自己已有足够的"杀手本能"——我曾极度追求的功夫就在这里。其要领是要保持头脑的清醒认识和思维的敏捷。当你能够忠诚的表露自我，且反应能依据实况，那就能对敌手造成一种很大威胁的精神气。

我将首先承认训练步法并非是令人激动的事，但有朝一日真正掌握了它，那么当你去实际地运用时，会发觉它确实令你激动不已。从生理上说，它就像对你的身体进行保健运动，即便一般人都不愿意真正使自己的身体增加上各种各样的负担，不过为获得健康的好处，进行必要的体育运动也是不可缺少的。如果你真的考虑各种不同的方面和技术结合的可能性，则需要学习运动中的平

衡技巧，那就是步法。

步法的练习

我认为影子拳击是提高自己步法水准的最有效的练习。它可以令你舒展自如，爆发得法，且懂得去发动进攻。你会明白什么拳术对你十分有用，而哪些又是你的不利因素。以便于你穿插往返、移动、出拳、踢击以及运用各种拳脚的组合技巧，并训练你将各种技术协调起来，在每次或几次组合的进攻后能很快恢复平衡。处于平衡状态是十分重要的。虽然跳高、跑步等其他运动亦可增强体质，促进平衡，但影子拳击看来是提高步法技术的最有成效和专门的练习（图15-26、图15-27）。

不要期望得到像李小龙的成效，

除非你的愿望像李小龙那样以时间来得到它

李小龙是楷模

我听到有人这么讲："你别想能做到像李小龙一样好，也别想跟得上他所教的程度。因为你不具备他的各种专长。"我认为这些人误解了一点，就是全面的讲，究竟李小龙是一个怎样的人。

图 15-26　　　　　　　　　　图 15-27

他经常对我们说,他并没有任何特殊之处,只不过他是一个非常热枕的练武术的人而已。他之所以这样出色是因为他非常刻苦努力,他善于利用所有时间习武,然后从中找寻出有效的锻炼方法。倘若你一天只练习20分钟或者一周3天,如果说这就是你付出的对练拳的全部代价,那么当然你不可能掌握李小龙的特殊功夫,因为他对于自己每一英寸的进步都必须付出长时间的艰苦锻炼,所以至少你也应该付出和李小李一样多的时间去学习和习武。

我体会到对于李小龙传授给我的武术,如果越是勤习苦练,那么我的进步也相应越快,这个道理也同时可以适用于本文章的任何读者。我历来十分敬重李小龙对练武的这种精神,就是现在,当我坐在这里,不想去练习时,一旦我想起李小龙,他是多么刻苦练功,我就感到内疚,我知道自己如果肯努力锻炼,那么一定会做得更好。

格斗制胜的关键在于自身的杠杆作用和平衡、距离、时机,所有这些都由自己适当去调节和协调。你应该清楚的知道,你的动作从什么角度出击,其有效几率是多少等,我们将这一切因素都集中归纳为简单而统一的步法专题。

Ted Wong(黄锦铭)
梁敏康译

第三节　几种基本技法的示范

一、站式和马步

(一) 站　式

截拳道最有效的可攻可守的站姿是警戒式姿势(图 15-28),它采用半屈膝姿势,使体重均布于两腿,保持两腿有良好平衡、舒展分开。后脚跟微抬,以便有较大的灵活性。前脚和腿稍内转,前脚要同身体成一直线,只给对手一个狭窄目标。依重后手防御,抬高后手的肘和前臂靠近身体保护它。前手稍低,与肩臂都要轻松自如,着重依靠前手和两脚进行攻

图 15-28

击。在格斗中，警戒式姿势的重要性是因为可以使用任何肢体武器进攻或防御，之后又可快速回复警戒式姿势。

（二）左侧步

由警戒式的左后脚向左移动约46厘米，右前脚向左滑移相同距离，回复警戒式姿势（图15-29 A B C）。

左侧步可以应用于闪避对手直拳（图15-29D）。

图15-29A

图15-29B

图15-29C

图15-29D

（三）右侧步

由警戒式敏捷地向右方移动右前脚约 46 厘米（同一移动也可向对角线方向移步到右前方位置），左后脚在右脚之后滑移相同距离，回复警戒式姿势（图 15-30 A B C）。

右侧步可以应用于闪避对方后手前直拳（图 15-30 D）。

图 15-30A

图 15-30B

图 15-30C

图 15-30D

（四）前移步

由警戒式的前脚向前移约半步，后脚随即滑上，回复警戒式姿势（图15-31 A B C）。

图 15-31A

图 15-31B

图 15-31C

（五）快速前移

由警戒式的前脚突然快速前移 8~10 厘米，立即向前快速滑动后脚，几乎踏在前脚原来的位置上，同时举前脚踢击。它亦可发出快速和深入的锐利进攻（图 15-32 A B C）。

图 15-32A

图 15-32B

图 15-32C

（六）钟摆步

由警戒式的前脚后拖，同一时间，将后脚摆动向后。体重落于前脚，以后脚轻触地得到较好平衡。之后立即拖移后脚向前恢复与目标的距离，去踢击或回复警戒式姿势（图 15-33 A B C）。

当对手试图侧踢时，防守者用钟摆步向后，当对手踢出后，立即摆动后脚向前恢复原来距离（图 15-33D）。

图 15-33A

图 15-33B

图 15-33C

图 15-33D

二、打 法

(一) 直拳

由警戒式的前手从中线打出日字拳，向前直击。为了增加力量和撞击力，将肩膊埋入重击之中（图 15-34A B）。

发前手直拳打击，要向前移步并蹲低身体，沉肩至直击目标的水平位置（图 15-34 C）。

发后手前直拳，以后脚为旋轴，顺时针旋转臀股，带动后直拳越过鼻前击出。当进入直击时，重心转移到前脚（图 15-34 D）。

图 15-34A

图 15-34B

图 15-34C

图 15-34D

（二）钩掌

由警戒式的后手控制对手（方法同詠春拳），用弧形前掌击打目标。当旋转臀部和肩时，使用掌底打击对方颜面（图15-35A）。

（三）指戳

由警戒式突然迅猛伸直前臂指戳，此技令对方惊扰，因此快的轻击好过重击（图15-35B）。

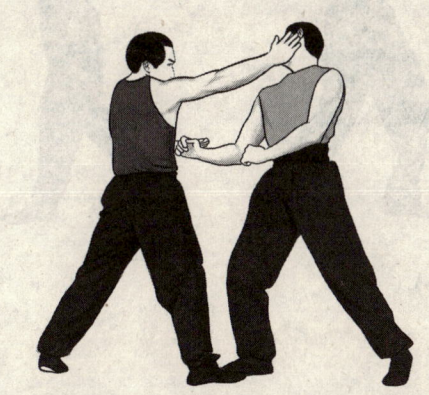

图15-35A

图15-35B

（四）挏手

当双方的右前手腕交叉相碰格挡时，用此手反抓并拉住对方右腕，随即用左后手直拳击其头（图15-36A B）。

图15-36A

图15-36B

（五）走手

当双方的右前手腕交叉相碰格挡时，抽出右前手，改用左后手捕捉对方右前手腕，随即用右掌击其头（图15-37A B C）。

图15-37A

图15-37B

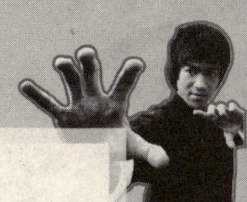

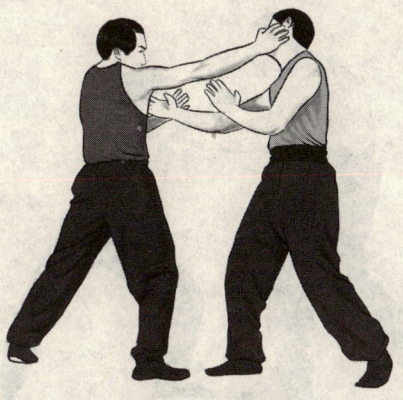

图 15-37C

（六）拍手

当双方的右前手腕交叉相碰格挡时，用左后手拍击对方右臂，随即以右前手直拳击其肋（图 15-38 A B C）。

图 15-38A

图 15-38B

图 15-38C

（七）窒手

　　两手抓住对方两手腕向下拉，将其一前臂交于另一臂上，封固对方两手，空出一手反击其头（图 15-39 A B C）。

图 15-39B

图 15-39A

图 15-39C

（八）翻背拳

封固对方两臂，迅速挥臂以水平的半圆动作的翻背拳击出，重心要前移，以指关节的背面作为接触点（图 15-40 A B）。

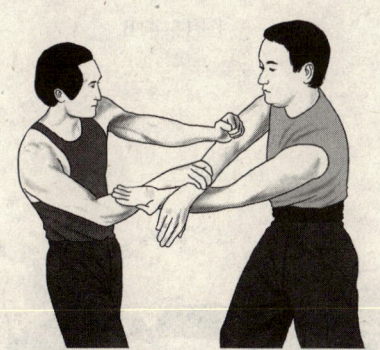

图 15-40A

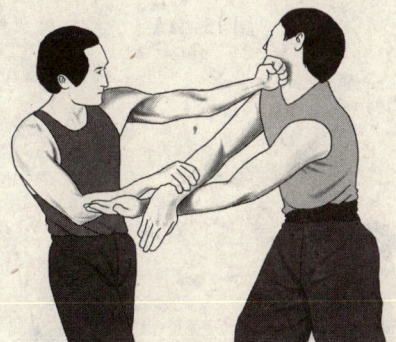

图 15-40B

（九）钩拳

从旁边用钩拳攻击时，迅速以前臂向前发出弧形钩拳打向目标，保持后手防御，前臂要张紧并扭动前面的臀股和肩膊使埋入击打之中。向目标打出钩拳时，移动重心至后脚（图 15-41 A B）。

（十）襟手

襟手常用于阻挡踢击。当对手企图踢击，迅即后退一定距离，用襟手阻挡其踢（图 15-42 A B）。

图 15-41A

图 15-41B

图 15-42A　　　　　　　　　　　图 15-42B

三、踢 法

（一）前踢

前脚快步前进 8~10 厘米，后脚立即前滑至前脚位置，同时举前脚踢击，用脚的顶端接触面直踢目标（图 15-43 A B C D）。

图 15-43A

图 15-43B

图 15-43C

图 15-43D

(二)侧踢、低侧踢、截踢

前脚快步前进 8~10 厘米,后脚立即前滑至前脚位置,同时举高前脚侧踢,上下两腿于撞击的瞬间同时伸直(图 15-44 A B C)。

低侧踢向斜下对角线方向踢击。

低侧踢也可用于截击对方起脚的膝或胫。

(三)钩(圆)踢

前脚快步前进 8~10 厘米,后脚立即前滑至前脚位置,同时举高前脚钩踢,踢打目标走半圆弧路线,以足背或胫骨为接触面积(图 15-45 A B C D)。

图 15-44A   图 15-44B   图 15-44C

图 15-45A   图 15-45B

图 15–45C　　　　　　图 15–45D

（四）反钩踢

步法同钩踢，但右脚向外反钩，从左到右弧形踢击，以脚外缘为接触面（图 15–46 A B C）。

图 15–46A　　　图 15–46B　　　图 15–46C

（五）旋踢

举后脚，使其靠近旋转轴的前脚，快速旋转身体180°，如旋转轴为右脚，左脚就是旋踢脚，逆时针旋转，左脚顺势直戳踢击目标（图15-47 A B C D）。

图15-47A

图15-47B

图15-47C　　　　图15-47D

四、战　术

（一）基本技术

詠春拳是两手都很灵巧的逼近，截拳道则是侧身强劲迅捷的切入。截拳道所有攻击有 80% 是以前手或前脚完成，因此它教的是强力的侧进，这可使截拳道在构造上快捷。假如右手较强，以及有速度和协调性，它必用得最多，这是最强劲的武器，也是越过最短的距离，使对手最少机会反应的攻击。

假如强劲的一侧在后面位置，那么就会在构造上缓慢，因为这种攻击要多些时间和长些运行距离。用后手或后脚进攻往往将身体的前面都暴露、开放给了对手，而且左手较弱，需要较长的距离和身体的摆动才能增加速度和力量。

（二）优势得益

截拳道采取进入移出打法，以变化它的攻击。截拳道有五种基本攻击方法，使用假动作、诱击、变化打法，使对手处于防御地位。

1. 截拳道 SDA，简单直接打击法

依赖于速度，抓住战机，从警戒式位置运用步法直接发出指戳、侧踢等打击（图 15-48 A B C）。

图 15-48A

图 15-48B

图 15-48C

图 15-49A

2. 截拳道 ABC，组合打击法

运用截拳道基本打、踢法的连续组合，迫使对手处于守势，最终找出对方不堪攻击的弱点（图 15-49 A B C D E）。

图 15-49B

图 15-49C

图 15-49D

图 15-49E

3. 截拳道 HIA，对手打击法

封住对方的手、脚或头（抓发），固定其某一肢体，有利于使用其余四种打击法或其他技术（图 15-50 A B）。

图 15-50A

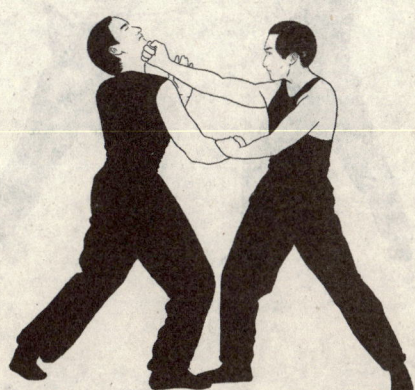

图 15-50B

4. 截拳道 PIA，前进的不直接打击法

对付防守强的对手，用伪装的假动作声东击西，变化不同位置攻击，迫使对方露出破绽（图 15-51 A B C D）。

图 15-51A

图 15-51B

图 15-51C

图 15-51D

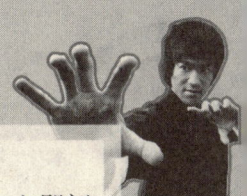

5. 截拳道 ABD，诱击打击法

引诱对方有很多方法，例如图中垂下右臂露出空当，引对方先攻，立即闪避并从侧面反攻（图 15-52 A B C D E）。

图 15-52A

图 15-52B

图 15-52C

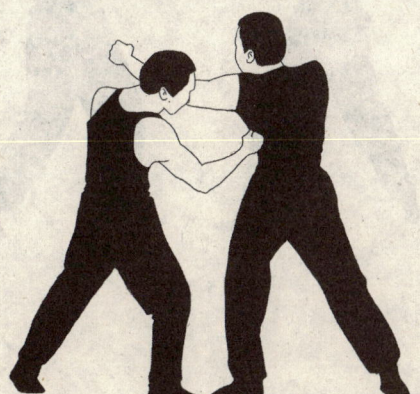

图 15-52D

图 15-52E

（三）进入攻击范围

例一（图 15-53 A B C D E F）：

图 15-53A

图 15-53B

图 15-53C

图 15-53D

图 15-53E

图 15-53F

例二（图15-54 A B C D E）：

图15-54A

图15-54B

图15-54C

图15-54D

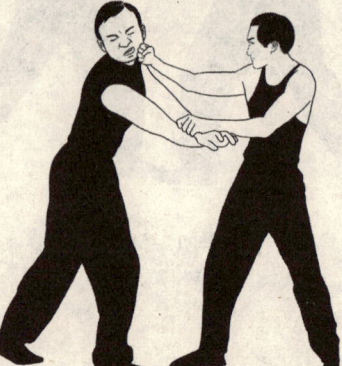

图15-54E

例三（图15-55 A B C D E）：

图15-55A

图15-55B

图15-55C

图15-55D

图15-55E

例四（图15-56 A B C D E F G H）：

图15-56A

图15-56B

图15-56C

图15-56D

图15-56E

图15-56F

图 15-56G

图 15-56H

例五（图15-57 A B C D E F G H I）：

图 15-57A

图 15-57B

图 15-57C

图 15-57D

图 15-57E

图 15-57F

图 15-57G

图 15-57H

图 15-57I

（四）攻击目标练习（图 15-58~图 15-68）

图 15-58A

图 15-58B

图 15-58C

图 15-59A

图 15-59B

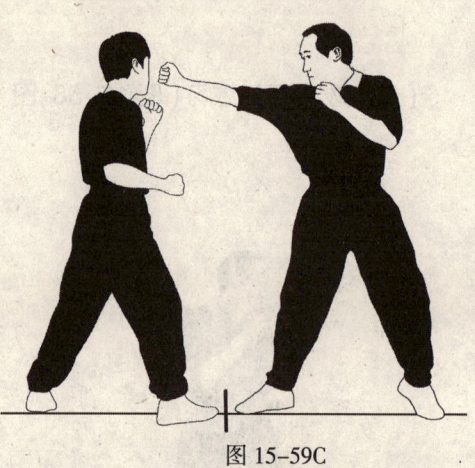
图 15-59C

图 15-60A

图 15-60B

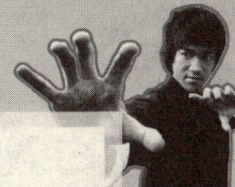

图 15-60C

图 15-61A

图 15-61B

图 15-61C

图 15-62A

图 15-62B

图 15-62C

图 15-63A

图 15-63B

图 15-63C

图 15-63D

图 15-64A

图 15-64B

图 15-64C

图 15-64D

图 15-65A

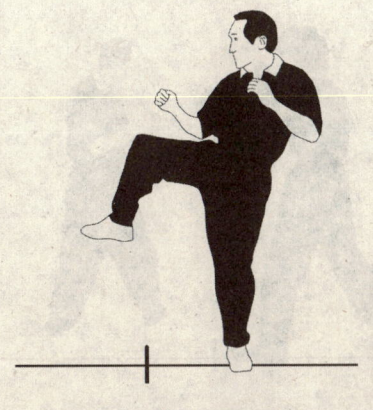

图 15-65B

图 15-65C

图 15-65D

图 15-66A

图 15-66B

图 15-66C

图 15-66D   图 15-67A

图 15-67B

图 15-67C

图 15-67D

图 15-67E

图 15-68A

图 15-68B

图 15-68C

图 15-68D

图 15-68E

第四节　李小龙的智慧

　　在世界上，水是最柔软的物质，然而却能穿透最硬的岩石，甚至你所能叫得出名字的花岗岩。水还是非实质性的东西，我的意思是说，你抓不住它，也无法打它，更伤害不到它。所以，每个练功夫的人，都希望像水一样柔软、灵活，使自己去适应对手。

——李小龙

我记不准是何年何月,但是我可回忆出,在李小龙的家(Roscomare Road in Bel Air)里我们私下交流练习后,李小龙突然问我:"Ted,怎样才能成为一个好的拳击手?"此时,在我的头脑中,首先反映出来的是"坚强",但是李小龙摇头加以否定,我又说:"好的拳击手动作必须快。"李小龙又一次摇头否定说:"这些都不对。"我补充道:"你必须用心。"李小龙又说:"不是。"我很奇怪,难道这么多的答案都不对吗?我又说:"好吧,你必须有很强的攻击力。"李小龙再次否定。至此,我真的困惑了。我说:"你必须技术熟练,有一定的速度和协调性。"这时,我正想继续表述我的想法,李小龙再次给予了否定,我陷入了沉思。如何成为一个优秀的拳击手呢?我已经给出了很多具有足够理由的答案,但是都不正确,我神情沮丧。"我放弃了,成为一个优秀的拳击手的关键是什么呢?"李小龙对我笑了笑说:"你回去再想一想,下次见面时告诉我吧。"

当晚,我回到家中对这个问题左思右想,我确信,下次见到李小龙时,我会给出一个很好的答案。

再次练习之后,李小龙又问我同一个问题,我把我的想法告诉他,使我非常惊奇的是,这些答案又遭到了否定。他拍着我的肩膀笑着说:"Ted,你知道吗,作为一个好的拳击手,就一个词——适应。"此刻,我终于明白了。他解释说:"你观察任何一种动物,它要想生存、传代,就必须去抗争,首要的因素就是适应。如果它不能够适应,它很快就会绝种。如果你具备这种适应性,你就具备了成为一个优秀拳击手的基本素质,这有点像水,水是能够适应各种形状的,并且能够渗透任何空间和环境——甚至花岗岩。"

这种观点也反映在李小龙的影片当中,例如《猛龙过江》中李小龙的对手是 Chuck Norris,在适应 Norris 风格之前,李小龙显得很松散,适应之后他不仅仅适应这种格斗,最终取得胜利。同样在他的影片《死亡游戏》中,同 Kareenm Abdul-Jabbar 那种惊心动魄的格斗,表现更为明显。无论何时,我看这部影片,我都能想起在炎热的夏季的某一天,在李小龙家的院子里他给我上的重要的这一课。

Ted Wong(黄锦铭）
顺德李小龙文化传播中心杨大伟译

第十六章 陆地[1]论振藩截拳道

第一节 论振藩截拳道

1996年1月10日，李小龙遗孀李莲达女士召集了李小龙生前十三位亲传弟子，包括木村武之，Allen Joe，George Lee，Bob Bremer，Richard Bustillo，Steve Golden，Larry Hartsell，Dan Inosanto（伊鲁山度），Herb Jackson，Pete Jacobs，Dan Lee（李恺），Jerry Poteet，Ted Wong（黄锦铭），及四位第三代弟子，包括Greglon Lee（严镜海先生的儿子严万法），Chris Kent，Tim Tackett和John Little，在美国西雅图召开了一次重要会议。会中李小龙的女儿李香凝提出从当天开始应该把"振藩"与"截拳道"两个名称合并而成"振藩截拳道"，并以此名称来代表纯正之李小龙武术。这个名称受到大会一致通过，与此同时大会还同意成立一个非牟利的教育机构，名称亦为"振藩截拳道"。为了分辨于其他自称为"截拳道"之团体或个人，"振藩截拳道"已经在美国、中国香港及中国内地申请注册为商标，任何人士未经授权都不得随便盗用此名称从事任何商业行为。

李振藩是李小龙原本的中文名字，有"威振藩邦"的意思。"振藩国术"亦代表着李小龙在西雅图及奥克兰时期的武术（即从1959—1967年）。"截拳

---

[1] 陆地先生毕业于英国伦敦大学法律系，同时拥有香港、英国、新加坡及澳洲律师资格。1992年获颁美国加州洛普大学法学博士学位，其后被接纳为美国大律师公会准会员。是黄淳樑的弟子，从学十年以上，并于1994年获得师父亲自签发合格教练证书。1989年被师父推举为香港詠春体育会义务法律顾问，受到同门器重，在1997年获提名成为香港詠春体育会会董。

陆地先生对李小龙武术有着深入的研究，他本人收藏有关李小龙与截拳道的书籍、刊物、杂志及录影带超过一百册以上，为新近成立的美国振藩截拳道会在香港所邀请加入的第一位会员，近年亦受到李莲达女士及美国振藩截拳道董事会委托，在香港成立其在海外的第一个振藩截拳道分会，并负责主理截拳道在香港及中国大陆的发展。

道"是李小龙在洛杉矶（即1967年7月以后）为他的武术所定的新名称。1996年之大会亦一致同意"振藩国术"与"截拳道"实在不应分开。李小龙一生武术之发展是一个连续而不可分割之过程。不应用时间（即1967年7月）或名称作为一个分界线。从今以后，大会给予"振藩截拳道"一个新定义："即研究李小龙一生所学习过及所教授过之技术性及哲学性之整体知识。"大会亦同意"振藩截拳道"基本上包括以下四个层面：

一、技术层面

包括特别技术，战斗策略及搏击理论；

二、科学理论层面

包括物理学，动力学，营养学及体能训练；

三、历史层面

包括李小龙个人之历史研究以及在武术方面各个阶段之发展；

四、哲学层面

包括道家之阴阳理论，武术与人生以及不断求变之过程。

"振藩截拳道"作为一个非牟利的教育机构，其主要宗旨是通过研讨会、出版各类书刊、录音带、录影带，团体或个人教授来研究及宣扬正统之李小龙武术。根据以上之定义，任何人士把原本不属于李小龙一生所曾学习或教授过之武术或一些只是个人在武术发展过程中之体会加进了"振藩截拳道"之中，此等武术从此以后便不能再被称为"振藩截拳道"了。

虽然"振藩截拳道"有李小龙10多名亲传弟子以及李小龙之夫人、女儿作为创会会员，但他们对于李小龙前半生在香港生活的一段日子始终认识有限，因此在1997年8月27日，以李莲达女士及木村武之先生为首（联合主席）的美国"振藩截拳道核心"（即董事会）正式授权本人替他们成立该会在海外第一个分会（即香港分会），并由李莲达女士及木村武之先生亲自担任香港分会顾问。另外美国总会亦委派了李恺先生（洛杉矶武馆第一位大弟子）及黄锦铭先生（原始截拳道代表人）为香港分会当然会董。

1997年9月24日，李莲达女士在给本人信中曾提及，在李小龙的武术生涯中，詠春拳扮演着一个不可或缺的部分，所以在制定"振藩截拳道"核心课程时，李小龙之詠春拳将会被认真地研究。在历史方面，李小龙在詠春拳的发展过程中的作用将会被研究；在科学理论方面，詠春拳之中线理论，力学与角度之原理将会被研究；在哲学方面，詠春之阴阳与刚柔理论将会被研究；最后在技术方面亦将会反映在各种截拳道基本技巧方面，例如封手之运用（国内称

之为勾漏手）。李莲达女士特别强调香港分会的一项主要任务就是搜集、整理并研究李小龙生前所曾学习过的詠春拳，特别是从一些直接与李小龙有关系的人物身上发掘资料，如李小龙之师父叶问宗师及授业师兄黄淳樑师傅等。虽然先师公及先师已经身故，但他们的弟子及家人仍大有人在，本人作为香港"詠春体育会"及"黄淳樑詠春拳学总会"会董身份，相信可以就有关资料提供一定之搜集渠道。

振藩截拳道的形成经历了四个主要时期，代表着李小龙一生所生活过的四个地方，亦代表着李小龙武术生涯所经历的五个阶段（香港被分为前期，即1959年之前，及后期，即1971—1973年）。

一、香港时期

李小龙一生中差不多有三分之二时间在香港度过，他一生最光辉之时间一直到他离世为止亦在香港度过，可以说香港是他一生中最重要的地方。

前文提及，香港分会的主要任务是搜集及研究李小龙从叶问宗师及黄淳樑师傅所学习之詠春拳。这亦包括在1965年李小龙从美国回到香港居住的四个多月，对他的詠春拳的进一步发展。根据John Little所著之李小龙一生大事年表（经李莲达审定），"截拳道"之基本理论是在这段时间形成的，虽然正式之名称是在1967年7月才出现。李小龙曾在他第一本英文著作《CHINESE GUNG FU》（基本中国拳法）（1963年出版）序言中说："在不久的将来，当我从东方旅行归来后，将会出版一本较为详尽，命名为《Tao of Chinese Gung Fu》（中国功夫之道）的书。"事实上李小龙在1965年回到美国后，的确写成了一本同名的书稿，但基于一些不明的原因，此书一直没有出版，直到1997年（香港分会成立后）才由李莲达女士正式授权John Little整理出版。

《中国功夫之道》其中部分内容在1983年曾经由李莲达女士交给了香港《新武侠》杂志发表，因此当时出现了所谓"李小龙拳经""詠春拳道"以及"中国武道"等新名词。1983年8月，香港《武道》杂志创刊号更报道："李小龙在去世前两年声称（即1971年），他要收回截拳道的名称，改称武道……。"该杂志所提到之"武道"，其实就是"中国功夫之道"的另一种中文译法。然而李小龙本人又怎样演绎这个Tao of Chinese Gung Fu呢？在1967年9月（即截拳道名称出现了两个月后），李小龙签发了一张Tao of Chinese

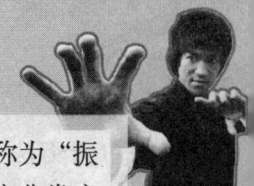

Gung Fu 之一级证书给荷李活著名影星史提夫麦昆，证书中之中文名称为"振藩拳道"。其实名称并不重要，最重要的还是它的内容。由于该书内容非常广泛，在这里本人不作详细介绍了。但有一点是可以肯定的，振藩拳道所讲解的主要是李小龙在 1965 年后对詠春拳的体会。

1972 年严镜海身患重疾，家庭经济状况出现了严重问题，当时李小龙已经成名，于是他把部分《中国功夫之道》内容，配以多幅由严镜海及黄锦铭演示之照片，在同年出版了全球第一本名为《Wing Chun Kung Fu》（詠春拳）的专著。李小龙为了把该书所有收入都送给严镜海及其家人，所以该书作者定为严镜海，而自己则称为技术编辑。根据该书摄影师及出版商（亦为李小龙弟子）所述，该书确为李小龙所著，并为他去世前所出版的最后遗作。该书亦代表着最后期李小龙对詠春拳的体会。

二、西雅图时期

1959 年李小龙从香港到达三藩市，停留了很短的时间，就去了西雅图，在那里停留了大约四年半时间，一共开过四间武馆，名称为"振藩国术馆"，所以一般人称李小龙这段时期的武术为"振藩国术"。其代表人物为木村武之先生，在当时亦为李小龙主要助教，获李小龙亲自签发振藩国术五级证书，为现存振藩国术最高辈份及最高段位的传人。李小龙弟子中共有两位获叶问宗师赠送亲笔签名照片，以示他们均为正式詠春门人，木村先生是其中之一（另外一位为严镜海）。根据木村先生讲述，当时李小龙所教授他的就是詠春拳（虽然经过些微修改）。另外由木村先生提供给本人的振藩国术课程中可以看到，大部分为詠春拳的基本训练内容，与本人所学无异。其主要内容，请参考附录。

三、奥克兰时期

1964 年李小龙与李莲达婚后，便搬到严镜海家中居住，在那里一共度过了大约两年时间。严镜海先生是第二位获得叶问宗师赠送亲笔签名照片的李小龙弟子，以表示他亦是詠春门人。严先生亦获得李小龙亲自签发"振藩国术"三级证书。严先生在 1972 年 12 月去世，遗下一子一女，其儿子 Greglon Lee

（严万法）继承了他的遗志，继续发扬李小龙武术，但其名称已改为 Oakland JKD（即奥克兰截拳道）。根据 Greglon Lee（严万法）提供给本人的课程内容看，在动作上可以说是包括了西雅图振藩国术以及洛杉矶原始截拳道，这可能是在 1967 年后李小龙所教授给严镜海的截拳道。其主要内容，请参考附录。本人相信奥克兰截拳道与振藩拳道有着不可分割的关系。

很多的李小龙弟子都相信是有两件事促使李小龙创造截拳道。1964 年李小龙在奥克兰开设了他的第二所振藩国术馆后，把中国功夫教给外国人，引起当地华人国术团体不满，派了一位黄姓教头向李小龙挑战，李小龙仍然运用了詠春拳法向该教头进攻，虽然他最后得到胜利，但事后感到非常疲倦。他认为在一个广阔的空间，需要改变詠春拳传统的贴身打法。此事以后李小龙特别加强自己在体能上的锻炼。

同年 8 月，李小龙参加了在加州长堤举行的空手道表演赛，示范了他的三种成名绝技，包括寸劲、蔽目黐手、无影拳等，令他一举成名，被荷李活星探看中。这时李小龙所使用的技术，仍然是詠春手法。

根据李莲达日记记载，1965 年李国豪出生不久，李小龙的父亲李海泉因病逝世，除了回港奔丧外，李小龙决定同妻儿回来香港长住一段时期，当时一住就住了四个多月。在这段时间李小龙经常去找叶问宗师及其授业师兄黄淳樑，继续深造詠春拳。叶问宗师还曾手抱小李国豪拍过一张照片。香港詠春派对这段时间有着很多不同传说，包括李小龙曾要求叶问宗师替他拍一辑詠春录影带等。

1965 年 7 月 31 日，李小龙曾经写信给严镜海，告诉他自己正在创造一种新的武术，其主要内容是詠春拳、拳击及西洋击剑。很多人相信，截拳道的基本模式是这段时间形成的。

四、洛杉矶时期

李小龙在 1966 年 3 月移居洛杉矶，主要是为了接近荷李活，以方便他在电影事业上的发展。1967 年 2 月，第三所振藩国术馆正式在唐人街开馆，而第一位报名的弟子就是李恺先生。与此同时，振藩拳道亦在这段时期出现，除了史提夫麦昆外，伊鲁山度（李小龙在洛杉矶之主要助教）声称他个人独得振藩国术、振藩拳道以及截拳道三张证书。但如果问及他这三种李小龙武术究竟有什么分别？他的答案是三者没有分别。伊鲁山度认为原始截拳道，其实就是振藩国术。而振藩拳道亦只不过是后期发展振藩国术之另一种名称罢了。如果这是事实，为什么他本人却要争取李小龙签发给他三种证书呢？由于大家观点不同，伊鲁山度于振藩截拳道成立不久后退出。大家最大的分歧是伊鲁山度把菲律宾武术 Kali，印尼武术 Silat 以及泰国拳加进截拳道之中，他更认为截拳道是由 26 种不同武术组成的。他的学说被称为"截拳道概念"。

黄锦铭先生可以说是李小龙所收的最后一名亲传弟子。洛杉矶武馆关闭之前和以后，黄先生经常到李小龙家中接受私人训练。根据李小龙日记记录，黄先生曾经 122 次出入李小龙家中，对于最后期李小龙截拳道的发展，他可说是知道得最清楚。黄先生坚持要保留李小龙之原始风格，不可渗入其他不纯正之武术，所以他的学说被称为"原始截拳道"。洛杉矶截拳道主要内容，请参考附录。

这四个时期其实互为相连，缺一不可，这可从振藩截拳道之注册商标可见一斑。整个商标之设计，本身就是一个中国石印，代表着整个振藩截拳道是建基于中国文化之上。整个商标又可分成三部分，即另外三个石印。左下角之石印刻画出"李振藩印"，笔画非常工整，代表着李小龙原本之武术，即咏春拳。右下角之石印是李小龙亲笔签名，单字一个"龙"字，代表着李小龙个人风格之武术，即振藩国术，亦表示李小龙从传统武术中解放，即由石刻之名字转化成个人之签名。下两方之石印承托着上方比较大之石印，即咏春拳及振藩国术为整个振藩截拳道之基础。上方之大石印为截拳道常用之标志，其中心之太极表示中国道家之阴阳理论，两个箭嘴代表着拳术中刚柔互换之原理，在李小龙眼中截拳道既不单属于外家拳，也不单属于内家拳，而是两者兼得。两句对联"以无法为有法，以无限为有限"，代表着自由及解放。三个石印亦代表李小龙解释截拳道之三个阶段，即

一、黐紧核心；

二、从核心中解放；

三、回返原本之自由。

李小龙之突然去世，使得截拳道之完整理论还未能完成，同时他的武术是在不断演变当中，这可从他不同时期的弟子所演练的武术可见一斑。现在为了清楚了解李小龙之武术，必须再走一次他一生经历的五个阶段。振藩截拳道就是为了研究整体李小龙之武术而创立的，盼望通过众人之力量，能把纯正之李小龙武术，继续发扬光大。

第二节 黄淳樑与李小龙武术思想之比较

一、前　言

本人于1986年认识家师黄淳樑先生，记得第一次见面时曾提出外面传闻有所谓"标指不出门"，是否意谓"标指"乃詠春派最厉害之拳术，所以不轻易传授，而在他门下学艺需要多久才能学完标指。他即时向我指出这是很多人错误的思想，如果詠春有最厉害的拳术，他只会教这套拳术而不会教其他，因为他不想浪费自己和学生的时间。他亦补充说："詠春是一门全面性的拳术，每一阶段之训练都有其特定意义，缺一不可，而标指只是其中一个阶段。"我即时追问："那么哪一个阶段才是詠春最高之境界？"他以简单直接之方法答复我："詠春最高的境界乃是要做詠春的主人，所有技术均在掌握之中，不会再受招式及门派之限制。"在当时我只是一个陌生人，他竟肯花上一小时向我解释詠春之特色，这确是一位难能可贵的好老师，所以在当日便拜在家师门下，一转眼已是十多年。如果有人认为我既为家师门下，这篇文章一定偏向他的思想，我不反对有这种想法，但我亦想大家知道，其实我是非常尊敬和崇拜师叔李小龙的，因为他是一位不可多得的武术天才，并且早在70年代已是国际知名，为中国人争取到崇高之荣誉。大家对截拳道的不理解，原因不在师叔本人，而是他没有时间去完成他希望完成的工作，希望这篇文章能够为大家提供一个可能的答案。

二、师兄弟武术生涯之特色

（一）李小龙走过的历程

李小龙在美国《黑带》杂志，曾经这样介绍截拳道："截拳道之基础是非常接近詠春的，因为它也倡导肘部位置，中线理念及直线冲拳。要培养截拳道，需要经过三个互为联系的阶段。第一个阶段为'黐紧核心'；第二个阶段为'从核心中解放'；第三个阶段为'回返原本之自由'。"

1. 第一个阶段：黐紧核心

李小龙曾经这样形容此阶段："这个阶段主要是根据两点之间以直线最

短的原理，而尽量采取内外直线攻击，放弃任何弧形之角度。"这个阶段与詠春拳理论非常接近。他部分弟子亦把这个阶段与李小龙在香港学习詠春拳这段时期拉上关系，这段时间大约是从1956—1958年，前后总共一年半时间左右。从家师口中知道，李小龙在这段时间，只能学完小念头、寻桥、黐手及半套木人桩法。因此在李小龙眼中的詠春拳，只有直线攻击。但无论如何，包括李小龙及其主要弟子均认为詠春拳是组成截拳道中不可缺少的核心部分。

2. 第二个阶段：从核心中解放

李小龙认为，虽然直线攻击是主要的和非常有效的，但放弃弧形攻击，会造成阻碍和不全面，一位优秀的武术家应该可以从任何角度进行手或腿击。

其实从标指开始，詠春拳已训练拳手从任何角度（包括弧形）使出直拳。在木人桩法后半套里更加重手或腿从任何角度向敌人进行攻击。木人桩法中著名的詠春八脚，即是指八种不同角度之攻击，而并非指詠春只有八式脚法。

这个阶段李小龙称之为"从核心中解放"阶段。上文所提之"核心"，即指传统詠春拳。李小龙是要从传统詠春拳中解放，其主要原因是他从香港到美国后，认为周围环境改变了，所以他的武术亦随之改变，但仍不失詠春拳之特色，故被称为"修改之詠春"（Modified Wing Chun）。李小龙身故后，他的弟子为了更强调这段时期的武术，亦称之为"振藩国术"（Jun Fan Gung Fu）。

这个阶段大约是从1959—1967年，李小龙的代表弟子为西雅图之木村武及奥克兰之严镜海。他们二人均曾受我先师公叶问宗师赠与亲笔签名照片，并且照片上称呼他们二人为徒孙，亦即正式承认他们二人为詠春门人。其中木村先生曾忆述当年李小龙所教授他的武术主要仍是詠春拳，并且他以七十多岁高龄在不久前仍然提出，希望正式加入香港詠春体育会，并把名字加进詠春族谱之内。至于严镜海，他在1972年12月去世，但在去世前不久他完成并出版了一本名为《詠春拳》（Wing Chun Kung Fu）的英文书，据《黑带》杂志调查所得，当年因严镜海已病重，而出版这本书是他一生之志愿，所以书中大部分内容其实是由李小龙代为执笔，但由于在1972年之前，李小龙已提出了截拳道理论，所以不便在书中被称为作者，改以"技术编辑"称之。李小龙在1973年去世，他能够在1972年出版有先师公叶问宗师亲笔签字照片的最早一本詠春拳专著，而不是截拳道专著，可见他对詠春拳之重视。李小龙的著名弟

子黃錦銘先生,亦為該書做出各种动作示范。事实上詠春拳是一门不断发展的拳术,它能够随着时代而进步,詠春派多位先贤,如叶问宗师及佛山赞先生等,都对詠春拳作了大胆改革,所以现今仍然有人在争论传统派詠春拳及更新派詠春拳之优劣,其实没有这个必要。严镜海先生曾在书中提及詠春拳是他一生中所学到的最好武术,今天所学,今天可用。

　　3. 第三个阶段：回返原本之自由

　　在 1964 年李小龙初到奥克兰后,因他采取有教无类之法,把国术教给外国人,引起当地(三藩市)华人国术界不满,派出了一位黄姓教头跟李小龙决斗,虽然这场决斗,李小龙取得了最后胜利,但事后他感到非常疲劳,因为对手在一个大的空间场地不断地走避,李小龙运用了詠春之近体格斗,因而需要不断地追打及迫打对手。在这场决斗后,李小龙认为传统之詠春打法限制了他的发挥,在他看来,这场决斗本来可以很快就打完,所以事后他便加强了对自己的体能训练,并且参考其他各种武术特色,取长舍短,尤其从 1966 年之后,发展出适合他个人风格的远距攻击术。李小龙正式招收学生教授截拳道,是在 1967 年 2 月黄锦铭加入洛杉矶的振藩国术馆这段时间。至于截拳道的取名,据李小龙的一位主要弟子说,在 1967 年的一天,当李小龙驾车时谈及西洋击剑,并且解释击剑之最佳对抗方法是"截击",即消及打在同一时间发生,因西洋剑要攻到对方身体才能取得分数,其他所有动作皆为不必要。突然之间,李小龙认为他应把他的武术称为"截拳道",英文读法为 Jeet Kune Do。他的目标是要把所有消解动作一概取消,而改为"截击"。但后来,李小龙又因为截拳道这个名称还是太限制,并且把自己的武术局限于另一种形式或门派上,所以他索性便把名字称为"JKD",有时甚至有什么好的东西,都会以 JKD 来形容,例如昨天酒楼之食物真是 JKD 或昨晚之电影真是 JKD 等。

　　李小龙始终强调,无论是截拳道或是 JKD,均只是一个名称,他认为 JKD 是一个自我发现之方法,它就好像一条船,能帮助你到达彼岸,一旦你渡过河流,到了对岸,就无需再背负着这条船,这时亦可抛开 JKD 这个名称。虽然李小龙有这样的思想,但他的弟子却为了截拳道这个名称,在 20 世纪 90 年代出现了两派不同学说。其中一系是以黄锦铭先生为首的"原始风格截拳道",这一系之门人相信截拳道与李小龙原始风格技术有着不可分割的关系,当门人对截拳道有什么不明白的地方,都会向着李小龙原始风格技术进行探索,直至找到问题之答案。这一系的思想方法与家师有着很多相似的地方。另外一系是

以伊鲁山度为首的"截拳道概念",因他们相信李小龙所教授的主要是概念而并非技术。有了概念,可以形成很多技术。例如李小龙曾说:"一个人需要松弛,他可以去沙滩、登山或看书,三种方法都可以达到同一目的。一位好的导师,应该教导其学生松弛之概念,而让学生去选择松弛的方法。"但由于有了这一概念,他们便可以把各种武术掺杂其中,伊鲁山度于是乎把菲律宾、印尼及其他武术混入了截拳道当中,大大地违反了李小龙简化武术的原意。伊鲁山度其中一位著名弟子 PAUL VUNAK 更说截拳道实际上是包含了最少 26 种不同武术的精华,而菲律宾武术更是扮演着非常重要的角色。

发生这样的争论,主要是因为李小龙之截拳道还未完成,他已与世长辞。他在回港之前,下令他的学生把他所有的武馆关闭,例如洛杉矶武馆已于 1970 年 1 月 29 日关闭。因他恐怕他的学生会把他所教授之技术或概念,发展成另外一种形式或门派。因此黄锦铭有很长一段时间遵从李小龙的要求而没有公开活动,但是伊鲁山度却另起炉灶继续活动。近年黄锦铭为了维护李小龙的原始风格技术又公开活动了。他在后期一直是李小龙主要的练习对象和得宠弟子,因此最了解李小龙在后期(1967—1970 年间)的训练及教学方法。所以,原始风格截拳道注重李小龙的正统技术研究。伊鲁山度很喜欢学习各种武术,即使到了现在,他仍然是到处拜师学习各种传统武术,单是詠春拳他就拜过最少三位师父,所以他特别喜欢吸收李小龙所讲解之概念,这样他便可以对各种武术无所不学和无所不用。

（二）黄淳樑走过之历程

1. 第一个阶段：学艺追求真知

为了方便做出比较,我亦尝试将家师之武术生涯分成三个阶段,但这三个阶段是交错的,并没有很清晰的分界线。第一个阶段是从 1954 年开始,大约一年半时间,主要是学艺追求真知。家师在这个阶段主要学习小念头、寻桥与黐手,代表着詠春之核心理论。在家师看来,这段时期他所学习的詠春拳,应称为"传统詠春拳",因这是叶问宗师所直接传授的。但先师公的有些门人却认为先师公在佛山时代所传授的才算是传统派詠春拳（Traditional Wing Chun）,而先师公在香港以后所传授的乃是更新派詠春拳,英文名称被称为 Modified Wing Chun,两种詠春在外形上存在着分别。如果这是真的,先师公亦应是一位武术改革者,特别是从很多师叔伯口中知道先师公是一位很开明的人,李小龙在创立截拳道后,仍与先师公保持来往,另一方面与家师之交往就

更不在话下了。

2. 第二个阶段：讲手印证拳理

家师少年气盛，刚学詠春拳不久就已同人较量了。尤其在四个月后，当他初步学了詠春基本课程，为了印证所学之拳理，于是四出向人挑战。当时之形式是双方找一公证人，约会在一处少人出没的地方，在没有条件限制的情况下，以打到一方倒在地下或一方主动提出认输为止。由于他一身是胆，闯荡江湖，先后到过多间武馆与人切磋武艺，可以说是震动了整个香港武林，故被当时的报界冠以"讲手王"之称号，"讲手"其实就是比武。现在关于"讲手王"这个称号，并没有正式英文译名，甚至有人直译为 King of Talking Hand，简直不知所云，所以希望藉此机会更正其正式译名为 King of Challenge Match，这与李小龙之 King of Kung Fu（功夫之王），可以说是相映成趣。

至于每次讲手后，家师都会思考其用招之得失，不明之处，即向先师公叶问请教，如发现其手法有任何不足之处，在得到先师公允许下，即对其拳法及木人桩法做出应有之改动。其实一直以来，我心中都存在着一个疑问，因我很多师叔伯之木人桩法，甚至部分拳法都有不同之处。为此，我不断收集各种不同版本之木人桩法，先后有超过十套之多，在一个机缘巧合下，我带着一连串疑问，向我师父请教木人桩法之疑团。首先家师向我示范了整套108木人桩法，并向我逐节解释，且与先师公所示范之动作比较，解释为什么在动作次序上会有所不同，以及在个别动作上有不同演绎。其他剩下不同之处就是最后八个动作，家师对此八个动作在致用方面有所保留，但他不反对我练习，这就解释了为什么后来有所谓116木人桩法。家师更进一步解释，詠春木人桩法，是给詠春弟子在学完三套拳术与黐手后，用以练习平时少用之手法，如：

（1）错手之补救

例如膀错手用耕手救，耕错手用圈手补

（2）非常规手之运用

例如擒拿手，桥底手等

（3）败形身法

例如正身及侧身败形脚法

（4）要害之攻击

例如眼部，颈部，下阴，肘关节，膝关节等

（5）脚法之运用
著名之詠春八脚即藏于木人桩法中
（6）时间之运用
对练习消打同时的动作，尤其重要
（7）角度之配合
例如转马及走马之练习
（8）双手同时进攻
例如抱牌手，滚手，上下耕手等

詠春木人桩法曾被形容为詠春拳术中的最高法度。詠春拳的三个套拳，基本上不算是套路，它们只是不同层次的动作练习，与传统套路的最大分别，在于没有了假想敌之观念，故很多人形容詠春之套拳像做体操。假想敌之观念在木人桩法中才出现，为了不困在死招式之中，木人桩法要求学员在学完基本动作顺序之后，必须能做到随意发挥，打起桩来做到随心所欲，动作次序已不再重要，就好像一位乐师一样，能随意控制乐器奏出美妙之乐曲。这样就解释了为什么詠春门人中存在如此多的不同版本的木人桩法的原因。到了这个阶段，詠春门人应该根据个人特性，例如身材、性格、专长及练拳目的，把詠春拳发挥出"个人风格"。其实自叶问宗师以来，詠春拳一直沿用着因材施教的方法，在我个人看来，学詠春拳如果打不出"个人风格"，根本就未曾真正了解詠春拳。

3. 第三个阶段：要做詠春主人

家师创新"传统詠春拳"和建立"詠春拳学"，要做詠春之主人，其酝酿过程相当长。

在讲手时代，家师之经历多不胜数，名报人陈非先生等建议他撰文介绍心得。于是他的"黄淳樑专栏"、"讲手四十回"等连载文章均以崭新之构思推演，例如小念头每个动作都可以物理力学、几何图解去系统分析。他在"詠春腿法"一文中，指出练武之宗旨就是制敌求胜，实无自卫之说。所谓自卫术就是攻击术。在文中还特别提出了詠春拳术也就是一种讲求效率的攻击术。他还认为詠春拳在搏击中无论进或退，都是重心放在后腿，任何时间都能以前腿或后腿实施攻击。詠春拳并非不善腿击，只是以打近战为主，先行练手造成错觉而已。可见讲手之经验总结就帮助了继承与发展詠春拳理。在这一时期家师已开始酝酿创新之构思了。

1965年之后，先师公因年事已高，已作半退休状态。在师公鼓励下，家师于1968年5月11日成立了黄淳樑詠春国术会，教授黄淳樑风格詠春攻击术。

家师学过拳击，作为师叔李小龙的授业师兄时，亦曾训练过师弟参赛，但始终认为擂台赛十分依赖和利用规则格斗，因而产生与詠春讲手极不相同的不合理现象，例如抢中线的直线发拳却为四只拳套所阻，尤其是束缚双手不能发挥摛手反应的优势。在1969年底，有一位前世界重量级拳击高手基高来家师的武馆挑战，他身高六英尺四英寸，体重二百四十磅，是一位十分硬朗的职业拳手。双方同意不着拳套，除不用脚踢之外，打法是没有规则限制的。这是非擂台赛的东方拳击与西方拳击在打法上的一次讲手印证。家师因双方体型相差悬殊，而且对方有抗打力强和拳打力重的优势，必须因敌制宜，以弱制强。家师一方面运用詠春构思，改变打法，将拳尽量使硬，加大反作用力，与对方保持适当距离，另一方面使用詠春快拳，连续攻击对方同一目标的要害之处，因而取得了速战速决的胜利。假如他们着拳套并打擂台赛的持久战，其赛果可能会改写。家师每一次讲手之后，均会检讨自己之技术得失。所以在这次比武之后，他便要求他的学生练习"退马发捶"，这是"传统詠春拳"所没有的。退马发捶，顾名思义，就是在对方强势所逼不断后退的情况下，仍然保持攻击。这一战坚定了家师要加深研究詠春拳学的信念。此战之后不久的1970年初，师叔在返港的前夕曾给家师一封信，信内有"因此改叫我的心得练出的为截拳道，截拳道只是名称矣"，"拳理虽是要紧，现实的还是重要，两者均需要。我是感谢你和师父在港时多多指导我詠春门径，其实是多得你使我多去走现实路"。这是师叔首次向家师公开他的截拳道名称和强调要走现实路。三年后，先师公已去世，师叔才有机会征求家师对截拳道的看法，这时他的截拳道发源地洛杉矶武馆早已关闭了。虽然他们经过大约11小时的辩论并无结果，但是这毕竟是一个相互交流和全面检讨截拳道和詠春拳的一个难得的机会，这对师兄弟双方都有益处。此后，家师才认真研究师弟要做截拳道的主人之问题和詠春门人如何才能做到詠春的主人。

1973年师叔突然去世，以至他的截拳道理论未能完整。家师与师叔情如兄弟，另一方面家师亦欣赏师叔是个武术天才，所以家师便决定去研究一套理论来分析未完整的截拳道。

家师从设馆授拳到出任香港詠春体育会主席后的一段相当长的时期内，一直执著于先师公遗志，以香港为基地开展教务。10年后，家师开始将教务扩展到海外，自1983年之后，每年都应邀外出指导。他同师叔所不同的，就是认为周围环境改变了，但是他的詠春拳并未随之改变，而是更坚定了他酝酿詠春拳学的信念，即詠春最高之境界乃是要做詠春的主人。

针对近年来国际上的格斗术，尤其是1994年之后涌现的格雷斯柔术，家师都经过仔细研究，认为只有詠春拳学始能涵盖此领域，包罗万有而不被万有所包罗。

一直以来家师并未为他的理论命名，因为他认为师叔用了"截拳道"的名称，反而限制了该等武术之发展。直至1995年家师遇到武术理论家梁敏滔先生，才决定正式为其理论命名。当时曾经考虑过多个名称，包括"詠春拳道"，但家师认为此名称不能表达他的意思，在几经思索后，决定采用"詠春拳学"，英文为SCIENTIFIC VING TSUN KUNG FU。传统上詠春是译成WING CHUN，但家师认为其缩写W.C.不大文雅，所以对香港詠春体育会提出使用VING TSUN，缩写为V.T.，有胜利（VICTORY）之意思。在家师心目中"詠春"就代表"实战"，实战最终之目的是要取得胜利。记得有一次，家师与一位跆拳道高手讲手，在赛前已有人提醒家师，此人腿法异常厉害。很多人认为此场格斗，必定是一场龙争虎斗，在短时间内，很难分出胜负。这场讲手，地点是在一个僻静公园内，在比武开始时，家师留意到在离开对手身后不远处，有数级石阶，对手一开始就使出凌厉之飞脚，家师不招不避，直向独脚支撑的对手冲去，并以双手护头，虽然家师中了一脚，但由于家师之冲力，实已抵消该脚法之威力，所以家师并无受伤，但对手受到这一冲，整个人失了平衡，从身后石阶滚了下去，整个人就不醒人事。这场比武就在一刹那结束了。这场决斗说明了一个事实，有时取得胜利，并不需要漂亮之招式。胜利是目的，招式是工具，千万不要本末倒置。所以家师之詠春拳学亦可称为"实战拳学"（SCIENCE OF ACTUAL COMBAT）。

1996年家师应中华人民共和国体育运动委员会武术运动管理中心培训部之邀请，举办首次全国詠春拳短训班，并在会上首次提出詠春拳学之理论，即在没有规则限制下，两人进行近体徒手格斗时，如何运用现代科学理论去解释随意对抗的规律性。虽然家师早在多年前已在设想创立此等学说，但正式定名，还是在这次北京之行。詠春拳学理念之形成，无论是在何时，都可以说是家师之另一个境界，关于此学问之内容，请参考梁敏滔先生之"论詠春拳学"、"活用詠春拳学"和"詠春拳学的整体辩证观"。詠春拳学，顾名思义，就是要把詠春拳提升到学问之层次。家师一生之志愿是要把詠春拳变成大学研究院所

研究之课题。

三、师兄弟武术思想之特色

（一）不同的观点

可从以下四个题目举例，作个简单比较：

1. 标月指与一指禅

李小龙曾在多篇文章中，引用一指禅之比喻来解释截拳道，他解释一位截拳道导师就好像一只手指，指点学生，望看远方之月亮，学生不应把目光放在手指上，而忽略在远方的光辉华彩，并且在他的电影遗作《龙争虎斗》中还亲自演绎这个比喻。

根据家师所言，李小龙引用的这个比喻其实来自咏春之标月指（即标指之原名）。在佛经中有关于标月指的故事，一指禅师在答复别人任何问题时，均以一指答之，所以他得此称号。一天，小和尚正在不断向禅师提出一连串问题，好像没完没了似的，禅师终于竖起一指，并指向月亮，小和尚也知道禅师之特性，正在看着禅师之手指准备参透禅机，禅师突然大声说道："为什么你只把目光集中在我的手指上，而不把眼光放远些，去看远方之月亮。"小和尚这时才明白禅师的意思是要他不要执著，要把眼光放远些，不要让眼前之事物困着自己。其实此故事除了关乎"标月指"外，亦关乎咏春另外一套拳"小念头"，顾名思义，此拳是关乎从小所立之念头，立念正确，将来前途无可限量，立念不正，将来怎样练也没有用。家师常说道，咏春拳所有动作已分解到小念头之中，就好像26个英文字母，每次我在练拳之前，他都要求我要把小念头练一次。小念头也好像一指禅师的手指一样，所有在武术上的问题，都可以通过它找到答案。就好像李小龙理想之第三个阶段"回返原本之自由"，最复杂的问题，可在最简单的事物上找到答案。

我认为要了解截拳道，必须要回返到咏春拳基础理论上，从头开始再走一次李小龙经历过程的三个阶段。有了基础，再从传统拳术中突破，然后再引导学员自我发展以达至截拳道所追求的自由境界。要注意李小龙一直强调，截拳道不是一种拳术，亦无法直接教授，只能通过引导，让学员去自我发展。

2. 以无法为有法与以无招胜有招

李小龙无论在振藩国术阶段还是截拳道阶段，都引用"以无法为有法，以

无限为有限"作为拳理。家师认为此两句是咏春拳理中"以无招胜有招"的另一种演绎,所不同的只是李小龙加入了道家哲学思想。对于"无招",因为咏春拳强调黐手训练,可加强拳手之自然反应及条件反射,在格斗过程中,无须经过思考,可根据对手之招式而变化,做到"遇强愈强"。

李小龙这两句话之原意,是要突破招式之限制,从广义上甚至包括突破所有法度、形式及门派之限制,他还反对任何形式的套路练习,认为这只会局限个人武术的发挥。记得家师曾对我说,先师公叶问宗师在教授咏春时,很多动作是没有名称的,因为名称往往会限制动作之用途,很难做到一个动作多种演绎。后来为了方便记忆及教授咏春拳,家师及其他师叔伯才逐渐将名称加上去,但仍然以简洁为主,如摊手、膀手等,这与其他南派拳术招式,如黑虎偷心、双龙出海等大异其趣。家师亦强调咏春只有动作,而没有招式。动作可作多种用途,招式却因有假想敌之设想,所以其用途反而受了限制。家师亦认为小念头、寻桥及标指并不是传统拳术套路,它们只是不同层次之动作锻炼,所以很多学员在初学咏春之时,很难从表面去理解其致用方法。

至于在"无法"方面,咏春却有不同之理解。咏春一直强调以法度取胜,不然的话亦不会出现"咏春拳学",因为家师相信所有武术动作,皆可从科学角度去进行解释,他并不相信有空劲或神打之事。咏春拳学可通过人体结构学、物理力学与数学来解释各种动作。虽然到标月指阶段,咏春要求我们突破法度之限制,但法度仍为咏春之中心思想,所以咏春拳应被解释为"从有法变无法"。这令我想起先师公一段小故事,曾有一拳师挑战,此人练就一手厉害之凤眼捶,一捶打在墙上,即出现一个小洞,先师公并没有如此功力,因他相信法度比功力重要,一个人拿起一个小铁锤打在墙上,亦可产生同样效果,铁锤是死物,人却是动的,所以他毅然接受挑战,并且在很短时间将对手打败。

3. 哲学与科学

李小龙在美国西雅图读大学时主修哲学,他尤其喜爱中国道家及佛家禅宗思想,所以他在传授截拳道时,往往加入了很多哲学思想。

家师认为李小龙之"以无法为有法,以无限为有限",是把咏春拳理之"以无招胜有招"加入了道家思想而演变出来的。但从前文所述,可见一些拳理及法度加入了哲学思想后,可能令人很难理解。另一方面,家师却认为科学才是解释拳理及法度之最佳方法。

4. 核心与自由

无论是李小龙还是他的主要弟子，均认为截拳道包含三个阶段，而第一个阶段的核心就是詠春，第二个阶段是经过修改后的詠春，第三个阶段才是真正的截拳道。他们的重点均放在第三个阶段，认为世上应有更直接的方法可直达第三阶段。李小龙一直在寻找这个方法，可惜未完成工作已与世长辞。

在家师看来，截拳道只是一个名称，詠春也只不过是一个名称，武术的重点不在于它的名称，而是它的实质。无论是截拳道还是詠春拳，都是帮助学员找到真正属于自己的武术。家师常说："不要做詠春之奴隶，而要做詠春之主人。"家师认为截拳道之所以难于传授，是由于学员没有了李小龙所经历的第一个核心阶段（即詠春），就好像上楼梯那样，少了几个台阶，很难登步上去。第二个阶段是建基于第一阶段，而第二个阶段被称为"从核心中解放"，没有了核心（即詠春），又怎能解放呢？所以家师认为，如果能通过学习詠春，解放詠春，回返自由三个阶段，那么便更容易接近李小龙理想中的截拳道境界。但是与李小龙不同之处，家师之重点放在第一阶段（即截拳道核心），家师更认为传统詠春拳是前人之智慧及心血，没有前人的耕耘，则没有今人之成就。武功练得好不好，不在于武术本身，而在于练武者之态度。传统武术是练武者之根基，根基打得好，盖上去的房子就会坚固。

在20世纪80年代，香港的新武侠杂志曾刊载，李小龙生前曾经想收回"截拳道"这个名称，而改以"中国武道"称之。关于收回截拳道名称一事，请参考梁敏滔先生在《东方格斗术大观》中的"李小龙旋风"。关于中国武道，李小龙在洛杉矶时曾把他的武术称为 Tao of Chinese Gung Fu，中文则称为振藩拳道，后来直到1967年2月9日，伊鲁山度获颁振藩拳道三级证书。而在同月，黄锦铭进入武馆学截拳道，同年11月8日获颁截拳道二级证书，这时才正式出现"截拳道"这个名称（伊鲁山度亦有截拳道证书，但没有注明日期）。如果该杂志所言属实，则截拳道只是改回振藩拳道的英文原名称 Tao of Chinese Gung Fu，直译中文就是"中国武道"。

（二）共同的观点

师叔的截拳道从授徒到武馆关闭，即由1967年2月开始到1970年1月止，一共只有三年时间。而家师从黄淳樑风格詠春攻击术到提出"詠春拳学"，前后经过近三十年。他们共同的观点，就是都不要做詠春之奴隶，而要返璞归真，一个要做詠春之主人，一个要做截拳道之主人。

在近距离格斗方面，师兄弟有共同观点，例如师叔曾提到近距离用牙咬就是截拳道，而家师的文章则指出："根本就没有什么规则范围，譬如你有牙齿，假如敌我在生死存亡的时候双方纠缠，为什么你不向他的喉部咬去呢？那也是一个生存之道。"

在远距离格斗方面，师兄弟也有共同观点，例如家师著有《詠春腿法》等。

师兄弟不同的观点，就是家师注重继承和发展詠春近距离格斗的拳理和技术，而师叔则注重研究远距离格斗的拳理和技术。如果有人只练远距离格斗，反而会违反李小龙之原意，因为远距与近距是一个整体，不以人的意志为转移，师叔在1973年同家师曾为截拳道与詠春拳辩论而讲手，亦使用近距技术格斗。

近年有一个可喜的现象，就是李香凝（Shannon Lee, Keasler）建议将振藩国术（即修改的詠春拳）与截拳道合并，因为它们不应分离，而应是李小龙在世时所教的哲学和技术的一个连续。1996年1月10日，由李小龙夫人李莲达（Linda Lee Cadwell）在西雅图邀请多位李小龙的学生讨论李小龙武艺，决定成立非牟利的振藩截拳道会（Jun Fan Jeet Kune Do），其核心成员包括十二位弟子、四位徒孙、李的遗孀和女儿。除伊鲁山度没有参加之外，在西雅图武馆的木村武之，在奥克兰武馆的已故严镜海接班人Greglon Yimm Lee（严的儿子），在洛杉矶武馆的李恺（Daniel Lee）及黄锦铭（Ted Wong）都参加了。

正统的李小龙振藩截拳道既然已将修改的詠春拳和截拳道合并，而修改的詠春拳在西雅图武馆的课程中亦有小念头、黐手等教授，木村武之亦已归宗加入香港詠春体育会，如果能够再将振藩截拳道与詠春拳接轨，则将会是李小龙本人的武术生涯和思想历程的整体结合。这种想法与李小龙之截拳道要做截拳道的主人以及家师之詠春拳学要做詠春拳之主人的理想不谋而合。近年来有很多人为追寻截拳道之根而烦恼，更有人不惜千里迢迢远赴美国，为了寻根，其实截拳道之根就在中国，它就藏于詠春拳之中。1997年7月1日香港就要回归祖国，盼望截拳道亦能够有一日回到祖国之怀抱。最终让我引用师叔李小龙对家师所说的一句话作为本文之完结："詠春拳就像水一般，不管怎样形状的瓶子，它总会注满的。"

第三节 我与振藩截拳道

一、我与黄锦铭师父

我的师父黄淳樑于 1997 年 1 月份逝世之后，同年通过梁敏滔介绍，我认识了黄锦铭师父。1998 年我正式提出要求黄师父收我为徒，因为徒弟与学生是不同的，黄师父同意了。1999 年 2 月，我第一次参加了黄师父在纽约主持的振藩截拳道修习班，并且当面正式拜师，于是我就成为他在中国地区新收的第一个徒弟。同年 9 月我邀请黄师父来港，主持第一次修习班。在此期间他另收 3 个徒弟，其中有高拔华师弟。1999 年 12 月黄师父再次来港主持修习班。

黄师父 1997 年第一次寄给我振藩截拳道会年刊和李小龙三个不同时期的教学课程。从 1997—1999 年，我同黄师父保持电话书信联系。到了 2000 年 11 月李小龙 60 岁冥寿时，美国振藩截拳道会要在拉斯维加斯举办大型活动，因此我提前飞往洛杉矶，先在黄师父家中接受振藩截拳道训练。然后再到拉斯维加斯，接受 11 位李小龙亲传弟子的振藩截拳道训练。修习结束，在仪式中我取到黄师父颁给我有签字的三级证书。

此后，黄师父每一年都来港主持修习班，前后超过 10 次。

二、我与香港振藩截拳道总会

振藩截拳道组织（另称李小龙教育基金）是由李小龙遗孀李莲达女士、女儿李香凝小姐及 13 名李小龙的弟子在美国于 1996 年 1 月 10 日成立的非牟利组织，宗旨是致力于保存李小龙之珍贵资料，推动李小龙之武学，促进教练、修习者及会员之间的团结。

1997 年 6 月，我获李小龙遗孀李莲达女士的邀请，加入美国振藩截拳道组织，成为该组织第一位香港地区成员。同年 8 月，在李莲达女士倡议和振藩截拳道核心授权下，我开始筹办振藩截拳道香港分会 Jun Fan Jeet Kune Do HK Chapter（今称香港振藩截拳道总会）。同年 11 月份，正值李小龙先生 57 岁冥寿前夕及香港回归中国 4 个月之际，振藩截拳道香港分会正式成立，我为

创会会长。

1997年成立的振藩截拳道香港分会直属于美国的总会，曾改称香港振藩截拳道会，现经李小龙家族同意，改称香港振藩截拳道总会。它致力于中、港两地传播及发扬李小龙之哲学、武术及电影艺术。至2005年10月止，已开办了十一届黄锦铭师父截拳道修习班（图16-1）和一届李恺师父截拳道修习班。

1998年，分会第一次接待李香凝女士。她来港是宣传她的新电影。2000年11月李小龙60岁冥寿，我在香港玩具反斗城举办宣传李小龙的大型展览。同香港电影资料馆合作举办李小龙电影节。从John Little处取到失踪已久的李小龙《死亡游戏之旅》。

三、我与李小龙纪念廊

1999年初，临时市政局叶国谦议员提出要建李小龙纪念廊，但遭个别议员反对，因而初被否决。

李莲达闻讯后同我联系，希望能重新考虑。我同副会长梁敏滔商量后，由他代表分会向临市局递交请愿信，促请重新考虑设立纪念廊计划。

为此，分会成立李小龙大联盟，通过传播媒介及各种渠道，呼吁各方支持此计划。我曾公开向媒体说："不明白政府在大力鼓吹振兴旅游业，筹建迪士尼乐园的同时，为何不可以接纳一位风靡万千海内外华人的武打巨星，为其设馆纪念呢？我十分慨叹，李小龙的魅力还不如一只米奇老鼠。"

最后，临市局议员接受广大市民的意见，以绝大多数赞成票数通过此议案。

四、我与香港振藩国术馆

黄师父1999年来香港两次，共收4名弟子，我们定期练习。2000年头，每逢星期六到我家中练习，留下来坚持练习的有我和高拔华。

2000年11月，黄师父认为条件已成熟，在李小龙60岁冥寿时，正式授权我在香港成立振藩国术馆，此场馆地方由我借出（图16-1）。

图 16-1　黄锦铭师父在香港振藩截拳道会教学

五、我所知的几个问题

黄师父告诉我，他教的振藩截拳道，以前曾有人用原始截拳道的名称。他对英文和中文翻译的原始截拳道名称都有意见，他认为"原始"的称呼未齐全，应称为"原本"。他认为真正的武术在于人"原本"就有，因此可称他教的是"原本截拳道"，而不是"原始截拳道"。

至于所谓"截拳道概念"，与原本截拳道行的是相反路线，无法协调。其原因为何？因为一种看法认为截拳道概念要接触各种 Martial Arts（武艺），去寻找武艺的真意，相信这是李小龙的原意；另一种看法认为截拳道未完成，只是指出方向，他们自己才是完成者；再一种看法认为李小龙已在70年代去世，21世纪未必可用，要不断更新。

原本截拳道要摆脱一切传统武艺的束缚，免受任何一种武艺的限制，因此反对再向传统武艺方向走，就是认为武艺在于人"原本"就有。所有人的构造都是两手两脚，因为构造一样，一定有某些方法是天生的，例如跑步等，这是发明不到的。因此应放低来看，人最原本搏斗的方法就是几种拳脚方法，它建基于前脚直踢、前手直拳，其他踢打由此变出。李小龙形容最后只得一拳一脚。原本截拳道认为，无论有多少种方法，希望追求的只是一种完美的方法，因此追求的越来越简单，走向的是一个简单之路。截拳道概念行的是相反路线，就是走向越来越复杂之路，同原本截拳道南辕北辙。

李小龙已完成截拳道体系，他做得到的，我们应当也做得到。其实李小龙也教给一定数目的弟子，问题是弟子如何领会。原本截拳道同李小龙分不开，自己加上别的就不行。李小龙也用武器，在电影《龙虎争斗》里，他赤手空拳入地牢，但不是自己带去，而是随手抓到就是武器。武器不可能随身，限制一定用哪种就不是武器，因此截拳道并不鼓吹任何特定形式的武器。

在旧本《死亡游戏之旅》的剧本对白中，用鱼杆对魔杖来教训伊鲁山度，两支杖太硬，没有鱼杆灵活，功夫应像拿杆，否则不可成为截拳道。但这并不是小看魔杖，而是它并不是截拳道。

我认为截拳道是李小龙1965年在港半年期间诞生的，此详细过程已在书内阐明，不再复述。

有一重要发现，就是2005年李恺在香港主持振藩截拳道修习班时，提出李小龙的截拳道标志是倒转的。我认为李小龙没有搞错，这是有意反传统。传统的鱼形顺时针方向是由小到大，他的是由大到小。李小龙出拳好比射箭，越远越无力。一般人理解先有桩马再转腰传到肩肘手，打出去力最大，到目标有距离，因而力最小，这是小大小。截拳道先出手，然后上步再转腰击中对方，产生的效果是先大而小再转大。

第十七章　梁敏滔论截拳道

概　说

李小龙逝世已32周年，坊间介绍李小龙截拳道的书籍大都来自他的七厚册手稿（只有一册完全写满），后人只做编辑整理，没有完整解释或全面评语。

李小龙的咏春授业师兄黄淳樑师傅生前说过："很多崇拜他的人都希望将他变成一个绝无瑕疵的神。"如果将他的手稿也视作绝无瑕疵的"圣经"，就会笼罩着令人炫目的神秘光环而令人高深莫测了。

关于什么是截拳道？李小龙在1971年9月，曾在《黑带》杂志发表名为"Liberate Yourself From Classic Karate"（见附录一"从传统武术中解放自己"）的文章，引起西方武坛的注视。1972年6月他在香港拍完《精武门》之后，发表的中文"我与截拳道"一文中有进一步论述，后来才译成英文"Me And Jeet Kune Do"，但难以完整反映中文原意，因此要了解李小龙其后的截拳道观点，舍中文本莫属（见附录二"我与截拳道"）。

鉴于上述情况，在21世纪今日的香港，或许可以尝试探讨一下李小龙截拳道的精髓和奥秘，因为香港具有中西文化碰撞和交融的反传统独特环境，有中英文资料互证，而且又是叶问咏春和李小龙截拳道反传统的发源地。

一、截拳道是"反传统"

我们要正确理解李小龙在"从传统武术中解放你自己"和"我与截拳道"文章中"反传统"的真正含义，可举下例：

有位专门研究陕西皇陵的考古专家，应邀给大学生演讲皇陵历史时，提到皇陵传统墓葬的不同特色，例如商朝是奴隶制度社会，传统用人奴殉葬，秦朝是封建制度社会，进步的表现为人俑陪葬，因此他称后者是"反传统"。

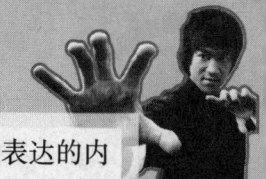

实际上，始皇陵是以帝国作陪葬（整个政权机构的人物陪葬），虽然表达的内容具有划时代的大变革，但是今日我们仍认为它们只是代表不同时期的传统皇陵。

截拳道具有传统武术的基因，包括哲学、理论、技术等，因此李小龙公开肯定它是武术。但因融入了西方的优秀技术，于是就成为一个没有门派之分的武术，一个反对传统武术流入形式化的武术，一个从传统武术中解放出来的武术，因而也可以称它为"反传统"的武术。

二、截拳道必由之路

李小龙曾经被人访问时，比较了截拳道与詠春拳。他认为截拳道的基础非常接近詠春拳，例如强调肘部位置、中线理论和直线日字冲拳等，并且认为要培养截拳道，需要经过三个相互联系的阶段，第一个是"STICKING TO THE NUCLEUS"（黏紧核心，指詠春拳），第二个是"LIBERATION FROM THE NUCLEUS"（从核心中解放，指李小龙风格的詠春拳，即振藩国术），第三个是"RETURNING TO ORIGINAL FREEDOM"（返回原本的自由，指返本复初的自由状态）。因此，他认为截拳道是自由的，它不被任何东西所束缚。

李小龙的返回原点是老子循环运动的哲学思想（但也有人认为不是返回旧原点，而是螺旋形向前进的新原点）。另外，也可用"禅"的开悟历程去阐释（见附录十"无与禅"）。李小龙从无到有，又从有到无走向自由的艰苦历程，是任何人都必须经历的必由之路，没有任何快捷方式可走。

三、截拳道无限自由

李小龙认为截拳道是自由的，不能被限制在一个体系之中。它和任何武术没有界限，没有固定的形式。截拳道强调争取时间，当机立断，制敌机先，它只有一条道理："敌未动，我不动；敌欲动，我先动；只练身体四肢对力的发挥与运用，不拘泥于固定的套路。"

诡异的是振藩截拳道有自己的基本格斗体系，也就是李小龙始创的体系，照理亦不能被限制在一个体系之中。因此，李小龙截拳道既是"这样"，有自己的基本格斗体系，又"不是这样"，不能被限制在一个体系之中。

四、截拳道包罗万象

虽然李小龙的截拳道与詠春拳是离开相当远的两个体系，但是李小龙的截拳道包容了詠春拳的体系。1965年上旬，李小龙因父逝世回港四五个月，期间由于经常接触同门，不但构思出截拳道的雏形，并且探讨出两个体系之间衔接的方法。

李小龙回美前要为三位弟子新做木人桩，当时黄淳樑在天台教拳，师兄徐尚田则在家设馆教拳，有1000平方英尺面积，适合在此加工木人桩。徐尚田师傅回忆说："大约七八月份，我介绍冯石师傅在我馆为李小龙做木人桩，因此李小龙天天来，前后十多天。他同我讨论过很多詠春理论和技术，例如黐脚，我按我的理解，他按他的理解，相互交换意见。他同我之间有做黐手对练，我同他黐手时觉得很好。他也提议要同我的弟子切磋一下，因为他观看我教詠春，其中有个徒弟肥仔明打得很纯熟。我不想他们讲手，因为大家好胜，有伤和气。李小龙还介绍我增强体力的西药十几种之多。"

李小龙在港期间同黄淳樑、徐尚田等师兄弟练黐手是很自然之事，因此在港领悟出截拳道间接渐进的攻击法，作为进入黐手封缠的一道桥梁。其后他将在港探讨出两个体系之间这种衔接的细节于1965年7月31日写信给严镜海，并且告诉他在港正在创立一种新的武术，它就是后来的截拳道（见附录七"李小龙给严镜海的信"）。

从信上可以看得到李小龙想将他始创的截拳道，运用伴攻的运动战与詠春的阵地战有机结合，务求以运动战为手段，达到以阵地战攻击取胜之目的。

截拳道既简单直接，又包罗万象。它不能被限制在一个体系之中，因此可以和谐融合其他体系，例如詠春拳体系等。综观李小龙截拳道的五种基本攻击法，都具有截拳道的基本格斗体系特色，例如警戒式和灵活步法等。但又在五种基本攻击法中，可以看到其中SDA的简单直接攻击法、ABC的组合攻击法、HIA的封手攻击法和信上所说的PIA的间接渐进攻击法，都与詠春拳基本格斗体系有关。

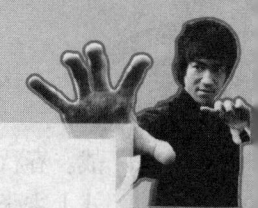

第一节 破译李小龙截拳道之奥秘

最简单直接最实用 最快速准确最有效

李小龙曾说:"武艺(原文 Martifal art,指广义的格斗文化,包括所有东方格斗术)对我的生命极具深远意义,因为,作为一个演员,一个武者,一个人的个体,我的所有都是从武艺中体会出来。"

我们又可以从李小龙的格斗文化中体会到什么呢?那就是他依据人体对抗运动的规律,在老子哲学和孙子兵法框架下,构建出最简单直接和最快速准确的有现代科学意义的实战格斗体系。由于它兼有整体观念和辩证法则,因此极具深远意义。

李小龙认为任何人都有相同的肢体,在实战时"人就是一个工具,要尽量发挥工具的摧毁性能"。因此,双方以同样的工具对抗时,都想运用最简单直接和最快速准确的技巧取胜,一定不会受到自己拳术的国界、派别、招牌所束缚。

本文就以上述理念,剖析李小龙格斗文化的精髓和奥秘。

一、画龙点睛

在古代东方的军事战争中,用兵的整体观念和辩证法则,可以戚继光的御倭兵法为例,他的鸳鸯阵实质上就是刚柔阵,它是以柔制刚和以刚制柔百战百胜的有效阵法。他创立了集体的长兵短用和短兵长用之实战范例,因此练武时强调比较武艺要真可搏打,不许学习美观花枪。

在现代李小龙的格斗文化中,是以人体作为一个有机体的单人对单人无兵器之实战格斗,同古代鸳鸯阵作为一个有机体的集体对集体有兵器之实战格斗有同样的基本格斗体系和原则,这就是用兵的整体观念和辩证法则。

勾画李小龙格斗文化的关键在于点睛,运用兵法点睛可以深入浅出。

(一)运动战与阵地战

古今中外战争离不开运动战与阵地战。历史上辽阔的东亚大陆有利于运动战。春秋时期著名的运动战大军事家孙武（著有《孙子兵法》），在战车作战形式上主张在野外机动作战。东亚游牧区的草原骑马民族善于野外机动作战，13世纪的"一代天骄"成吉思汗及其子孙们，统率蒙古铁骑狂飙席卷亚欧大陆。其"以强制弱"的机动作战方法对今日还有着深远的影响。例如，英国军事学家利德尔·哈特曾以蒙古骑兵战法说服人们运用于坦克。美军总参谋长道格拉斯·麦克阿瑟则曾敦促国会吸取蒙古骑兵的经验，批准他要求为美军机械化拨款。英美在第一次波斯湾战争中已运用坦克，在沙漠地带以机动大包抄而取得全局胜算。

在抗日战争时期，1938年的中日台儿庄战役，就是运动战与阵地战有机结合的一场大规模战役，创立了以机动的运动战为主与阵地战、游击战相结合的范例。

在抗美援朝战争时期，20世纪的50年代，中方参战开始的战略首重运动战，作为歼灭敌方力量的主要作战形式，要求第一仗一定要打赢，先多打小规模歼灭仗，再逐渐打大规模歼灭仗，创立了以机动的运动战转换战争全局的范例。

运动战古已有之，传统武术中八卦掌就是走圆圈的运动战。李小龙的截拳道则是以直道而行的运动战为主，它是从阵地战的咏春拳演变而成，两者的有机结合，将是无兵器实战之运动战与阵地战的最佳拍档，因为它们都十分符合整体观念和辩证法则。

（二）瘫痪战

今日的军事学家根据第一次波斯湾战争至今的经验，认为瘫痪战已成为未来战争的决胜点。它强调的是以最小的代价，先期"瘫痪"敌方战争运作机能，创造初战制胜的有利环境。这是孙子兵法"知彼知己"的"先发制人"。

李小龙的运动战格斗体系采取主攻手和主攻脚在前的进攻姿势，并不期望于一次重力的击倒对方，而是势势相承的连击制胜。它有利于先发制人的快速出击，逼使对方产生"破势"的不稳姿势，先期"瘫痪"再去扩大战果。这是孙子兵法"知彼知己"的"先发制人"。

李小龙运动战格斗体系采取的主攻手和主攻脚在前的进攻姿势，在强敌当前的弱势环境下，同样建立在"打"的一个基本点上，你打你的，我打我的，打得赢就打，打不赢就走。这个姿势有利于先下手为强的突袭，先攻对方眼部、腹股沟、前置的胫膝等要害，造成以小力先期"瘫痪"对方，达到先小打和第一击一定要收效的形势，有利于削弱敌人和降低敌人士气，扩大战果，因而创造出孙子兵法实战的先发制人、避实击虚、十攻其一、因敌制胜、出奇制胜、打歼灭战、速战速决的决胜点效应。

（三）庖丁解牛

厨师为梁惠王宰牛，他的掌、肩、膝、脚接触到的地方，都会有响声，当用刀解剖时，又继续发出响声，并都能合乎音乐舞曲的节奏。

梁惠王询问他的技术何以如此出神入化？

厨师回答说："我爱好宰牛原理已超于技术。刚开始宰牛时，看到的是庞大的全牛，三年后看到的不再是全牛。现在与牛接触是用意念触觉并不靠眼看，就可以依照牛的组织与骨头相连的空隙运刀，再顺着滑到另一个骨节之间的空隙。因此，虽然用刀已十几年，宰牛已几千头，但是刀锋仍像新的一样。虽然这样，每当遇到筋骨交错、肌肉聚结的地方，也会特别小心专注，动作缓慢和运刀甚轻，而牛体就会发出有节奏的响声，很自然的迎刃而解。"

人就是一个工具，如同庖丁用的普通工具一样，任何人都具有。但是庖丁用工具解牛可以出神入化，人用工具克敌要想出神入化，就必须要像庖丁那样精通解牛原理和熟练解牛功夫。

庖丁解牛最简单直接和最快速准确，梁惠王就认为神乎其技。李小龙功夫最简单直接和最快速准确，世界上也公认为神乎其技。他的现代实战格斗体系也是世界上最简单直接和最快速准确，因为它最独特的优势正如李小龙所说："移动的艺术是格斗术的精华。"

（四）一体两面

太极拳家杨澄甫曾指出："中国之拳术虽派别繁多，要知皆寓有哲理之技术。"李小龙截拳道就是寓有哲理的技术。

老子道家"反者道之动"是构成武术战略思想的基本原则，其意是对立的事物向其反面转化是运动的规律，例如无与有、阴与阳、柔与刚等。"反"是老子哲学的核心灵魂，它重无、尚阴、贵柔。

如果用道与太极阴阳关系的太极图形来阐释，则其外围的圆圈〇形代表事物的一个整体，其内含有6与9的正反两面之鱼形和互含对方之鱼眼，各自代表一个整体下不同的对立面。它们既相反又相成，符合老子"反者道之动"所

指的规律性之"道"。

李小龙格斗体系的一体两面，极具丰富和全面的深层哲理，例如无与有、阴与阳的正反两面。还有格斗的一体两面，例如格斗姿势的起与止就是整体的有机结合，正所谓任何一个开始意味着另一个终结，它的静止与移动也是正反两面。

二、入门锁匙

（一）詠春拳、击剑、拳击梦幻组合

1. 手指灵活的民族

东方人天生手指灵活，有利于微雕、奏乐等艺术，也有利于徒搏等武术。传统武术大多数是以手为主体的近取，因此技巧性强的打、拿、摔技术十分丰富，可能就是因为手指灵活而形成的。

詠春拳与拳击都习惯阵地战，李小龙也不例外，但当他用阵地战对付黄教头游击战之后，感到极需掌握运动战的技巧。当他回到香港旧居时，以往的回忆自然而来。他幼年时已知道技巧性较强的西洋击剑适合东方人，因为他的长兄李忠琛（彼得）曾获香港击剑冠军，而且他在青少年时也学过击剑及理论，深知它可以全面提高一个人的灵敏反应、心理稳定性、判断能力、进攻速度、协调性和柔韧性等素质。因此回港期间将击剑直线移动步法的运动战与詠春拳、拳击的阵地战有机结合。

2. 以手代剑的民族

中国古代徒手搏击模仿击剑的动作，以手代剑的掌指搏击要早于用拳搏击，因而手搏的理论与剑术的理论融会贯通。

明朝的戚继光是借俞大猷《剑经》的兵器理论用于自己的拳经理论上。李小龙则借西方击剑的兵器理论用于截拳道的拳理之中，因而截拳道的入门锁匙与击剑术有关，其共通处有：（1）侧身主攻手在前；（2）以手或手握剑直线攻击或截击快攻为主；（3）运动战先发制人为主；（4）简单直接。

3. 截拳道重要特色

（1）击剑手

东西方的击剑术最终都是一刺，明人俞大猷《剑经》的棍法和清人吴殳《手臂录》的枪法最终也是一戳。俞大猷以"剑"名论棍，吴殳则以"手臂"论枪，棍、枪、剑就是"手臂"的延长。

李小龙截拳道融入了西方剑法侧身主攻手在前的击剑手姿势，作为最初的一刺破势或最终的一刺取胜。因为，这种姿势可以接近和保持突前"一击"的优势，为破势切进"连击"及终极"一击"创造了初胜的有利条件。这个最初的一刺仍用詠春"手臂"传统武术技巧为主，包括直线刺戳或击打。

由于主攻手在前，也带动了主攻脚在前，形成了长短双剑尖突出最前线的态势，因此截拳道百分之八十的打击要靠此姿势去带动取胜。俞大猷《剑经》有长短兵互补理论，正所谓"短兵长用妙莫测，长兵短用变无穷"。

詠春"手臂"的前手直拳是截拳道的主要拳法，直线攻击时常用詠春日字冲拳，也用詠春标指戳击。手臂与兵器不同，既有感觉又能屈伸，可以变化无穷，例如：

①在最前哨利用触觉反应"知彼知己"。
②运用詠春黐手、捋手、拍手等缠封手法。
③主攻手以弧形与直线变换奇与正的攻击。
④主攻手以弧形与直线变换消与打的截击。
⑤主攻手作为转换其他攻击（踢、打、拿、跌）的枢纽。

（2）动若脱兔

截拳道的侧身姿势有利于直线强力侧进，动若脱兔快进快退。因此，截拳道是以直线移动的运动战为主，与阵地战的詠春拳不同。相比之下，前者讲求动态平衡下的快速移步，后者讲求动态平衡下的桩马步法。

（3）静如处子

为了要进攻和防卫，截拳道运动战最有效的姿势是警戒式。这种半屈膝的姿势是运动战中的完美姿势，可使身体始终处于强有力状态，无论要进攻和防卫都不需要事先做任何调整动作。它既能使全身放松，又能保持平衡姿势，同时又可在瞬间作出反应。这种阴柔虚静如处子的一面，正是隐蔽自己进攻意图，蓄势待发为发动下一大动作做好准备。

截拳道运动战可从警戒式瞬间的静态站姿开始起动，经过动态步法快速移动的攻防格斗，再回复到瞬间的静态站姿终止，一瞬间又再开始起动、格斗、再终止，可以有节奏的循环不息，正如眨眼不停地一闭一开。这个静、动连续的整体有机组合，正是道家"一体两面"的阴阳哲学，也是截拳道运动战的入门锁匙。

对于截拳道运动战这种有节奏感的和有协调感的惯性力步法移动艺术，李小龙有这样的描述："平静状态下的静止并非是真正的静止，唯有处于移动中的静止，才会从节奏感中全部表露出来。"

（4）弹簧脚

截拳道运动战另一重要特点，就是它特别强调侧身的后脚跟要离地微抬，后脚掌要贴地滑移，后脚弓在任何时候都要起到压缩弹簧或"火花塞"的作用，以便具有较大的运动战灵活性，随时准备推动整个肢体向前运动，尤其是主攻手或主攻脚迅速出击时，只有弹簧脚才能瞬间支撑肢体的重心在突变的高速冲刺中保持动态平衡，达到全身肢体既放松自如而又快速地推动灵活的手脚向前突袭。

（5）洋为中用

运动战打得好，其奥秘在于控制机动战移步惯性力的动态平衡和抢先使对方失去平衡。因此，截拳道运动战中吸取了击剑术的理论和技术，首先是它的快速性，其次是它的突然性。

击剑术在动态平衡的侧身步法中，走磁性互动和走"准线"互动的运动战。击剑手出剑的原则，就是"随手进攻"，出手攻击先于身体动作，其隐蔽性可称为"无影手"。李小龙出拳迅捷的奥妙就是他的"无影手"，而快速反应的秘诀就是他的"前哨手"。

击剑术的最佳格斗法之一就是截击，单剑截击的"消"与"打"的动作是连续的完成过程。截拳道强调攻击，也讲求截击，可以同用剑一样以一只前哨手截击，也可同咏春掌一样同时用一手截一手击。

西洋拳击简单直接，遵循力学原理和符合整体性原则，较突出的是以迂为直的钩拳、上击拳等近体攻击。截拳道不用拳击手套，而且直拳攻击时运用咏春日字冲拳，不同于有拳击手套的西洋拳击直拳打法（即是将日字冲拳转90°的直拳）。截拳道的假动作、诱敌、闪避、不断变换头部位置等，都与拳击技巧相近。

（二）截拳道运用道家哲学

1. 拳家无有说

按照量子论的说法，宇宙是由"无"中诞生的。

老子说："天下万物生于有，有生于无。"无、有都是用来指称"道"的。无含藏着无限之有，无、有似对立，而又相连续。

以往传统武术从未直接以先秦时期《老子》的"道"或"无"与"有"来作为"拳家无有说"的哲学思想。传统武术只有"拳家阴阳说"，它是采用了北宋理学创始者周敦颐的《太极图说》[1]。

唐诗三百首中白居易著名的《琵琶行》内"此时无声胜有声"和詠春拳的"无招胜有招",以及截拳道的"以无法为有法,以无限为有限",同是老子哲学思想,只是后者没有局限性,并作为截拳道之"道"[2]。

李小龙的"拳家无有说"不但是世纪首创的武术哲学理论,也是适用于任何实战的和体育的徒手格斗术哲学理论。至于李小龙的"拳家阴阳说",则在传统拳种中已有。

2. "有无相生"辩证法

老子说"反者道之动",认为对立的事物向其反面转化是运动的规律,意指规律性的"道",其中一个总规律就是"反",蕴涵了相反相成和物极必反。

老子提出的"有无相生",是李小龙构成武术战略思想的基本原则,任何格斗术在一定条件下无招胜有招,但也可转化为有招胜无招。

3. "无"的作用

老子举器皿为例,器皿的中空,才有器皿的作用。"有"给人便利,"无"发挥了作用。如果没有"无",那"有"就不能发挥出作用来。

李小龙认为:"截拳道的'无',使它可'无限'、'无穷'地探索'有'的领域,并采纳'有'的方法。过于专注执著独'有'特色、独'有'法度,独'有'传统,就会仿如盛满水的杯子,'有'杯却'无'法盛物。

4. "无"是格斗术的最高境界

学习格斗术是从"无招"到"有招",而无穷的"有招"构成"无招",因此似有还无的"无"是格斗术的最高境界。李小龙在《龙争虎斗》中对最高境界的解释:"就是把技巧隐于无形。"

---

[1] "阴阳之道说"源自《易传·系辞》,晚于《易经》七八百年,非一个时代作品,是众人之作。它著于老庄之后,受老庄思想影响,与老子之道是两个传系。

道与太极阴阳的关系,始于北宋周敦颐之道。至于《老子》的书中只提过一句:"万物负阳而抱阴。"虽然阴与阳很早有人提到,例如《老子》《庄子》《国语》《易传·系辞》,但运用于武术,还是北宋周敦颐之"道"。

[2] 李小龙对"道"有很多探讨,例如道与禅的关系、道与无的关系等,最终选择了道与无的关系。

老子的"道"有三个涵义,其一是实存意义的"道",其二是规律性的"道",其三是生活准则的"道"。前两者老子重"无",第三者尚"自然无为"。

李小龙早期曾运用了老子生活准则的"道",例如无为。但是后来提出了老子实存意义和规律性的"道",体现于1965年在香港提出"以无法为有法,以无限为有限",就是说"无"是含藏着无限的未显现的生机,"无"乃蕴藏着无限之"有",而"无"和"有"都是用来指称"道"的。

（三）截拳道运用科学理念

1. 中线理念

中线理念是传统武术许多拳种的实战构思，人体重要器官接近中心线，人体的平衡线也较接近中心线，因此双方都想向对方的中心线攻击，同时也想守住中心线不被攻击。

2. 短距理念

短距理念就是要对最接近的距离使用最简洁的技法达到最实效的攻击。实战时最近的距离可能并非对方的中心线处，因此就要灵活掌握不用中线理念。有时短距攻击有阻，就要以迂为直。

3. 精简理念

在技法上要用最简洁的动作完成最直接的攻击，动作在少不在多。实战的技法通常都是最简单的，也就是基于节省时间，因为时间是决定实用价值的最关键。

4. 三角理念

三角形可以组成最简单的和稳定的刚性结构，可以形成最经济传力的平面坚固构架。当用肢体组成三角形时，可以形成尖劈楔入，进攻时起到倍增攻击力的作用。它也可以形同拱形结构最经济传力一样，抵御时起到卸力的作用。

5. 直圆理念

在实战时，首先寻求最简单直接的直线运动出击，争取到时间。只有直线受到阻挡，须要以迂为直来达到目的时，圆形运动才适当发挥出来。反过来，当对手重拳出击，就首先寻求用圆形运动来抵御，例如以一手的臂膀做半圆形滚动并带动身体卸力，同时又以另一手的直线运动迅速反击，因而形成攻守同时和快速反击的直圆理念。

6. 刚柔理念

在实战时，同一肢体的两手或一手一脚以至两手一脚，都可以在同一时间中发挥攻守同时的刚柔理念，例如一手可用以柔制刚的柔法与另一手击打要害以小力巧胜的刚法同时并用。

7. 立体理念

在实战时，可以运用踢、打、拿、跌的立体组合，使对方顾上顾不了下，顾下顾不了上。手脚的组合不一定同时并用，但是也可以同时并用。如果可以运用精简理念的动作就能取胜的话，就无必要运用立体理念去取胜。

8. 要害理念

传统武术最独特的技法之一,就是打、踢、擒拿人体的要害部位,包括要穴和神经系统在肢体的走向及浅露部位等。在实战时,只要攻击对方躯体的薄弱部位,例如膝关节、胫骨、足踝等,就可以削弱或瘫痪对方的战斗力,达到以小力巧胜的速战速胜之目的,可以认为这些都是运用了要害理念。

第二节 李小龙技击术与时俱进

截拳道包罗万象 但不被万象包罗

一、包容的截拳道

包容的截拳道是指李小龙始创的截拳道体系,可以包罗万象。举例如下:

(一) 短兵

短兵可以用劈、斩、刺等技法(图17-1)。

图 17-1A 短兵劈法

图 17-1B 短兵斩法

图 17-1C 短兵刺法

西洋击剑只有一刺，中国短兵更符合截拳道包罗万象的实战需要。

（二）双刀

咏春拳有八斩刀双刀法，还有用前臂尺骨的双撕手，再锐变有单撕手，用肘部发力去撕。截拳道近身除了钩拳等之外，还可用咏春拳"手臂"的攻势。近身时利用前臂尺骨作为双刀或单刀，较易砍削头、颈、肩、胸、臂等大范围目标，十分符合简单直接和快速准确的原则（图17-2）。清初黄百家所写王征南内家拳法中曾提到："拳家惟斫最重。"文内"斫"字共有三十三处之多。斫字即砍削之意。

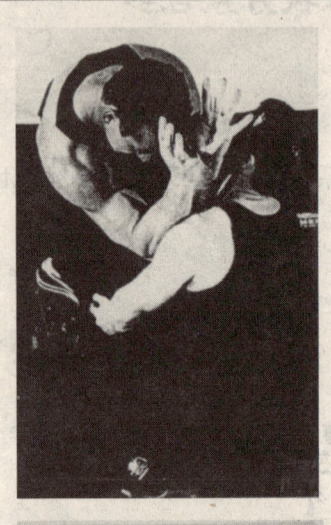

A

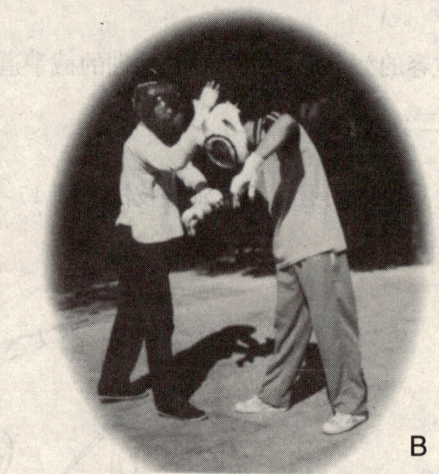

B

C

图17-2A　美国赖恩运用双前臂打开中门直取

图17-2B　意拳姚承光师傅单前臂劈头

图17-2C　黄淳樑师傅咏春手法

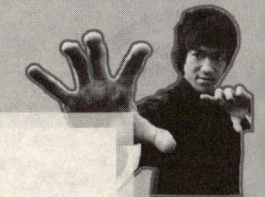

（三）讲手

人类进化的最大特征，就是脑与手的发达，它们之间可以通过触觉反应，产生相辅相成的效果。

手指灵活的民族善于运用打、跌、拿的手法，因此本文称为"讲手"。截拳道近身格斗最适合讲手，包括讲手使对手跌地最简单直接的一击（图17-3）。但是目前书籍上所引用李小龙的拿跌图形，不是电影上的就是手画的，前者多是电影片段，后者有的符合简单直接和快速准确的原则，有的则不是（图17-4）。武术最善于讲手，其他东西方格斗术也具有自己的讲手特色，因此截拳道近身格斗时必然包罗万象，这种蕴藏着无限之"有"的无限制格斗，不会受到自己拳术的国界、派别、招牌所束缚。

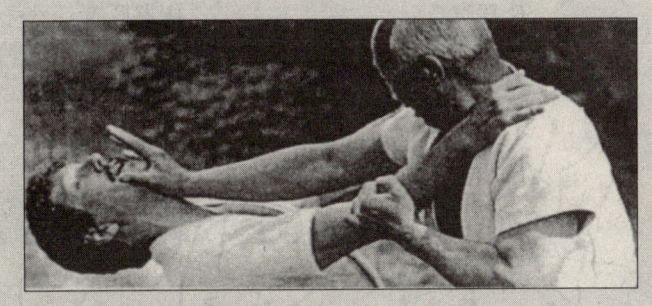

图 17-3A 摔跤大师常东升拿肘打颌

图 17-3B 黄锦铭用简单动作扳倒刘录铨

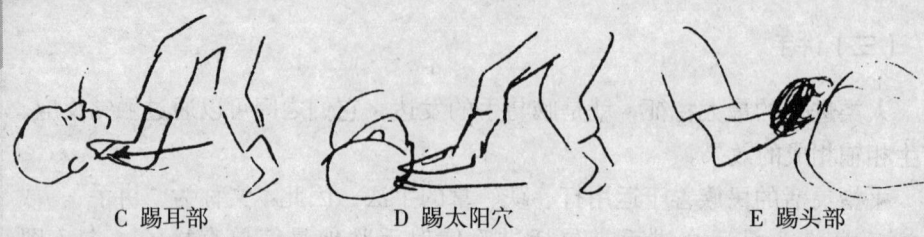

C 踢耳部　　　D 踢太阳穴　　　E 踢头部

F 踢尾骶骨部　　　G 跺腹部　　　H 跺膝部

I 踢脸部　　　J 蹬后背　　　K 蹬肋骨

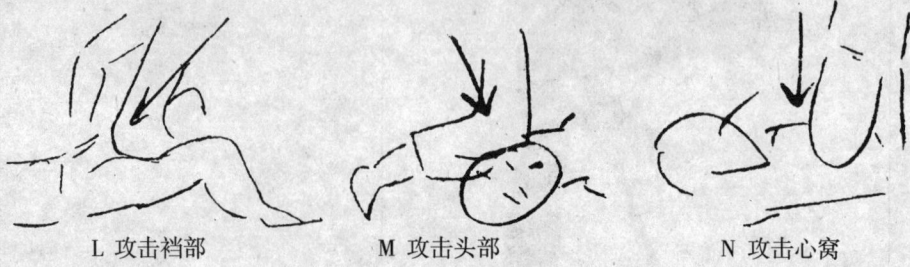

L 攻击裆部　　　M 攻击头部　　　N 攻击心窝

图 17-3C—N　李小龙手绘的以简单动作攻击要害图

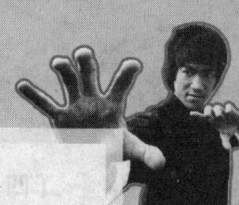

图17-4　李小龙手绘的抱腰摔图

（四）连击

明朝期间形成了传统的格斗文化体系，抗倭常胜将军戚继光撰写的兵书《纪效新书·拳经捷要篇》，标志着已从手搏时代跃进到拳法时代。他在《拳经》中提到三个制胜的方法，第一个是"遇敌制胜"，其方法就是势势相承，变化无穷；第二个是"多算而胜"，其方法就是博记广学，兼而习之；第三个是"无有不胜"，其方法就是首尾相应，上下周全。

孙子说："兵无常势，水无常形，能因敌之变而取胜者，谓之神。"戚继光则选择三十二势的拳法，提出："势势相承，遇敌制胜，变化无穷……人不得而窥者，谓之神。"前者认为能根据敌情变化而取胜的，就叫做用兵如神。后者所谓"相承"，就是能连接有限的招式，变化为无穷的招式去取胜的，也叫做用兵如神。因此，相承是关键，好比庖丁解牛的运刀，要巧中求快。如果出拳迅雷不及掩耳，对方不知招架，只须一击便中，否则"犯了招架，便是十下"，那时就必须巧中求快了。戚继光认为相承得最妙者就是武官刘草堂打拳的"连击"，刘的巧中求快与用棍的"连戳连击"方法相似。"连击"要"相承"到对方不察，正如李小龙的遇敌制胜之道"就是把技巧隐于无形"，人不得而窥者。

戚继光强调要各家武艺兼而习之。其一，有利于取长补短兼容并蓄。其二，有利于知彼知己百战百胜。例如他的鸳鸯阵要破倭寇的蝴蝶阵，就必须兼习敌对的倭寇刀法，为我所用，兼可立于不败之地。李小龙兼习西洋拳击与西洋击剑是洋为中用，同样是这个道理。截拳道运动战与詠春拳阵地战兼而习之，首尾相应，上下周全，同样也是这个道理。

戚继光制胜法，一个是兼学，一个是连击。用兼学的有限技巧，去变化无穷的连击，也就是李小龙的制胜法，要兼容并蓄直道而行。他们两人都是富有改革创新精神的武学思想家，有许多共同之处，例如鸳鸯阵、截拳道、詠春拳，都是强调直道而行和连击。因此，他们的创意都没有脱离开简单直接和快速准确这个道理。

詠春拳可用左右手连环进杀的连珠炮"瘫痪"对方，又可连击同一目标重创对方局部要害，强调的就是时间第一。詠春拳的连击不必收拳再击出，西洋拳的连击难望其项背，这可从意大利人 Robert Ardito 的詠春拳"连击"，一分钟创出四百二十八拳的健力士世界纪录，甚至打出每秒九拳的世界纪录看出其威力。

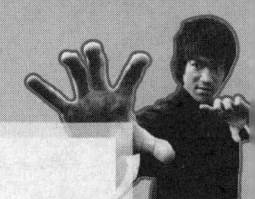

第三节 李小龙技击术的应用

技击术是武术内涵的主体　武术的真谛在于技击术

一、实战中奏效

"光有理论还不行，必须用于实践；光有决心还不行，必须付诸于行动。"
"Knowing is not enough, we must apply; Willing is not ehough, we must do."

（一）格斗中的芭蕾

人类短跑有完美的姿势，古典芭蕾舞则塑造了人类完美的姿态，而古典击剑术也塑造了击剑格斗完美的姿态，并有格斗中的"芭蕾"之称（图17-5）。芭蕾舞有简单的站姿和移动的艺术，击剑术有简单的站姿和移动的艺术，而截拳道简单的站姿和移动的艺术则融入了击剑术的基因，因此称之为徒手格斗中的"芭蕾"，它与其他徒手格斗术的步法比较见图17-6。1947年已在上海学芭蕾的李首珠老师，认为芭蕾训练动作体系，对中国各类舞蹈团体演员的训练，起着极大的帮助，最主要的是通过这些训练能使演员更符合舞蹈所需的身材，并能运用各种复杂技巧进行表演。同练芭蕾一样，截拳道运动战完美的姿态和移动的艺术都会有利于提高速度和运用各种复杂技巧在实战中奏效。

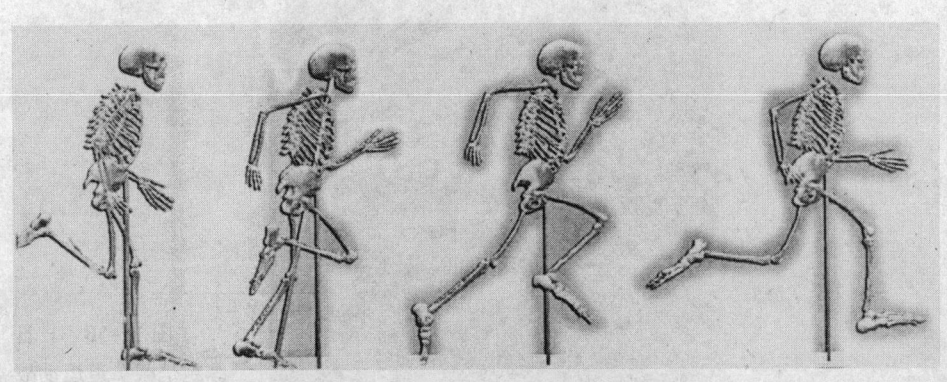

图17-5A　运动科学得到的短跑运动完美姿势

第十七章 梁敏滔论截拳道

图 17-5B 日日练跑是截拳道运动战的基本功

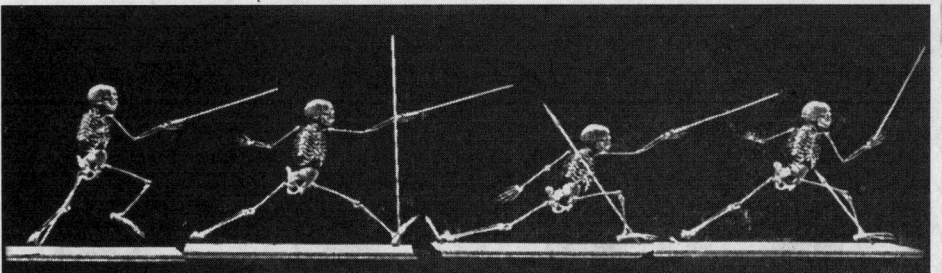

图 17-5C　运动科学得到的击剑运动完美姿势

图 17-5D　击剑运动姿势

图 17-6A　截拳道移步步法

图 17-6B　截拳道快速移步是迅速灵巧和连贯性的滑步，需要猛冲突袭时，从第二个动作开始，飞跃接近对方

图 17-6C　秘门螳螂拳的崩步是以主攻肢在前瞬间飞跃接近对方的步法
（传统武术较少以主攻肢在前）

伝統武術にみる墊歩

中国武術全般に於いて、歩法は攻防技術の要と言っても過言ではない存在である。そして、これは散打においても例外ではない。

歩法は攻防技術の要と言うのや、或いは多少形は違っても同様の原理を以て行われる歩法が随所に含まれているのである。ここでは、それらを残つ幾つかの例を挙げて見てみよう。

八極拳より「小趨冲二捶」

弓歩捶から運に、歩踏み込んで馬歩捶を行う。弓歩から馬歩への移行は、初学の頃は動作を分解するためにワンモーションずつ入れてから行うが、最終的にはーリアクションで行わなければならない。重心移動そのものではないが、墊歩における切腿に相当するものである。

螳螂拳より「墊歩推掌」

螳螂拳の代表的な套路である螳螂捕蟬拳に含まれる技法である。弓歩から墊歩を用いって掌を差し出す。また、拳諸には記載されていないが、歩を進める際に低い踏腿を行う派もある。これは散打における切腿に相当するものである。

炮拳より「弓歩連捶」

炮拳は回族の間で伝えられてきた教門長拳の中の一套であり、一連の動作は、途切れることなく流れるように行わなければならない。登山式になりキップしていくようにも見えるが、動作中は頭は上下せず、体軸も安定していなければならない。

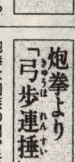

螳螂拳より「崩歩左圏捶」

螳螂拳の実戦技法を集大成したといわれる摘要拳に含まれる技法である。大きく踏み込んで登山式になりつつ崩捶を放ち、すかさず歩を進めて圏捶を打つ。

陳家太極拳より「玉女穿梭」

ここで紹介するのは、陳家太極拳に伝わる玉女穿梭の前半部分である。陳家太極拳に伝わる玉女穿梭の前半部分である。右足を左足を前方に下ろして弓歩となる。独立式のまま前進する際、"ケンケン"のように頭が上下動してはならない。

「二起脚」

二起脚は長拳系の門派を中心に広く行われる腿法であるが、単に闘い技としてだけではなく、墊歩などの歩法のための予備鍛練としても非常に有効である。

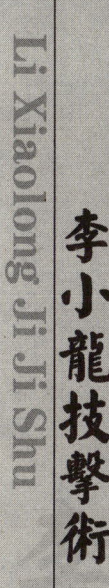

图17-6D 日本杂志上介绍的几种传统武术步法

图 17-6E 西洋拳击步法

图 17-6F 泰拳步法

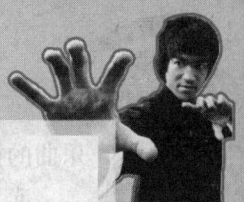

(二）移动的艺术是运动战的精华

不同时代的战争，有不同的运动战，从马到坦克，就有不同的移动艺术。在李小龙的格斗技艺中，他特别强调的正是移动艺术。适当的运用步法，对习武者有两大优点：一是容易找到要进攻的目标；二是可以避开对方的攻击。其功能胜于去拳击或脚踢，使进退均得心应手，而且易攻易守，有利于摆脱被困的逆境。当移动中出拳时，则必须做到任何时间和任何方位都能发挥全部力量。

凡是直线移动的步法简单直接和快速准确，都可在实战中奏效。截拳道的警戒式和击剑术的开始基本姿势都是蓄势待发的实战姿势，移动时侧身快速向前或向后都动如脱兔，有利于在移动中制胜，尤其是在互动格斗中发生重心及步法不协调的瞬间可以快速调整，而侧身的前后脚移动步法直线快速进退，也有利于解脱对手突袭的抱缠。因此，截拳道移动的艺术是战胜任何攻击的锁匙。

(三）快速先动制胜

太极拳打手歌有："彼不动，己不动；彼微动，己先动。"李小龙则认为："敌未动，我不动；敌欲动，我先动。"前者是"微动"，后者是"欲动"。要在欲动之前先动，就得通过敏锐的洞察力，使抢在对手之前的机会大大增加。李小龙快速反应的秘诀，是他练就高度"洞察力"的那只手，以及对目标的周围环境保持高度"警觉"的两只眼。

日本国家运动情报中心研究人员历年来用高速相机记录美、日女子垒球赛双方打击动作，从数量庞大的影像中，得出美国选手看清球路所需时间约为日本选手的2倍。可见东方人手指的灵巧和两眼的反应是先天的，因此要善于运用此优势。

有人说乒乓球是东方人的天下，就是因为东方人手指的灵巧和两眼的反应是先天的，例如近台快攻就是。乒乓球运动同截拳道一样是快速先动制胜。快速反应可以先动调整思维和心理，可以先动调整重心和步法，可以先动调整攻防打法。因此，打乒乓球同踢足球一样，或许可以作为辅助截拳道训练的另类工具。

(四）快速变奏制胜

中国伟大的军事家和理论家俞大猷，500年前已指出短兵的"当"犹"如

乐曲的拍子，妙不可言"，其后戚继光亦强调"知当斜闪"的重要性。

武与舞同样有节奏拍子，击剑格斗就是在不断变化格斗距离及节奏中进行的，因此最需要快速性和突然性。截拳道运动战也是在交锋中不断变距及变奏中进行，在变化紧凑和转换频繁的互动格斗中，突然的快速变奏可在实战中奏效。

（五）快速适应制胜

任何运载或推动工具迅速向前移动时，必定迅速有力运载或推动的手脚在前，例如击剑或短兵，必定主攻手和主攻脚置前，可以增强持械刺杀的速度和力度（图17-7）。又例如用曲棍或用手、脚高速运球推进时，必定迅速有力的主攻肢在前推球前进。徒手近取也同样是这个道理（图17-8）。

图 17-7A　用棍进攻

图 17-7B　剑道进攻

图 17-7C　击剑进攻

图 17-7D　用短刀进攻

第十七章　梁敏滔论截拳道

法大冃铁

中平为冃，射上如展翅，落下如披下，法皆从此出。

- 头要顶抵
- 起带颏下
- 扯进着力
- 开胸
- 护腰
- 跟后对臀
- 出扯
- 进射片一
- 后臀带扯
- 进逼
- 藏阴
- 筒下
- 带微弯
- 臀要用力
- 煞手跟要随
- 小指边着力
- 大指着力

图 17-8A　少林寺玄机和尚传授身法图

破打边盘式

左脚一点，右边腾起射进。肩必在敌人腋下，手必在敌人腰边，腿必在敌人腿腕边，臀必要紧粘敌人脚叉，敌人脚窄狭而我两脚俱管住，即为双管法。以中盘打边盘即为双关。此法更妙。不可妄传。进步须要倚斜步。

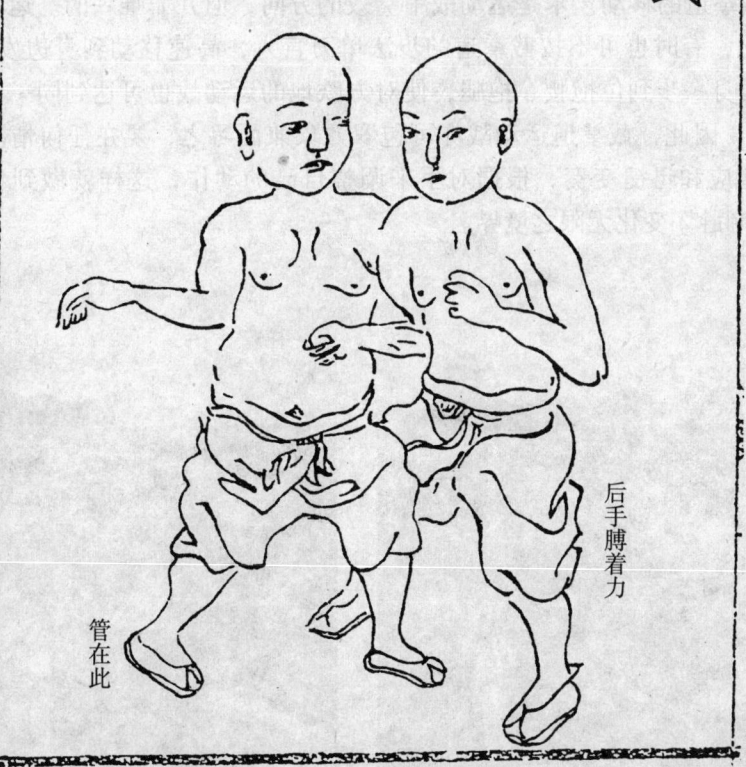

后手膊着力

管在此

图17-8B　少林《拳经》的右脚双管法

就以截拳道运动战经典的主攻手和主攻脚在前为例，这有利于又快又有力的先发制人，为破势后进一步扩大战果创造最有利的条件。但是西方拳击及徒搏竞技都强调主攻手在后，可以积蓄力量和伸长运行路线，有利于击倒性的"一击"。前者是基于实战的无规则限制下运动战或从运动战到阵地战（从远攻抢先瘫痪性的"一击"到近取的"连击"）之规律，而后者则是竞技的有规则限制下强调击倒性的"一击"取胜。如果现在很多人习惯主攻手在后，而截拳道的主攻手在前，则后者不但会使前者不习惯而不知所措，而且先发优势明显落入后者之手。

善于运球的足球运动员如只会用主攻的脚运球前进，很容易被对方拦截，如果左右脚可以变换着运球就难以阻拦。同样的，截拳道也可在突出主攻手和脚在前的基础上，需要时左右手和脚变换在前主攻，务使对方措手不及。

截拳道的移动艺术是运动战中奏效的方向，但并非唯一的。运动战可以多样化，有时也可不按截拳道的步法单刀直入，高速移动到身边发动进攻，例如矮身一步到位抱腰、抱腿，使对方跌地的运动战也可达到同一目的（图17-9）。因此，截拳道运动战亦可包罗万象兼而习之，要在任何情况下都能快速适应和迅捷变奏，根据对手来调整自己的动作，这样就做到了孙子的"因敌制胜"变化无限之境界。

图 17-9A

图 17-9B

图 17-9C

图 17-9D

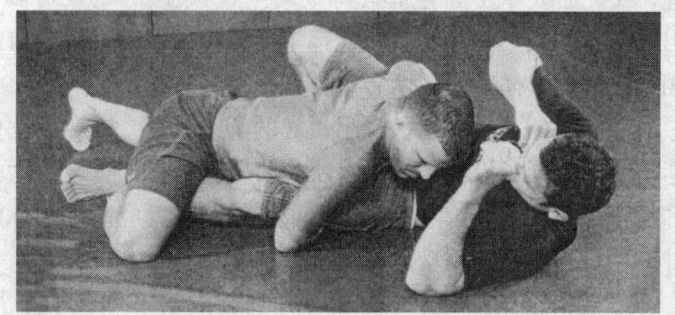

图 17-9E

图 17-9A—E　巴西柔术的抱腿摔（下蹲时不必按主攻手脚在前的姿势）

（六）近取包罗万象

上述例子可见，双方在互动格斗时，不一定由其中一方的意向为转移，不排除远攻远取、远攻近取、近攻近取、近攻远取的可能性和互换性，但是近取常是结束战斗的决定性因素，因此精通近取技术，有利于在实战中取胜。

截拳道如由运动战进入阵地战时，近攻技法包罗万象、变化无穷，因此除了融合詠春拳近攻之外，截拳道包罗万象，但不被万象包罗。

二、自由中奏效

李小龙从传统詠春拳中解放自己创立截拳道,要经过三个相互联系阶段的破旧立新历程,始能走向自由之路。

李小龙有这个比喻,认为截拳道好比一条船,由你驾驭驶向自由之海,它能帮你到达自由的彼岸,一旦你渡海到达之后,你就可以弃船不再回返。

李小龙本人或者可以弃船不再回返,未达彼岸的其他人就难以弃船。如果彼岸是无限远的话,那就永远不能弃船。

有一种说法,当李小龙在技术应用范畴中增添了多元文化、广角度拳脚攻击和缠制扭锁技术,又注入大量提升体能、耐力、柔软性和伸缩爆炸力的现代化肌力训练后,随即发觉到这种经过调整的攻防节奏、进退步幅、重心转移、发劲运力心理,实无必要举出詠春旗帜。

其实举出詠春旗帜或不举詠春旗帜,都不会影响截拳道的鲜明旗帜,因为它们是离开相当远的两个体系,但两者确有互补性的关系。

李小龙最早拜师练的是詠春拳,最早执教的是詠春拳,詠春手法已永埋脑中。李小龙逝世前不久同黄淳樑的最后一次交手,就是用的詠春手法,因此黄淳樑当时曾称赞李小龙:"你曾经做过长期艰苦的条件反应锻炼,你的身体及手脚遇到各种情形,都能自动反应。"指的应是黐手反应。

事实上,截拳道的缠封手法和日字冲拳等都源自詠春拳,李小龙在1972年还出版了世界上第一本英文的《詠春拳》,应是他逝世前的最后论著。

任何传统拳种都有其局限性,正如戚继光在《拳经》中,认为古今拳家虽各有所长,但是"此不过偏于一隅"而已。因此,李小龙强调截拳道要利用所有的格斗方式和方法去赢得一个满意的结果。要达此目的,唯一方法就是"兼而习之",再从中解放自己,不受任何束缚走向自由。这个适合自己的自由打法,既简单又包罗万象,既拥有武术中的一切,但同时它又一无所有。

三、学习中奏效

李小龙说:"学习是一种发现,这是一个持续发现的过程。"如果跟随李小龙以往学习的模式"兼而习之"时,可以先学太极拳、西洋拳、詠春拳,再学截拳道及其他。也可以先学截拳道,再学詠春拳及其他。无论如何,都要学以致用。如要在学习中奏效，最好按照李小龙所讲的老子哲学，只有在全无陈旧茶水的空茶杯内，才有可能盛满有需要的新鲜茶水。也就是说，要彻底抛开原来接受的观点和后来形成的模式，并且用虚心的态度去学习，才有可能学到新鲜的事物。

李小龙破旧立新的历程，任何人都可以去做，但是其效果却因人而异，好比一架钢琴，任何人都可以去弹奏，但是有人可以弹奏悦耳的世界名曲，有些人则不能。

李小龙经常对黄锦铭说，他并没有任何特殊之处，只不过非常热衷于练武而已，他的出色只是因为非常刻苦努力。黄锦铭也提到李小龙传授截拳道给他的机会，如果越是勤习苦练，那么进步也越快。这个道理也适用于任何人，因为截拳道是挖掘自身潜力的工具。

四、战略与勇武

李小龙技击术以实战的运动战为主，其哲学思想主要是《老子》之道，其战略思想主要是《孙子兵法》和继承发展其思想的《孙膑兵法》。老子是站在弱势地位上提出取胜之道，孙子是站在强势地位上提出取胜之法。孔子儒学则强调勇武的重要性，即使站在弱势地位上，也可以具有勇者胜之强势。

李小龙曾在"特质与战术"文中提到速度、心理状态和战术，今以孙子的战略与孔子的勇武并论，将它归纳为"四个第一"。

（一）第一击

在核武器和飞弹结合的时代，在其巨大、快速毁灭且难以防御的特性下，吓阻逐渐取代了防御，而成为西方主要的安全战略。在20世纪60年代初，美、苏逐渐获致足以保证摧毁对方的军力后，何者率先发动"第一击"，从海上及空中猝发、压倒性奇袭，有时称为"瘫痪式"袭击，将拥有巨大的战略利益，因为在短短约一个小时之后，对手所遭致的巨大毁灭，将使率先发动"第一击"者因而取得明显战略优势甚或世界霸权地位。面对此第一击的巨大战略诱因，在飞弹防御科技的发展无法避免此攻击所造成的损失的情况下，足以造成率先发动"第一击"者难以忍受之损害的第二击报复，被认为是吓阻敌手发动"第一击"的重要方式。因此，如何有效强化，承受"瘫痪式"的第一波攻击，是军事生存的关键。

截拳道实战的运动战之进攻战略就是强调"第一击"(见附录五"论'第一击'"),它的启蒙老师就是击剑术。

以先发制人的压倒性突袭,务使对方难以承受"瘫痪式"的第一波攻击,从而压制对方有机会以第二击来报复。

孙子兵法主张先发制人的速战速决,就是采取积极的进攻战略,它的"造势"思想和"致人"思想是进攻战略的核心。"造势"就是机动作战,其特征首先是它的快速性,其次是它的突然性。"致人"就是要争取主动。争取先机之利就是争取主动权,例如"后人发,先人至"。孙膑强调进攻战略的"必攻不守",同样是主张采取先发制人的战略为主,突出掌握战争主动权的"贵势"思想。

李小龙快速反应的秘诀,是他练就高度"洞察力"的那只手,以及对目标和周围环境保持高度"警觉"的两只眼。因此,李小龙兵法强调的是"敌欲动,我先动"。要在欲动之前先动,就得通过敏锐的洞察力,使抢在对手之前的机会大大增加,因为它要比"后人发,先人至"要提前先发制人。

锻炼高度警觉的洞察力,其奥秘之一在于洞察对方肢体的重心不停移动于两脚之间时,预感出实脚与空脚互换的节奏。例如攻击的最佳时机,可以是对方全身重量正由一脚移向另一脚去支撑,并且即刻要钉实地面而成死脚的一刹那。

(二)时间第一

截拳道的进攻战略成功要诀就是时间第一。

一切技术动作均从属于节省时间,并以此作为衡量其实用价值的标准。

在各种实战格斗理念中,节省时间的精简理念十分重要,截拳道的进攻动作在少不在多,要达致用最简捷的动作完成最直接的攻击,例如用一个动作达到最直接的攻击或一个动作达到有几个效果的最直接攻击。

(三)谋略第一

孙子重谋,用兵首重"谋攻","知彼知己,百战不殆"。

截拳道的重谋战略就是李小龙"强调的是头脑,用头脑去防卫人家的攻击,和向人家攻击,重要的只是争取时间,制敌机先"。因此,截拳道重在反应快捷和身手灵活的智取,而不单凭勇力。

人类头脑有限空间的左脑负责逻辑推理,与右脑创造力合二为一具有无限

空间，人类四肢活动即使"体"和"用"得心应手，也只具有限空间，何况每个人都有自己体能上需要挑战的极限。因此，必须用头脑的无限空间再加上勤练的有限空间来弥补自己的极限，争取时间，当机立断，制敌机先。

（四）勇武第一

孔子贵仁，强调仁爱用于武德，并且把勇与仁并论。

已故国学大师张岱年的首位高足衷尔钜先生，曾任中国社科院哲学研究所中国哲学史研究所副主任和中国哲学史学会秘书长，1994年辑注并出版明末东渡日本并推动日本文学革新的柔术创始人《陈元赟集》。六年前曾写"读《东方格斗术大观》简议"，在儒家学说的知、仁、勇之中，阐释对勇的理解：

"武术讲英武，讲勇武，是故'武'中具有'英勇'之义，我特别敬重武术中的英勇精神。孔子讲知、仁、勇，说'知者不惑，仁者不忧，勇者不惧'（《论语·子罕》）。知指智能、知识、理性；仁言爱众。把勇与知、仁并举，可见勇在儒家学说中的地位。又说'见义不为，无勇也'（论语·为政）。认为勇武者在该当挺身而出之时，决不会袖手旁观。《中庸》发挥孔子的观点，说知、仁、勇三者为'天下之大德'，即普遍通行的品德。我国古代和近现代无数英烈壮士，为国为民，赴汤蹈火，杀身成仁，舍生取义，威武不能屈，视死如归，正体现了这一英勇精神。不可想象，一个民族，一个国家，不讲理性，不讲道德，不讲英勇，会有兴旺发达，会有凝聚力和可能独立自主。一个人也是如此，只有同时重知、仁、勇，才会有独立健全的人格。这是我对'武'中所具有的勇的理解。"

戚继光在选兵时首募浙江义乌兵，因为"义乌兵天生性勇，固不假将领教习之力而可用也"。他还认为："兵之胜负者，气也。"所谓两军相遇勇者胜。

武者有勇无谋不成，有谋无勇也不成，因此必须智勇双全。

李小龙认为只要取胜方法简单直接和快速准确，符合短距理念和精简理念，都可称为"JKD"（截拳道），而"JKD"也可以是智勇双全的表现。

以下是处于弱势地位上的老人、妇女等临危不惧，智勇双全的死里逃生的例子：

2005年7月，香港发生"电枪色魔"在大厦内企图侵犯夜归少妇案件，歹徒曾两次用电枪将少妇击晕，并多次扯住她的头发将其头撼向大厦后楼梯地上及墙壁，但在企图侵犯之际她却突然苏醒，在奋力反抗中捉住对方的右手，用口死咬大拇指不放，对方痛极终于松手，她趁机拼命大叫，惊动街坊查看，

色魔事败逃去，匆忙中遗下一串锁匙，其后警方在附近逐家按匙开门，不久即捕到疑犯归案。这位勇敢的26岁女士，有勇气用口咬此一智招击退色魔，最可称为"JKD"（截拳道）。

2005年6月，肯雅73岁的农夫姆贝鲁古耕田时，一头豹突然向其扑来张口袭击，他下意识扔掉手持的大砍刀，迅速将拳头一下塞入豹口中反制口咬，经过一翻纠缠，终于把豹舌扯断，豹口顿时血流如注，作出垂死挣扎的惨叫声，而老农夫则只有手腕被咬伤而淌血。此一反口咬方法既简单直接又快速准确，最能符合短距理念和精简理念，因此也可认为肯雅七旬的现代"武松"，有勇气用反口咬此一智招徒手杀豹，最可称为"JKD"。

另一肯雅26岁的阿穆，在岸边不慎被巨鳄张嘴咬住，情急之下突然想起祖父的叮嘱，对付全身披甲的强敌，唯有攻其金钟罩的死穴——双眼，因此英勇反击得以击退大鳄，靠自己捡回一命。青年勇插鳄眼逃生此一智招，最可称为"JKD"。

立陶宛有位93岁老婆婆，凭着长年挤羊奶练就的铁爪功绝技，对付两名企图打劫的贼人时，施展"猴子偷桃"妙技，顺手抓紧一名贼人的阴囊，如挤羊奶般出尽气力地榨，贼人痛得像杀猪般嚎叫。两贼终于逃走，但是受重创贼几乎走不动，最后都难逃法网。老婆婆用"抓桃"此一智招勇对贼人，最可称为"JKD"。

五、截拳道稼接

黄锦铭的振藩截拳道教学，是根据李小龙的格斗哲理和原则，尽量讲授和示范李小龙教过的基本技击术知识，并希望经过演变，能更好，更完善。

黄锦铭认为很多人利用了李小龙格斗文化的基本原理和方法，但是没有利用它的概念。如果将这些概念用于其他技击术上，则它们将会得到极大的改进。

为何李小龙格斗文化的概念能用于其他技击术呢？黄锦铭认为李小龙一贯的构思，就是务求他的格斗文化可供任何技击术充分利用，或者可以挖掘它的潜力，因而无往而不胜。

李小龙有的弟子利用李小龙的截拳道概念，结合本人特点用于自己创立的格斗文化上，例如Dan Inosanto（丹·伊鲁山度）和Larry Hartsell（拉利·赫箫）等都有著作，但与运动战的振藩截拳道有区别。例如赫箫善擒摔，著有《JEET KUNE DO—ENTERING TO TRAPPING TO GRAPPLING》（截拳

道——进入缠封与扭斗），将振藩国术的缠封手法结合其扭斗手法，创立出一套直接进入缠封、扭斗范围近攻近取的"赫箫技击术"（图17-10）。伊鲁山度对截拳道概念的观点，另有专题论述（见附录十一"李小龙截拳道嫡传之谜"）。

图17-10A　用詠春拍手阻截，同时砍劈对方颈项

图17-10B　锁肘跌

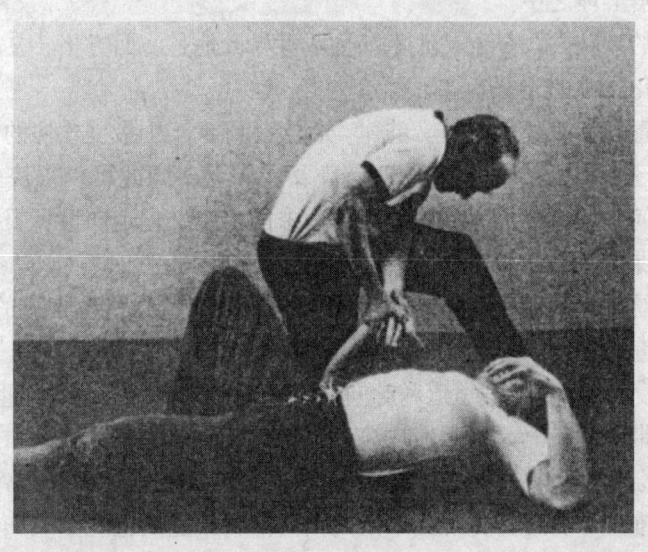

图17-10C　擒拿腕关节

截拳道概念，例如哲理和理念、独特的移动步法和快速直击、侧踢等，都可以为任何技击术充分利用和有所改进，最明显的可能就是传统空手道的对抗赛。

截拳道概念，例如哲理和理念以及技击术，可以帮助传统武术早日走向世界。

截拳道概念，也可运用于其他行业，例如李小龙的实战理念，在现代保镖行业上已有应用。

截拳道移动步法富有节奏感，黄锦铭的美国弟子配以音乐，已用于截拳道教学上。如从普及体育的角度上看，它也十分适合男女青少年在健身房内作为时尚流行的拳打脚踢健身运动。

六、截拳道未来

世界著名建筑师美籍华裔贝聿铭博士，善于将世界传统文化融入当地环境及西方现代建筑之中而享有国际盛名，例如他在设计世界著名的法国卢浮宫博物馆时，成功将东方的金字塔糅入西方古典宫廷建筑群之中。另一位美籍华裔建筑师彭士佛，在2003年击败逾千对手，夺得要27亿港元建造的大埃及博物馆设计，他也是成功将背靠尼罗河的西方现代化建筑，糅入驰名世界的东方古代吉萨金字塔群体之中。

李小龙的"功夫"早于"武术"扬威世界，他是将西方格斗文化成功糅入东方功夫文化之中的先驱者。

截拳道青春活泼、带有节奏韵律，将会是青少年中最受欢迎的现代武术运动之一。由于它具备容易学习和极易普及之优点，因此可以很快就在中国普及。我们如何利用这个世界品牌效应，为中国传统文化走向世界服务，或许是一个崭新的课题。

中国传统武术要走向世界，加入全球化行列，应当借鉴别人的成功经验，集中上下力量去推销品牌方易奏效。如果一开头就充分利用"有"世界之名"无"国界之分的李小龙截拳道和叶问咏春拳，作为传统武术走向世界的前列，而这种以点带面的策略是以柔性攻势为主导，排除以套路为中心和迎合全球化潮流，则将会让全世界在不知不觉中乐意接受。因此，它所走的路程必定简单直接和快速准确，将可为传统武术走向世界铺平康庄大道。

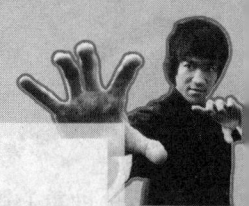

七、足球截拳道

李小龙强调截拳道要利用所有的格斗方式和方法去赢得一个满意的结果，因为由他始创的截拳道实战的运动战体系有时不一定用得上。例如他在《精武门》中，当被人用双腿夹牢头部一时摆脱不掉，唯有用口咬腿解围。此方法既简单直接又快速准确，最为符合短距理念和精简理念，因此他认为口咬此一招最可称为"JKD"（截拳道）。

黄淳樑认为詠春拳的"标指"两字源自佛经的"标月指"，而"标月指"就是李小龙经常引用手指指向月亮的禅理，它给你指向了月亮的光源，而这光源照亮了手指和其他的一切。如果遇到被人打时，其意是说要把眼光放远，当处于劣境时要做到走为上招，因为这就是打与被打的辩证法思想。因此，必须用非常手段时，就不须拘泥于用正常方法。

无论截拳道实战的运动战还是詠春拳实战的阵地战之技击术体系，不但用技有其限制，而且空间亦有限制，因此不必拘泥于固定的方法。例如有着不同经验和技能的人，所用方法必有不同；又例如电梯间内有限空间的打斗，与在室外无限空间的打斗，所用方法亦必不同。

德国美因茨大学教授赫纳花数年时间，分析了足球赛事录像带和访问出色球员，声称破解了伟大足球运动员之谜，并指出他们比赛时不会刻意思索，纯粹靠本能反应踢球，典型例子就是英格兰国家队和英超曼联前锋新星朗尼。这同李小龙与黄淳樑都曾经做过长期艰苦的条件反应锻炼，身体四肢遇到各种情形，都能自动反应是同一道理。

就以有踢足球经验的人为例，他们较易同意本能反应的观点和可以运用自己的踢球经验自卫。当运用"足球截拳道"非常手段的踢击、头击去攻击对手时，正如"标指"的口咬一样，同样符合简单直接和快速准确的短距理念和精简理念。

1999年在港台出版发行的《东方格斗术大观》以及其后在天津出版发行的同一内容的《东方格斗文化》，提到：

"有的球类运动可视为辅助锻炼，例如排球的扣球，可以锻炼有节拍的动态掌击。又例如足球运动对格斗术的动态踢击有很大帮助（图17-11），因为它是在瞬息多变的局势下，锻炼在动态下如何迅速反应对付一只球，而此球也可视为人体的要害或人的头部等。"

"泰拳王'大鹫'知里介绍的据说是最正宗的横扫脚秘法，其力道必须借助重心脚的转动，连带髋关节的摆动，再加上上身向后仰转这种三合一的巧力，这是泰拳踢击强劲的秘密所在（即重心脚转向踢击的弧线方向、髋部摆动、上身后仰，这三个过程要一气呵成，两臂则左上右落或右上左落摆动）。足球的踢法中，有类似横扫脚的踢法，掌握足球踢法就较易掌握三合一巧力（图17-12）。足球的头球可锻炼头击，铲球可锻炼铲脚，冲撞或截球可锻炼全身射入或使对方破势的技巧，倒钩球也就是倒身踢对方头部。"

"基本动作没有东西方之分，要最简单又最实用。开球门球使用脚尖直啄球（图17-13）的力量是所有踢法中最强劲的。泰拳赤脚只能横扫，穿鞋直踢简单而实用，既符合中线和短距理念，力量也最大。直啄胫部的杀伤性简直是不堪一击。"

图17-11 踢球练武

图17-12 三合一踢球

图17-13 踢定位球

本文承接上文再上一层，提出运用"足球截拳道"非常手段作为正当自卫的"反传统"踢法，可以成为新派功夫的构思（图17-14），得到了华裔巴西籍陈华洸先生的认同。他认为可以在巴西介绍，因为巴西青少年足球运动非常普及，而且都景仰布鲁斯·李的中国功夫。因此他有兴趣将包容"足球截拳道"的李小龙功夫译成巴西文的通俗小册子，并以"足球功夫"的名称向巴西青少年推介李小龙的中国功夫。

图 17-14A

图 17-14B

图 17-14C

图 17-14D

图 17-14E

图 17-14F

图 17-14G

图 17-14H

图 17-14I

图 17-14J　　　　　　　　图 17-14K

图 17-14L　　　　　　　　　　图 17-14M

　　巴西人很有创造性，动感的桑巴舞和巴西足球都富有特色，近年还将日本柔术创造成有规则限制可以竞技的"巴西柔术"发扬光大。假如巴西人也能将李小龙的中国功夫创造成有规则限制可以竞技的"巴西功夫"并发扬光大，又如何？

　　截拳道的要害理念其实日本柔术也具有，因为它源自渡日明人陈元赟的大明擒人之术（图17-15），但是竞技的巴西柔术却禁用。假如"足球功夫"同它实战，对付蹲低前倾试图缩短距离的对手，就要拉开距离或抢先阻截，例如

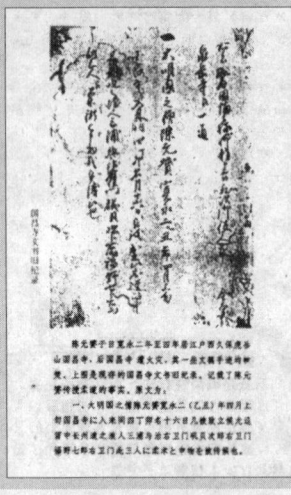

图 17-15A　日本江户国昌寺文书记录，陈元赟于 1626 年至 1627 年在寺内传授柔术

图 17-15B　起倒流柔术门人于 1779 年竖碑，文首有"拳法之有传也，自投化明人陈元赟而始"

突然快速直踢对手矮身向前暴露出的难以保护的头胸，可以立即瘫痪其靠近抱摔的意图（图17-16）。如果对手缩短距离意图已得逞，就要改用攻其要害的阵地战。

图17-16A—C　对下蹲搂抱的防御

如果将李小龙截拳道运动战的经典技法与"足球功夫"非常手段的"反传统"踢击和头击比较，也将黄淳樑詠春拳学阵地战的经典技法与"足球功夫"非常手段的"反传统"踢击和头击比较，则"足球功夫"的踢击（例如低啄踢）和头击可以达致路程更短、速度更快、力量更大，因而同口咬一样也可称为"JKD"（图17-17）。对于足球的踢法与格斗的踢法最大的不同，就是足球本身不会反击而格斗对手却会，因此发动踢击格斗时，双手必须要有攻防的配合。

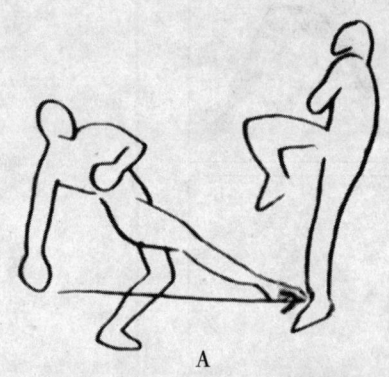 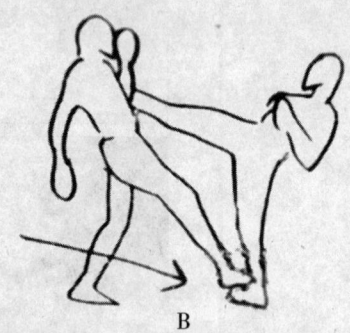

图17-17A、B　足球功夫踢击

图17-17C　　　　　　　图17-17D　足球功夫头击

如果将传统武术的弹腿与"足球功夫"比较，前者常以小腿弹击裆部，出击和收腿如弹簧，隐蔽动作小而快，但是踢裆的垂直分力影响了水平分力的力量和速度，而且对攻击的位置及角度有要求。后者在同等条件下，贴地直啄胫踝，路程更短、速度更快、力量更大，而且攻击的位置及角度较自由。截拳道也有踢裆的前踢和钩踢，同样不如踢胫踝更快更劲（图17-18）。

图17-18A、B　截拳道动态前踢要害（可降低沙袋，熟练后踢胫踝）

图 17-8C　截拳道动态钩踢要害的角度较自由

八、竞技截拳道

詠春拳有竞技比赛，截拳道却没有。如果有的话将有利于全球化发展。因此曾于1999年3月6日由西雅图给洛杉矶黄锦铭师傅去函，有关竞技建议如下：

截拳道可以比赛

大家知道，李小龙的截拳道受到击剑术的启发，既然击剑可以戴上护具比赛，为何截拳道就不可以呢？只不过以手代剑罢了。

建议的比赛条形场地宽度可同剑击场地一样2米宽，长度则缩短，例如4~6米；头罩护具使用抗重击的桦脂类硬质材料覆盖全部颜面，其透明度高，视野广阔，透气性好，是已应用十多年的成熟产品。

截拳道比赛可以在八个方面研究：

（一）解除双手的束缚，不戴拳套。为了保护指骨，允许戴有软垫的护指。

（二）场地缩小，利于速战速决。

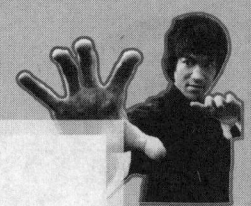

（三）比赛规则和场地符合中线理论的运用。

（四）比赛规则符合李小龙强调的"力的流动"原则，不允许力的停顿，包括拿与摔。不准搂抱僵持等力的停顿，有利于竞赛效果和观赏性好。

（五）建议突出击中得分范围在有护身的胸腹部。鼓励快而准的攻打，但不鼓励击头。

（六）建议竞赛以手脚为主，但限制某些危险踢法，只允许个别拿法和摔法，不准利用头罩攻击。

（七）符合快攻击中得分的原则，禁止强力击倒。

（八）要研究运用电声和亮灯计分法。

最近的第七届世界运动会，已于2005年7月14—24日在德国杜伊斯堡举行，中国积极参赛了。此届比赛共设有32个大项，包括日本传统武艺中徒手格斗的空手道、合气道、相扑和柔术。有来自五大洲超过90个国家和地区3000多名运动员参赛。没有武术竞技项目。

世界运动会每4年举行一次，规模和影响力越来越大，已经引起各国政府的高度重视。近几届世运会上都会有各国政府的要人，包括国际奥委会主席等人出席。

中国需要借鉴日、韩两国将自己的传统武艺竞技化的模式。他们的某些传统武艺即使入不了奥运，都争取先入世运，因为跆拳道就是走这条路的成功例子。我们也亟需大众一心全力以赴，提出一个有传统武术特色的格斗竞技项目争取先入世运，例如已有国际性组织的传统摔跤项目，作为徒手格斗竞技项目打头阵，申请入世运会又如何？

奥运和世运已有东方传统武艺特色的六个徒手格斗竞技项目，全都不用西洋拳击手套，为什么我们拿不出有传统武术特色、不用拳击手套的徒手格斗竞技项目走向世界？

中国最快捷的方法，就是下大工夫研发改进散手竞技规则和护具。建议首先是不用西洋拳击手套，彻底离开泰拳的影子。其次是护胸利用高科技，走向新世纪最前列。

在2004年郑州举行的"首届世界传统武术节"的论文报告会竞赛中，香港共入选两篇论文（关于截拳道走向世界和可以发挥截拳道竞技的"讲手"规则），都获得奖项。

第四节 我的评语[1]

　　李小龙技击术是反传统的技击术，因此不论姿势、技术，乃至战略技术，都与传统技击术相反是其特色。

　　李小龙技击术是实战格斗的技击术，因此不论姿势、技术，乃至战略技术，都与竞技格斗的技击术相反，必须要用古代孙子兵法和现代军事理论去阐明其理。

　　道家"反者道之动"构成李小龙技击术战略思想的基本原则，例如无与有，阴与阳，柔与刚，弱与强，虚与实，动与静，进与退，攻与守等等，均以正反对立的双方，去说明"道"及其现象。

　　李小龙技击术在道家哲学思想和孙子兵法战略思想框架下，首创运动战，包罗阵地战。对立的双方在一定条件下，例如远距离时，运动战胜过阵地战，但也有转化为阵地战胜过运动战的可能，例如近距时落入缠封扭斗的陷阱，限制了双脚的移动，运动战就会失效。

　　李小龙技击术如以截拳道为名，由他首创的运动战技击术应首先以"振藩截拳道"的技击术体系为代表。

　　李小龙技击术如以截拳道为名，包罗的阵地战技击术应首先以詠春拳的技击术体系为代表，例如叶问詠春拳系李小龙授业师兄黄淳樑师傅的"詠春拳学"，严镜海、木村武之和丹·伊鲁山度师傅的"振藩国术"，李恺师傅的"阴阳截拳道"（见附录十五"访问振藩截拳道李恺师傅"），拉利·赫箫师傅的"缠扭截拳道"等等。此外，还包罗其他阵地战技术，例如拿跌技等，不一一枚举。

　　戚继光认为古今拳家，名势各有所称，而实大同小异。因此，今人有对詠春黐手与意拳及太极拳推手的同异进行探索，而太极拳阴阳转化规律应用于截拳道上也正由李恺师傅进行深入探索。同样，赫箫师傅也专注于缠扭摔跌应用于截拳道的探索，因此截拳道若以各家拳法兼而习之，上下周全，无有不胜。

　　今举一例，就是李小龙技击术的主要攻击工具——日字冲拳，好比一把利

---

[1] 2005年11月10日，曾将"我的评语"传给美国加州李恺师傅征求意见，李师傅阅后传复认为很好。

剑，它是詠春拳与截拳道共同使用的主要利器，其重要意义不言而喻。如果由截拳道运动战的第一击转化为詠春拳阵地战的连击，都可采用此同一工具，足可说明它们能够互相衔接和可以兼而习之。

詠春日字冲拳是依中线以直线击出，也就是在朝形的情形下从自己中线发拳，直击对方的轴心，因而对方的身体必须承受全部击力（图17-19）。

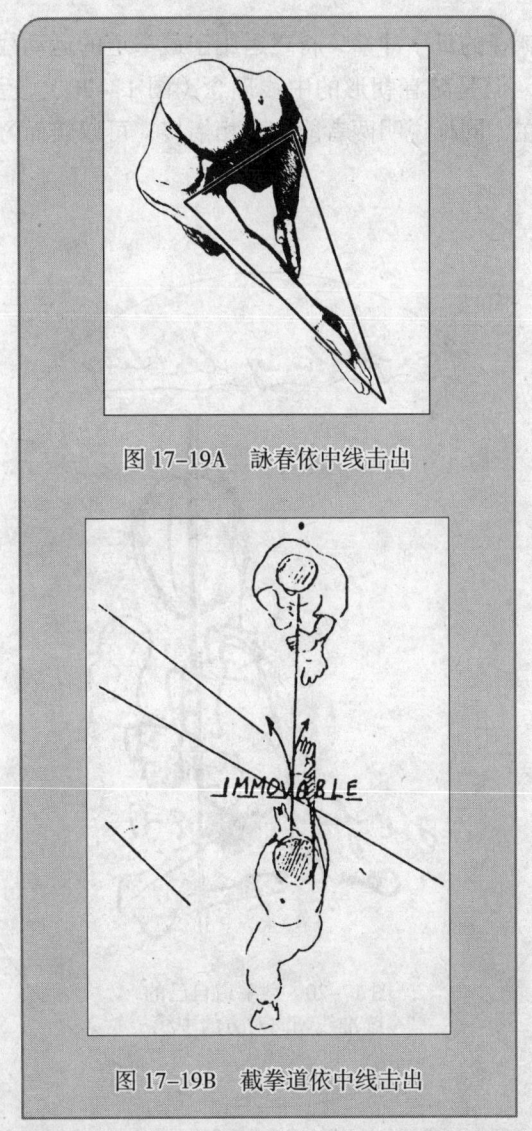

图17-19A 詠春依中线击出

图17-19B 截拳道依中线击出

出拳的角度要稍向上翘，可以借用地球反作用的助力。

当用左右手连环发出日字冲拳的中线连击时，每一拳都要打到同一点的位置是很重要的。

左右手连环日字冲拳好比冲锋枪的连击，这种尖劈楔入的速度，可从有人创出一分钟四百二十八拳，甚至打出每秒九拳的健力士世界纪录看出其威力，而其功效可从黄淳樑用来对付原世界拳击高手俄罗斯人基高的讲手一仗见其端倪。

李小龙借用詠春的日字冲拳，将之运用于截拳道的运动战中，虽然两者的站姿和步法不同，但是詠春朝形的中线理念（图 17-20）、短距理念、精简理念等特色依然存在，同样说明两者能够互相衔接，可以兼而习之。

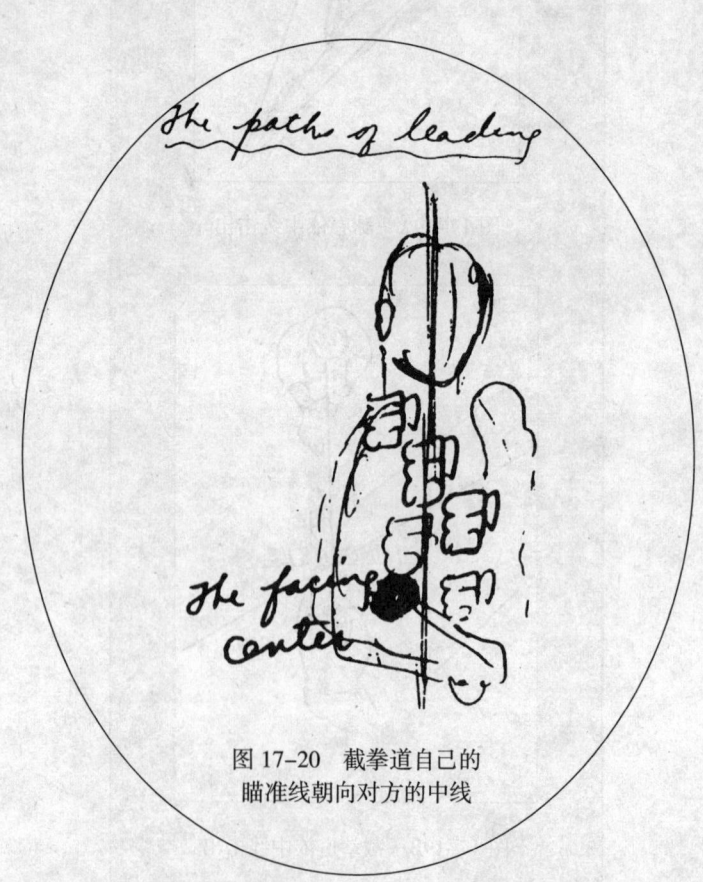

图 17-20 截拳道自己的瞄准线朝向对方的中线

一、运动战

李小龙主张运动战要用脑来作战,要积极进攻和机动作战,既快速又突然,争取先机主动权的第一击,务求先发制人速战速决。主攻手在前缩短运行路线的短直拳(日字冲拳)只是击拳力量的运载工具,它的拳击力量源自移动的力量(不同于主攻手在后可以伸长运行路线的长直拳)。因此,他强调"移动的艺术是技击术的精华"。

《剑经》认为"短兵利在速进",少林《拳经》也同样认为。在《拳经》书内有:"问曰:'短打胜长拳何也?'答曰:'短兵易入。'"截拳道主攻手在前的短直拳,要胜过主攻手在后的长直拳,是因为可以利用"短兵易入"的优势近取。正所谓"长来短接易入身,入身跌拨好惊人。里裹打开左右角,外裹打入窝里寻"。

近取常是结束战斗的决定性因素,因此精通近取技术,有利于在最后一击的终战中取胜。

李小龙截拳道的运动战,可以不经过咏春的缠封手法(图17-21)就直接近取结束战斗,因为它更符合简单直接和快速准确的原则,这就是李小龙首创直道而行的运动战之主要目的。

A

B

图 17-21A—C　詠春纏封手法

美国研究街头实战有自己心得的 Richard Ryan（里查·赖恩），他也研究截拳道技击术和詠春拳的缠封手法。赖恩对于武坛有人对缠封手法是否在实战中有效发生争论，因此提出自己的运用规则，就是不要蓄意去运用詠春的缠封手法，除非不能直接攻击时才需要。他认为直接攻击应列第一位，因为愈简单直接愈好，这同李小龙和黄淳樑的观点是近似的。

运动战的近取除入身跌拨外，还有其他方法，例如赖恩提出了在有利条件时采取以"盾"的柔防转为刚攻的动力格斗术，这个新创意同样也是采取主攻肢在前，简单直接和快速准确地直道而行的运动战（图 17-22）。

图17-22A—G 用防护盾打开中门

这种运动战是直接采取以双臂作为防护盾去打开中门的近取，是以防为攻的打中线，它好比戚继光所用的鸳鸯阵。鸳鸯阵是以两个盾牌手并列排在最前端的中间，由他们低头执牌带头前进，采取以柔制刚和以刚救柔的阵势，去对付善于以倭刀刚攻的蝴蝶阵。盾牌手除有自己可以远近距离攻击的标枪和腰刀外，后面还紧随着可以互相救援的狼筅和长枪，因而鸳鸯阵屡战屡胜。

二、阵地战

李小龙截拳道的运动战，虽然具备以远距离攻击能力为主以达速战速决之目的，但还需与近距离攻击能力的火力最佳组合。如果李小龙振藩截拳道的运动战与黄淳樑詠春拳学的阵地战构成最佳组合的话，前者可以发挥远距离第一击，后者可以发挥近距离第一击。不同的是远距离较易应付对方以第二击的反击报复，而近距离则不易躲避对方以第二击的反击报复。

实战的远距离运动战与近距离阵地战是一个整体的两个侧面，运动战可以长破短，阵地战可以短制长，它们可以和谐交融但也可以相互克制。

在距离战术上，要控制对方所长而隐蔽自己之短。远距离便于踢打，近距离便于拿跌，前者利于阳刚的运动战，后者利于阴柔的阵地战。实战时，运动战与阵地战可能多次交替变换，任何一方都不一定可以左右。

李小龙提出运动战适宜的距离为动态的半步加一手可及，可以增加先发制人远距离第一击的力量。黄淳樑提出阵地战适宜的距离为动态的一步可及，可以突然出击，让敌人措手不及而反应已迟。

李恺曾对截拳道的攻击方法提出三种方法，这就是第一先出拳，第二同时出拳，第三后出拳。再好的攻击方法也有破解的方法。在阵地战的拳打方法上，他曾以阴柔顺人之势的后出拳为例，可以同用剑截击一样以一只前哨手截击，"截"与"击"的"消"与"打"动作是连续的完成过程。例如当对方伸手抓腕试图进行缠封的手法，自己要在对方抓腕瞬间的同时利用臂肘之力，顺势连续完成向下沉和向后缩，以阴柔自然的动作解脱对方阳刚的抓腕，同时又连续用此同一只手出拳攻击对方。这种后出拳的一只手连续完成截和击的过程，与用一只手顺势解脱和用另一只手同时出拳一样简单直接。赖恩也曾举出类似的阵地战例子，同样说明以柔制刚和刚柔相济的实战技巧（图17-23）。

图 17-23A—D　一只手连续进行截与击

李小龙认为近距离对打，双方都不易防范，先出拳易得益，也易于控制擅长于脚法者。黄淳樑则认为后出拳也易得益，他强调胜负之数往往在乎伺敌先机，"兵半渡而击之"则事半而功倍，因对方的意图、动态、路线全在窥伺之中，半渡而击之，敌人首尾难以呼应而进退失据，受创必然。

三、发展观

无论是本土猫还是外国猫，只要最快抓到老鼠就是最有用的猫。李小龙技击术的实战理念同猫捉老鼠一样，就是"最简单直接最实用，最快速准确最有效"。

运动战依靠移动的双腿，要控制同对手的距离，例如实战时远距离第一击，利用鞋尖抢先向前击胫踝，只要对方瘫痪失稳，无论用的是中国功夫还是足球功夫,甚至泰拳或跆拳道,其突然性和快速性,造成连击取胜的成功率就高。

阵地战依靠灵巧的双手,要缩短同对手的距离,例如实战时近距离第一击,利用蹲低抢先抱腿摔,只要控其全身,无论用的是山西抱腿还是自由式抱腿,甚至巴西柔术抱腿或橄榄球抱腿,其突然性和快速性,造成施跌取胜的成功率就高。

因此,远距离和近距离互补结合,就可扬长避短无懈可击,远近周全无有不胜。

世界上第一位系统地利用东方传统哲学的基本理论来指导格斗术的始创者——中国古代伟大的军事家和理论家俞大猷,在他的武学圣典《剑经》中最早提到进攻的两个重要战术原则:"刚在他力前,柔乘他力后。"这也是李小龙技击术进攻的两个重要战术原则,都是要出其不意和攻其无备。因此,李小龙技击术在道家哲学和孙子兵法整体辩证观的框架下,远距离运动战优先,争取阳刚的第一击,但也重视"柔乘他力后"的第一击。近距离阵地战除詠春拳外还包罗其他格斗术,也是优先争取"刚在他力前"的第一击,但也重视"柔乘他力后"的第一击。

西方武坛有人为了说明某个灵巧型的小个子战胜某个力量型的大个子,于是举出小个子李小龙的灵活身手为例,可见李小龙技击术颇为适合灵巧型的东方人。如果在近取中依从老子重无、尚阴、贵柔的理念取胜,则还需继续李小龙英年早逝的未竟事业,补充和发展李小龙在阴柔灵巧型方面的打、拿、跌技击术。

四、世界性

李小龙技击术是现代新武术(见附录四"截拳道是20世纪的武术拳种"),具有国际崇高的知名度和地位。

中国人的导弹先驱是留美的钱学森,中国人的核弹先驱是留法的钱三强,中国功夫片和功夫文化推向世界的先驱,则是留美的李小龙。二钱只是将西方科技引入国内,李小龙则是将中国功夫文化创新并推向全球,并且成功将功夫文化从有限的时空,创造出无限的时空,永远活在人类的心中。

李小龙不但是将中国的功夫片文化和功夫文化推向世界的先驱,也是将西方格斗术糅入东方实战格斗术并熔于一炉的先驱，而且也可以说他是将现代科学的徒手"格斗学"推向世界的先驱。他的献身世界之贡献，应予定位肯定。

在民族意识方面，李小龙是国际受压抑民族心目中打抱不平的希望天使，是世人心目中真正的国际英雄，不畏强权的正义形象，永远活在人类的心中。全球首个李小龙铜像已于李小龙65岁冥寿前夕的2005年11月26日，在波斯尼亚莫斯塔尔市揭幕。经过战火患难的各民族，均认为他代表了"忠诚、友好和正义"的精神，也就是代表了"普世的正义观——好人必胜"，因此希望竖立此像来消除种族隔阂，促进克罗地亚族、塞尔维亚族和回教徒的和解。

香港"动天搏击会"高拔华总教练，曾在20世纪80年代初去泰北学古式泰拳、古式兵器和现代泰拳，在香港曾学拳击、螳螂拳、咏春拳、合气道等。1999年开始向黄锦铭师傅学振藩截拳道（JFJKD），并且是黄师傅的香港首批弟子，从学至今已有十年，对截拳道（JKD）悟有独创的心得，并自创"动天截拳道会"。他提出李小龙JKD的神髓精神，可以用直接简单的理念，去表达只有一个哲理的论点，那就是你站在我面前，你永远无法有开始的时候，你神奇的招式将一筹莫展，就算你有大炮式的杀伤力，你都无法使用，只有你的开始就是你的结束，没有过程，这就是JKD。就以侧身前手直拳为例，它可以是拳击中最快的先发制人，因为他提出了可以运用击打性的"流星锤"鞭打动作原理，在其质量大的一端先产生加速运动，在制运过程中其动量向游离端传递，使末梢部分产生极大的运动速度，因而从自己中线直线击出的锤头焦点与对方中线的被击焦点之间可以连成一线，不但是最短距离而且也是最快速度。它不但可以快攻，而且可以快截，因而十分符合简单、直接、快速、准确的实战原则。开始首要的是，要以视觉的摄影机原理朝向目标连环快拍，捕捉到对方全身任何一点一动就打。这种用意念支配先发制人的破中、抢中、守中，无论对方怎样移动，他总是朝向我自制的中线，好比枪手拔出手枪朝向目标一样先下手为强。在脚踢方面，李小龙的侧身前脚低侧踢也可起到同样作用，而且同侧身前手直拳一样，都可运用连环快攻或快截以及手脚联机先发制人。

附录一

从传统武术中解放自己

什么是截拳道？首先，我不得不承认任何一种想去具体的描述截拳道并将其成文的意图是很难实现的。一个人要想避免一件你必须做的事情是不可能的。但是，直到现在，我自己都没能写任何一篇有关截拳道的文章。确实，在我看来，想解释截拳道"不是什么"是件比较容易做的事情，而要解释截拳道"是什么"，这个问题是很难做到的。

让我来讲讲禅的故事。这个故事有些人可能听来很熟，但我仍然想把它重讲一遍。这个故事给人一种启发，它可以柔顺人的观点，开化人的脑筋，如果你明白了这个故事的含义，你就可以理解我的文章。否则，你最好别再往下读。

一位有学问的人曾经去拜访禅师并提出许多的问题要禅师回答，当禅师解答这些问题时，这位有学问的人又不断地插话表示他早已明白了禅师所讲的问题。最后，禅师不得不终止他们的谈话。他开始给那位有学问的人倒茶，禅师倒满了那杯茶水，但是他没有停手，他倒呀倒呀，茶杯中的水溢出来很多。

"满了"，那位有学问的人不断提示，"茶杯倒不下了"。"是的，我知道"，禅师意味深长地说，"如果你带的茶杯不是空的，你怎么能品尝到我倒给你的茶？"

我希望武术界的同仁抛开你们原先已经接受的观点和后来形成的模式，以虚心的态度来阅读我下面的文章，这样，你就能处在一种解放自己的力量中，毕竟，一只空杯子才是一个有用的杯子。

首先，你要以身临其境的真实感来读这篇文章。我的这篇文章并不是单纯的在讲截拳道，它的最原始的涉及点是一位武术家的鼎盛期，而这位武术家并不从属于或中国或日本或其他什么国家的武术家行列中。这位武术家首先是具有普遍的人格的人。就像一个人的性格根源于他的民族背景中一样，一位武术家永远不会将自己置身于武术之外。所以读这篇文章时，你应该卸下你隔绝于我的保护壳，与我正谈的东西保持直接的联系。请停止一切你自以为是的打扰而保持注意力的集中。生命是一个不断与人交往的过程。也请记住，之所以有这些要求，我并不是想要获得你的赞誉，也不是要强迫你来追随我。读完这篇文章后，如果你能从这篇文章中获得一些启示而开始去认真的思考你所做的每

一件事情，停止盲目地接受有这样或那样规定的所谓模式与套路，我将会感到很大的满足。

关于不审慎的观察

假设有几个受过不同格斗体系训练的练习者都目睹了一个全过程的街头格斗。我们可以理解一个人由于受到他自身观点，也就是他的格斗风格的限制，他不可能以"就是这样"的总结概括性的话来看这场格斗（或其他任何事情），他只是通过他所处的特殊位置，来看一场格斗的全过程。格斗，既简单又包罗万象，格斗也不可能因为你是中国武术家，或是朝鲜武术家，或是其他什么国家的武术家而限制你的观察力和自身所处景况。武术家真正所观察的，应是习武者演示的格斗技巧和属于他的武术体系的真正自由的格斗表达。

在我们解释截拳道之前，让我们来确切地思考一下真正的"传统武术"风格是什么。首先，我们必须认识一种无可非议的事实，除去传统武术的丰富起源（诸如某种武术体系或来源于聪明的种族，或来源于某人梦境中一个特殊的信息，亦或是与一处神圣的殿堂有关，等等），各种武术风格均由人来创造。一种武术风格从来就不应该被信奉为真理，武术的法规和原理因此也就从来不可能被人背叛。人，活着的人，创造武术的人要比任何已经建立的各种武术体系重要得多，也更有价值。

可以确信，一定是多年以前，某一位武术家发现了武术中的部分真理。在这位武术家的整个生命过程中，他坚定地完善着他的带着他个人倾向的偏见的真理，虽然这种倾向性的真理是一个人在他的生命过程中为自己寻找安全感和认可感所拥有的一般性意识。但是，在他死后，他的学生们开始将"他的"假设，"他的"设想，"他的"爱好和"他的"方法转变为学生们应该执行的法规。强迫性的屈服由此产生，庄严固定的仪式成为后人无条件信奉的标志，粗糙哲理和格斗技巧也形成了公式等等，这一切不断在进行，直到有一天一个有关的协会开始建立。当一个组织开始成立以后，人们的某些流动的直觉开始硬化，知识开始封闭固定，一些早已呈现出的有组织有体系的反应也开始形成一种合法的规定。这样做的结果意味着那些忠实的信徒不仅仅将他们先人的知识封存于一所神圣的殿堂中，他们也已经将他们先人的智慧埋葬在了那个庙宇中。

到此为止，对传统武术的歪曲并没有停止。为了与"那些人的真理"对抗，另外的一些武术家或许可能是不满于自己先辈的徒弟，他们开始组织一个对抗的组织——诸如以"柔式"武术来对抗"硬式"武术，以"内功"训练来对抗"外功"训练，其实所有这些分歧只是一种糊涂的表象。这种对抗性的事实结果是一个大规模、拥有自己法规与格斗技巧的对抗性组织形成。由此，每一种风格的武术体系的练习者们开始声称自己拥有"真理"而开始排斥其他的武术组织，各武术组织的竞争开始了。

其实，各武术组织充其量也仅仅是武术整体中的一个分离体。所有的武术类型都具有调整性、偏见性、否定性、反叛性以及过多的自我辩解性。各种体系的武术家试图提供解决分歧的办法只是引发问题的开端，因为他们的办法均限制和干涉了后人武术的自然发展，也同时阻碍了后人对武术所拥有的天才的理解力。通过这种自然分化，各种武术风格开始脱离整体武术体系而游离为一个单独的部分。

真理不能被限定

当一位习武者被禁闭于一种限定的武术风格中时，他就不能自由地表现他自己。格斗中"诸如这样"的用语是对武术格斗的总概括，这个用语既说明了武术"是什么"也说明了武术"不是什么"。这句用语也没有表现是赞成"直接"的格斗还是赞成有"角度"的格斗。取消武术中的界线，格斗就永远新鲜，充满活力，变化无常。否则，你特殊的格斗风格，你的个人爱好，以及你的身体和性格永远只是格斗中的部分而不能组成格斗的全部。格斗中，你的格斗反应只会变成你对任何一个单独部分的依靠。你的格斗反应只会依据套路固定的程序表现为"应该是什么"，而不是真正的瞬息万变的格斗中所要求的"是什么"。请记住，格斗的整体由格斗的所有的各个部分组成，而一个孤立的部分，不管它是无效格斗还是有效格斗，这个部分永远不会成为整体。

习武者长时间的反复的套路训练肯定会对日常的习武功课产生机械的准确性和狭隘的安全感。毫无疑问，这种武术套路所引发的有选择的安全感或者可以称为"武术拐杖"的限制，阻碍了武术家的全面成长。事实上，许多练习者都在发展自己对"武术拐杖"——套路的依靠和爱好而不再会独立的自己行走。这样，任何一种特殊技术无论它怎样地充满聪明与才智，它实际上是人类前进的障碍物。

以上阐述只是为了加深读者的理解。我并没有发明一种全新风格的，或综合性的，亦或是修正性的武术体系。我也决不将截拳道建立成受某些法规控制的区别于"这种风格"或"那种风格"的固定套路。相反，我希望解放我的同仁们，使他们不再受格斗风格、武术形式和各种主义的奴役。

那么，什么是截拳道？本意上讲，"截"就是拦截和阻截，"拳"就是拳击，"道"是方法。截拳道的基本概念就是：拦截拳击的方法。请记住，取"截拳道"这个名称只是为了叫法上便利，我并没有让它有什么特别的含义。我感到欣慰的是它本身的解放效应，以为它可以充当习武者自我检验的镜子。

与传统武术不同，截拳道并没有系列的规则和明确的格斗方法所组成的技术分类。截拳道没有特殊情况的套路和僵化的哲理。它的格斗看上去并不是来自一个单一的角度，而是来自所有可能的角度。截拳道利用所有的格斗方式和方法去赢得一个满意的结果（毕竟，格斗的效率是胜者无言的标志），截拳道是自由的，它不被任何东西束缚。另一方面讲，截拳道包含万家，而又不为万家所包含。

如果有人将截拳道看做一种特定的模式而将它固定和限制在中国功夫、日本空手道、街头格斗、李小龙武术等等的范围内，就会完全误解截拳道。截拳道不能被限制在一个体系中。截拳道既是"这样"，又"不是这样"，它既不拥有任何武术体系的风格，也不追随任何武术体系的风格。要想充分地理解截拳道，习武者就必须超越"对抗"与"联合"的双重性而将这两点看做一个无差别的有机整体，截拳道的理解是习武者对这个整体的直觉感应。

截拳道的教授中没有预定的动作设计和套路，截拳道中也根本不需要这些东西。但是，我们应该考虑到"不成套路"与"无套路"之间的微妙区别，前者代表无知，后者则是超越。通过人体的直觉感应，我们中间的每个人都要知道用最有效的最具原动力的方法去设计一个有效力量，平衡运动，气力的经济使用等等。武术中的形式、技术或者套路所涉及的东西仅仅使人们处在了对武术天才理解的边缘。理解的核心部分则深藏于每个人的头脑中，在人们达到核心理解之前，任何东西都不是确定和表面化的。在我们最终全面地理解了我们自己和我们的潜在力后我们才能真正领悟真理。毕竟，武术知识本质上是自知。

鉴于这一点，你可能要问："我怎样获得这种知识？"这就要由你自己来发现。你必须接受一个事实，那就是除了你自己，任何人都帮不了你。就像我

不能告诉你如何去得到自由一样,因为自由存在于自我之中,所以,我不能告诉你怎样去自知。我能告诉你什么不能做,我却不能告诉你应该做什么,因为那样会阻碍你进入武术的特殊境界。公式化的东西只能限制你的自由,外在的支配人的命令仅仅是为压制人的创造力,确保人的平庸。养育在人的头脑中的从人的自知中自然增长的自由,不可能由巨大的障碍物和公式化的武术中赢得。很多时候我们仅仅"是"自由而不可能突然地"变得"自由。

明确地说,学习并不仅仅是模仿,也不是人的积累和固定知识回流的能力。学习是一个不断发现的过程,这个过程永无终结。在截拳道中,我们不以积累开始,而是以发现我们无知的缘由开始,发现始终活跃于整个学习的过程中。

不幸的是武术界众多的习武者只是扮演追随者的角色。他们只是依靠自身的有限表达来替代学习。他们盲目地服从他们的教练,他们不再感到寂寞,而是在一个又一个的模仿中寻找安全感。模仿的产品就是一个不独立的大脑。独立的探究——这个天才理解力的要素被废弃。看一看你周围的武术,你就会发现那些平凡类别的武术表演者,诡诈的武术家,无感觉的机械武者,旧时代的崇拜者,等等,全都是绝望泥潭中的挣扎者。

我们是否被那些教授不同种类的武术教师或者"大师"们告知武术有它自己的生命价值?有多少教授武术的老师或"大师"能真正明白他们自己正说些什么呢?生命是一个连续的运动体,它既有节律又随意不定。生命不是凝固不动而是千变万化的。但是,许多过去和现在的所谓"武术大师"们在这个流动的不断变化的生命体上建立了一个固定套路的解析。他们僵化地描述着武术的传统概念和技术,坚定地封固着这个流动的生命体,不断肢解着武术生命的整体。

最令人怜悯的情景是你会看到那些忠诚的学生们急切地去重复那些模仿性训练,倾听他们自己的呼叫声和心灵深处的喊声。在大多数情况下,这种现象就意味着他们必须全力以赴地去集中自己的注意力,直到有一天他们能专心于训练的模式中而对一切视而不见。通过训练,这些学生们以完成他们日常的训练课程为满足,将自己的反应仅仅局限于一种格斗情景之中而不再对格斗环境做"是什么"的反应。他们不再"耳听八方",仅是"重复"一样的格斗环境。这些可怜的学生的灵魂已经不知不觉地深陷于传统武术训练的瘴气中。

一位老师,一位真正的好的武术教师,从来就不是一位真理的施舍者;他是一位领路人,一位通向真理之路的引导者,而这真理必须由学生们自己来发现。一位好的老师要研究学生们每个人的内在性格，鼓励学生们暴露他们自己的外在特征，直到最终学生们长大成人，具备了做人的优良品质。比如，一位技术娴熟的老师可能设置一些确定的挫折让学生与之对抗而达到格斗与人性的结合。一位好的老师可以是催化剂，除让学生拥有深刻的理解能力外，他还必须教给学生最灵活最敏感的反应思辨能力。

一根手指指向月亮

整体的武术格斗是无水准可言的，而对它解释也无绝对限定。这和开明的和解放的真理是一种现实，到目前为止，它只能是个人的生活经验和生活过程的体现。人的解放也是这样的一种真理——超越风格和定律。也请记住，截拳道仅仅是一个术语，一个由你驾驶的通向自由之海的小船上的标签，一旦你到达了自由的彼岸，你就可以将它丢弃。

上述段落充其量就像用一根手指指向月亮。请不要模仿用手指指向月亮，或者把你的注意力全部集中在手指上，这样你会错过观赏天空中美丽景观的机会。总之，手指的用途和它本身是没有什么关系的，它只不过是指向光源，而这个光源照亮了手指和其他的一切。

Bruce（李小龙）
杨红　译

附录二

我与截拳道

我从泰国拍完《唐山大兄》和嘉禾的外景队一起回港,就有很多人问我,为什么美国有那么好的事业不干,却回来拍国片?

或许大家认为,国片还处于艰难之中,回来拍国片,简直就是受苦。对这问题,真是一句话无法说得清楚的,但在没有较长时间可以交谈的情形下,我只能简单地说:"我是中国人,当然要尽我的一份责任!"

现在,既然有机会请我在这宝贵的篇幅上,对这个从来未能向大家说得清楚的答案,顺便一谈,实是快事!

虽然说,我实实在在的身份,是一个在美国出生的土生华侨,但是,我是中国人,却是毫无疑问的。至少,我留在美国那么多年,我是这样看自己,而在外国人眼中,我也是被看做中国人。

既然是中国人,少不了我必须具备有中国人的内容。所谓内容,我指的是关于文化的、感情的,以及在具体行动的表现上。

大概这是先父的意愿和有意的安排,我成为美国土生华侨,是一种偶然的事情。那时,美国的华侨社会,热爱祖国,怀念家乡情调,而大部分人是来自广东各县。于是,那有着浓厚的乡土气味的粤剧,便成为可以解慰思乡之情的万应灵符了。先父是粤曲伶人,也是受美国华侨欢迎的伶人,于是,他有很多时间留在美国登台表演。我出生的时候,也正好是先父带着母亲留在美国演出的时候。

但是,先父并不让我在美国接受基本国民教育,在我到了学龄,便安排我回到了先父的第二故乡——香港,和中国人生活在一起。

也许和遗传及环境有关,在香港读书,我就对电影发生了浓厚的兴趣,而先父与已经去世的导演秦剑先生及当时的名伶及电影演员,有着或深或浅的交情,这些世叔世伯们,便把我带进片厂,由客串演出而至以童星身份主演粤语片。

这在我的一生中,可以说是很重要的,我真正接触到中国艺术文化,嗅到和感觉到中国味的,正是开始在这个时候。在那时,我当然不懂得分析,也不知道环境对于一个人人格的完成,会有那么巨大的影响,然而,"我是中国人"的这一概念,却是实实在在的在那个时候酝酿的。

从童年到少年，是我受世叔伯们批评最多，爱护最深和麻烦人最多的时期，因为，我既顽皮捣蛋，更且好勇斗狠，大概那是美国的"西部作风"吧！我的这种作风，不但使同年龄的"对手"对我要退避三舍，就是成年人，也得叫我一声"好乖乖，叔叔认输了！"

不知是什么哲学和什么力量的推动，从童年到少年，我对任何看不顺眼的人，立刻就涌现一个动念："跟他见个高下！"用什么和人家见个高下呢？我只能想到，最具体的东西，便是拳头！我以为打败人家，就是胜利，我却没有想到，用暴力打败人家，并不是真正的胜利。后来，我进了华盛顿大学，接受哲学的洗礼，使我对过去的想法产生了无限的遗憾！

进入大学，我所以要选择攻读哲学系，与我童年时代的"好勇斗狠"很有关系。我常常问自己：胜利了又怎样？为什么人们把荣誉看得这么重要？什么才是荣誉？什么样的"战胜"才是光荣的？人生到底为了什么呢？是不是就是为着光荣而生存？于是，导师协助我选系的时候，他以为我的发问精神，最好是学习哲学，他说："哲学会告诉你人是为了什么要活着！"

当我告诉亲友们我选读哲学的时候，大家都很惊讶，因为，我从童年到中学毕业，醉心的课外活动是国术，大家以为我最好是选读体育，事实上，武术和哲学看来是两个极端，但是我以为国术的穷理部分，似乎已经日渐暗晦，而国术每一个动作，都有着它的道理的。我想，国术应该有一套完整的道理才对，我希望用哲学精神，融化进国术里去，所以，我坚持读哲学。

武术的研究与锻炼，是我从来没有间断的。当我追问国术的源流，我产生了一个疑问：无论哪一派的武功，都有他们的拳套，他们的招式，这种既定的形式，是否就是创派者的立意呢？

我觉得这并不是每一位创派者的立意，无论任何东西，包括哲学在内，形式是进步的羁绊，而且形式是由后人加进去的。一位创派者，他在武功修养方面，必定比一般人高，也比一般人聪明，他的心意和成就，如果没有同等聪明及毅力的衣钵传人去继续发展，那么，就不免流入形式化了，发展的路不免被截断了，脚步也就停止了。

这一观念中，使我放弃了以前所学的各种形式上的东西，其实，我并不想给我自己所领悟的国术，取一个什么名称，但是，为了方便称呼，我还是命名"截拳道"，不过，我要强调的，截拳道和任何武功没有界限，因为我反对既定形式，也更反对派别之见。

截拳道是什么呢？我只能说，是国术！一个没有门派之分的国术，是反对

让武术流入形式化的国术,是从传统中解放出来的国术。

而技击最重要的,有"体"和"用"两方面,"体"是基础,有良好的基础,才可以在"用"方面得心应手,因此,身体的锻炼比形式是更重要的,所以,"疾"和"劲"的身手,及气力的持久,才是练武的真谛。截拳道是放弃所有的形式上的束缚,强调的是头脑,用头脑去防卫人家的攻击,和向人家攻击,重要的只是争取时间,制敌机先。

如果有人认为某某种的打法是李小龙的截拳道的话,那该是可笑的,我所以称这种武术为截拳道,寓意不过是强调当机立断,制敌机先而已。若有人一定要把我做出来的动作叫做什么"道"的话,那么,我想,有一招,最可以叫做截拳道的,该是在《精武门》我与罗拔碧克搏击的其中的那一下子:罗拔碧克用绞剪腿夹住了我的头,使我动弹不得,我最接近他的腿的,是口,我的手和腿都动弹不得,于是我只好咬他一口。

为什么我这样说?这不是开玩笑!确实,截拳道没有什么固定的形式,它只是一条道理:敌未动,我不动;敌欲动,我先动;不论形式,只练身体四肢对力的发挥与运用,不拘泥于死板的拳套。

很多朋友都关怀我的过去,其实,过去的事已经过去了。譬如我曾在美国的国际性拳击赛中,击败了已经取胜的选手,然而,这是我还未深入哲学领域时做下来的傻事,那时候,确因此使我成为拳术界的"强人",但这到底是没有多大意义的,这是匹夫之勇而已,也是侥幸的"胜利"。因为,我国武林中有一句老话,"强中自有强中手,一山还比一山高",每一位拳师授徒的时候,总以这句话作为对弟子的赠言。

哲学固然把我的"截拳道"带进一个武术的新领域,而我的"截拳道"也带我走进电影界新的领域。

童年时代,我对电影,只是玩玩而已,后来,好莱坞的制片家们,以为我的武术可以一用,都希望我替他们拍摄,其中,如电视片集《青蜂侠》,便是制片家对我的武术大动脑筋的例子之一。这时,我却发觉到,这样拍片,是毫无意义的,因为角色的外貌并不是我自己,这并不是说我不可以担任片中的角色,实际的情形只是:因为我是黄脸孔,我是中国人,我不可以扮演白种人的英雄偶像,更不能振奋起同胞们的情绪,于是,我决心回来,为国片尽一份责任。

回来拍片,纯然是一种归向自己国家的感情在推动,所以,那时有些朋友告诉我,拍国片,待遇并不好,比我在美国的收入会差很多倍,但我觉得钱不

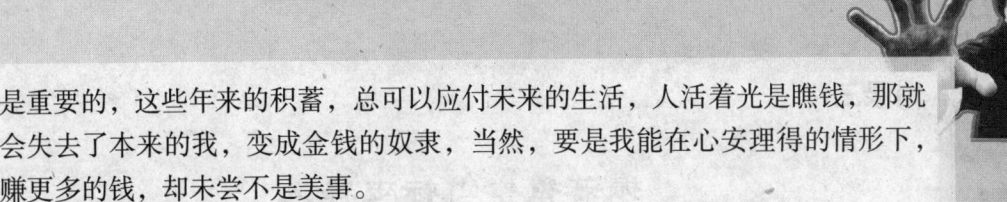

是重要的,这些年来的积蓄,总可以应付未来的生活,人活着光是瞧钱,那就会失去了本来的我,变成金钱的奴隶,当然,要是我能在心安理得的情形下,赚更多的钱,却未尝不是美事。

在决定回来拍国片之前,最使我高兴的事,便是有人写信告诉我,他已"同意"我回来,片酬是一万块港元,至于导演是谁,剧本写的什么内容,这些问题不必多问!

这岂是我的意愿吗?

后来,我和嘉禾的代表有了联络,我觉得邹文怀先生很有远见,而他的嘉禾也正符合了发展国片的需要,例如鼓励独立制片、自由导演与自由演员发挥其才能,共同推进电影事业的理想,是高超而切实可行的方法,我便一口气答应了替嘉禾主演两部片,其一是《唐山大兄》,其二是《精武门》。

当初,我并没料到这两部片会引起观众这么热烈的爱护,我在演那两部片的时候,也没有刻意去创一个什么破天荒的纪录,我只是尽力而为罢了,却不料《唐山大兄》在香港卖了318万元港币,《精武门》更创了443万元港币的纪录。

观众对我如此爱护,很使我惭愧,因为,我决定把在美国的业务结束,尽心尽力的为拍片而拍片。现在,我和邹文怀先生合组协和公司,在嘉禾的全力支持下,开拍《猛龙过江》。

我不敢说这将有什么成就,但是,这是我决心全心全力从事国片工作的开端,而《唐山大兄》与《精武门》,则是引导我从此投身国片的桥楔,在这桥头上,我发现了真理:中国人,就是中国人,我是中国人,还是拍国片好!

附录三

振藩截拳道标志释义

以下是李小龙用自己的见解去解释振藩截拳道的标志。

阴阳标志：截拳道是建立在阴阳的基础之上，二者相辅相成又是相互作用的统一体，而且二者间相互作用是永恒的。在图附3-1中，阴阳相互联结的"统一体"，同时又相互掣肘。从语源学的观点看，阴和阳分别代表黑暗和光明。古代的阴，即圆的黑色部分是山及云的形状。阴代表的意义很广，可代表负面的、消极的、柔软的、对内的、虚幻的、女性的、月亮、黑暗、夜晚等等。太极图的其余部分即为阳。古代常用下面的部分代表斜射的阳光，而上面的部分则代表太阳。阳代表正面事物，如积极的、坚硬的、对外的、实质性的、男性的、朝气的、光明的、白天的等等。

大多数武学家常犯的错误就是把阴阳分成软硬两类，其实二者是从不断相互作用的活动中而产生的力量，又同时共有一个统一体。他们并不是因果关系，而应被当做声音与回响，或是有像（有形）与无像（无形）的关系。如果这个"统一体"被看成两个独立的实体，截拳道就不会永存。事实上，事物总是"一体"的，不能被分割成两部分。当一个人因热而出汗时，热和汗只是一个共存的过程，没有一个，另一个也就不会存在。如果某人骑车去某地，他不可能双脚同时踏板或停止，前进是要依赖左右脚相互交替，所以任何移动或前进需要靠左右脚的配合"统一"，左脚离开的结果便是右脚踏上，反之亦然，二者相互作用，共同存在。在阴阳标志中，黑的部分有一白点，白的部分有一黑点，这是为了表明事物的平衡，物极必反，纯阴（柔软的）或纯阳（坚硬的）都是不可取的。要明白最坚硬的树木最容易折断，竹子和柳树则不然，会随风摆动。在截拳道中阴（柔软的）阳（坚硬的）又是相通的，阴中带阳，阳中带阴，而人应是刚中有柔，柔中有刚，做到刚柔相济。

根据伊鲁山度先生所说，李小龙在太极图中加了两个箭头，强调截拳道搏击技巧必须包含阴阳的和谐相互作用，阴（柔软及灵活）阳（坚硬及肯定）两种力量之间相互作用，周而复始。

太极图的两旁有两句名言——"以无法为有法"及"以无限为有限"，第一句名言是说明一个人在搏击时没有固定招式，而只是在临场时做出实时反应，这样，武术家才可应付各类对手和各种情况的出现，他没有预备特定招式去面

对对手。"空无"是指人的无意识或尚未意识的状态，实质上这是一个难以期求的境界，但这却是人们追求的境界。另外，人们一直想像水一样，达到"无形"之境，可是，人们所见到的水，会随容器的形状而改变，这说明水可适应各种条件变化。

"以无限为有限"，亦指人们总想不断超越现有的境界，打破传统、种族及个人喜好。李小龙认为振藩截拳道学者只能利用双手、双脚，自由探索及研究各种武学，其关键在于人们如何最大限度（无限）地利用手脚的功用。

而且李小龙还提倡加强对自我的研究，以发掘自己的潜能。而不只是依赖各种教学方式和老师指导，只要了解自身的优劣之后，人们才能扬长避短。李小龙说："知识是无限的，指的就是自我的认知。"人们可用自己喜爱的任何方式自由选择以提高自己的境界，人们也可以真实地表达自我。

标志的左下角是李小龙的个人印章，这是一枚中国传统的印章。3000年前中国就用印章来投递文书，并用于签署或成为象征权力的官印。在中国古代，印章极为重要，甚至皇帝也用它来密封重要文书。如果文书没有皇帝的印章，授权者就将成为被怀疑的对象。印章的读法是从右至左、从上到下，这枚印章上刻的名字是"李振藩"。

标志右下角的"龙"字是李小龙的个人中文签署。李小龙于龙年出生，所以有"小龙"的别号，依中国人的说法，龙是热情、诚实、勇敢、慈悲的化身，也有顽强、健康、活力充沛之意，其中寓含智能及完美主义者之意。

以上三种基本元素的解释包括个人印章及签署，能象征振藩截拳道是李小龙的个人武术。振藩截拳道是李小龙在武学上的个人成果，亦是其他人无法替代的，他是这一门功夫的创造者。

元素构图的编排

以图章的形式编排的印章，是振藩截拳道总会的正式印信，这个组织致力永远保存及发扬李小龙的武学。而且这个长方形的图章也包含了武术基础之意义，并以此根基来锻炼武术，将之代代相传下去。

印章和签署列在标志之下，象征建立在李小龙遗下的东西之下，振藩截拳道离不开李小龙及他的武学成长理论。没有李小龙，这一武学也将失去其根基，难免面临瓦解的命运。

图章和签署表明了武学传统方式向个人化的转变，正如李小龙从詠春拳到结构更简单的振藩国术，直至发展到后来的无形之形——截拳道。总括而言，我们要学习李小龙在武学和生活中的进取精神，同时我们要保存振藩截拳道的武学精神，以达至个人释放的境界。

振藩截拳道的核心主题是保存及推广李小龙的武学精神，为后人提供物理和技术上的训练和哲学思想，以及历史上的背景。

标志注册

振藩截拳道标志已正式注册，未经允许严禁私自使用（图附 3-1）。

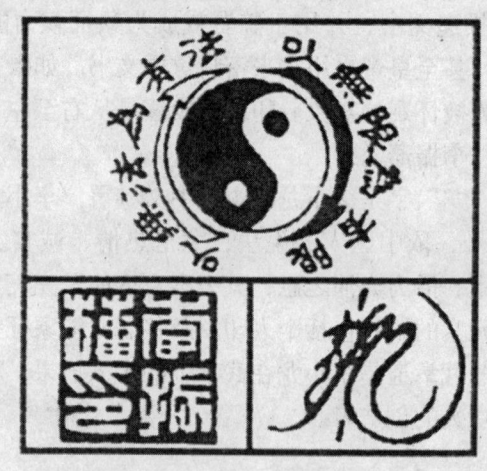

图附 3-1　振藩截拳道标志

Tommy Gong（刘录铨）

张福英　译

附录四

截拳道是 20 世纪的武术拳种
—— 纪念李小龙逝世 29 周年

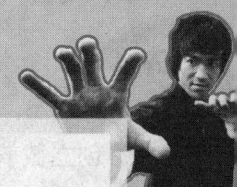

中国《精武》杂志 2002 年第四期的"论剑篇"上，登载了胡红权先生讨论截拳道归宗的"'同祖'为何不能'同宗'？"之文章，认为"'同祖'应该'归宗'！"我们深有同感，在武术圈内确实存在截拳道与传统拳种是否同一祖宗的疑惑，这可能牵涉到传统拳种有关纯洁性的问题，因为截拳道确实是 20 世纪东西方武术文化碰撞与交融之产物。

中国作家王蒙先生对于东西方文化的碰撞与交融问题提出了前瞻性的观点，他认为："所有活的文化都是充分利用开放和杂交的优势，在和异质文化的融合和碰撞当中发展的。语言文学也是如此，语言文字本来是最固定的，最富有民族性的，但不知不觉地，我们已经不知道吸收了多少的外来词语和外来的修辞方式。我认为纯洁性的提法是一个逆历史潮流而动的提法。"

在 21 世纪的今天，我们必须以开放和发展的态度来打开传统的武术文化和武术拳种所谓纯洁性的禁区，不再避谈有关截拳道是 20 世纪武术拳种的问题，因为在 20 世纪的大陆两岸，具有权威性的中国武术协会和台湾国术总会都曾承认截拳道是武术（国术）的拳种，就是根据它的源流有序、拳理明晰、风格独特和自成体系，只不过很多人都不清楚曾有此事实，因此今日有必要重提往事，以供参考。

李小龙要认祖归宗，不崇洋媚外，他对截拳道的观点，以及两岸的武术（国术）组织对截拳道的肯定，给予综介如下：

李小龙在 1972 年 6 月期间，接受一份台湾报纸访问，他曾清楚肯定截拳道是中国武术，而他自己也是不折不扣的中国人。

1981 年 3 月 27 日，台湾的国术总会正式确认振藩国术和截拳道为合法和承认的国术拳种，如同太极拳等一样。

至于确定截拳道是中国武术拳种也很早，例如 9 年前已经在中国文化部所属的中国东方文化研究会武术分会主编和由人民体育出版社 1993 年出版的《武术文化知识手册》中加以肯定。在第 342 条答问有"李小龙所创截拳道，自称是'无形之形；无式之式'；其宗旨是'以无限为有限；以无法为有法'"。又在第 410 条答问有"李小龙从小便习练广东一带流行的詠春拳，这为他以后创立截拳道打下了扎实的武功基础"。再在手册的"中国武术史大事年表"中，提到民国时期的1940年"李小龙出生，习詠春拳等武技后，创编'截拳道'"。此手册编审委员会主任委员是徐才，常务委员是康戈武，委员是习云太、王培锟、刘峻骧、江百龙、昌沧、张修林、郭志禹、夏柏华、程大力，都是武术界各方面知名人士。

　　1998年11月，在中国武协成立四十周年庆祝活动中，计划进行的《武术博览》提到了截拳道与太极拳、少林拳等并列为精选的中国拳种（在一百多个拳种中精选出19个）。在庆祝大会上还颁奖予李小龙，这是国内首次肯定了李小龙和截拳道在国际和中国的地位。

　　根据《武术文化知识手册》和中国武协的《中华武术图典》，作为中国武术的拳种，必须是"源流有序、拳理明晰、风格独特、自成体系"，因此截拳道亦必须自成体系，其观点已由李小龙本人清晰阐述，至于有关理论的具体内容，则须另外专题讨论了。

　　李小龙认为截拳道自成体系的原文如下：

> X is Jeet Kune Do
> Y is the style you will represent
> To represent and teach Y one should drill its members according to the preaching of Y.
> This is the same with anyone who is qualified and has been approved to represent X
> To justify by interfusing X and Y is basically the denying Y but still calling it Y
> A man, as you put it, is one who is noble to stick to the road he has chosen.
> A garden of rose will yield rose, and a garden of violets will yield violets.
>
> Bruce Lee

译文如下：

X 是截拳道；Y 是另外一种武术。

若要代表及教授 Y，一个人必须以 Y 的道理来训练弟子。

同样地，任何有资格及授权可代表 X 的人亦应采取相同态度。

将 X 及 Y 强行混合在一起时，只是将 Y 否定的同时，但仍然叫这种武术为 Y。

一个拥有高尚人格的人，应忠于自己所选择的道路。

一块玫瑰园地只能种出玫瑰花，正如一块紫罗兰园地亦只能种出紫罗兰花。

回顾 20 世纪，李小龙是将中国武术文化推向世界的先驱，也是融合东西武术文化加以创新的先驱，他的辉煌贡献属于中国，也属于世界。

展望 21 世纪，李小龙思想仍是无限光辉，因此特撰此文作为李小龙逝世 29 周年的纪念。

梁敏滔　陆地

附录五

论"第一击"

由水户上原编辑出版的《BRUCE LEE'S FIGHTING METHOD》（李小龙和他同是作者），书中提到：

"在截拳道中，几乎没有直接的进攻。实际上，所有的进攻动作都是间接性的，都是在假动作之后发生，或者以反攻方式进行的。"

"一次完美的进攻，是战略、速度、时机、欺骗性和敏锐而准确判断的有机结合。"

因此，书中特别提出进攻的第一击要避实击虚的"谋攻"，例如进攻之前先要做佯攻、引手等预先动作，而且成败还取决于正确选择佯攻的时机和进攻的速度。

近年来，某些国际性赛事中，常见到双方对峙时就突然发动简单直接和快速准确的第一击，不用佯攻或引手，成功率也很高。在美国的终极格斗赛事和日本的派拉赛事中已屡见不鲜。

在历届的"终极格斗冠军赛"（UFC）录像中，可以观察到双方的交手规律经常是：对峙→交手→卧斗→分开→对峙→（重复多次）。

经过多年在曼谷的电视和拳场内对泰拳赛事的观察，可以观察到双方的交手规律经常是：对峙→交手→纠缠→分开→对峙→（重复多次）。

巴西柔术非常重视将对峙状态作为可攻的时机，因为有利于相互接触前就先摔倒对方而取得主导优势，尤其是开始交手前第一波的对峙。

李小龙截拳道也重视将对峙状态作为可攻的时机，因为有利于相互接触前就先击中对方而取得主导优势，尤其是开始交手前第一波的对峙。

无论是有规则限制的巴西柔术，还是无规则限制的截拳道，在一场格斗中，两人对峙的次数是十分多的，如果善于利用此机会发挥先发制人的第一击，就能掌握到主动权。

就以有规则限制的巴西柔术为例，为什么它热衷于第一击摆翻对手，就因为那有利于随后的卧斗占上风，因而努力钻研进身突入的时机和抓抱成功的窍奥，以此达到只用简单直接和快速准确的动作就收到实效的效果。为此，进攻者在对峙时经常抓住对手处于犹豫状态和露出破绽的时机突然切入先发制人，用以快打慢和迅雷不及掩耳的速度猛冲撞入，其动态破势锐不可当，这种毫不

犹豫地迅猛突袭常可以轻易得手。即使不成功也不吃亏，对手常被撞退网边居于守势。有的时候也可乘对方刚打出拳脚或旧力略过、新力未发之际切入抱摔，都是事半功倍的办法。

不但无规则限制的截拳道运动战强调第一击，而且无规则限制的詠春拳阵地战也强调第一击，因为近距对打，双方都不易防范，先下手的第一击易得益。同样，无论在交手中或纠缠中，都是先下手的第一击易得益。

至于无规则限制的卧斗也同样是先下手的第一击易得益，因为无距对打时，无论居上者或居下者都不易防范要命的第一击，因为任何一方都较易击中对方靠近的要害部位。

在李小龙战略思想的格斗体系中，格斗姿势的起与止与整体有机结合，因而在对峙状态时，就成为发挥上述两者战略思想的平衡点，正所谓任何一个开始意味着另一个终结，故其体系极具丰富的和全面的深层哲理。

李小龙截拳道运动战的格斗姿势最讲究第一击，它强调主攻手和主攻脚在前的姿势，在多次对峙中都可以在双方交手之前就先发动第一击。在运动战交手的过程中，它的格斗姿势同样可持续发动第一击和连击，因此这种起与止整体连贯的运动战是独一无二的创举。在截拳道五种基本攻击法排列中，截拳道SDA的简单直接打击法排第一位，因为它可以最快速准确地打击主要目标。

这个姿势有利于先下手为强的突袭，例如优先攻击对方眼部、腹股沟、前置的胫膝等要害，造成以小力先期"瘫痪"对方，达到第一击一定要收效的形势，有利于削弱、降低敌人士气和扩大战果。

除了李小龙典型的第一击外，也可以用非典型的第一击，例如，利用鞋尖低前踢对方死脚的足踝或胫骨要害，使其顿失支撑不能再战（图附5-1）。又例如用双掌按压对方手臂弯，顺势用头撞其鼻梁（图附5-2）。这些顺势近攻都要比高踢头部、横扫腿部、侧踹膝部更近更快，不但更简单直接和快速准确，而且更易达到以小力胜大力的速战速决之目的。

当站立姿势时，如以隐蔽的"无影脚"，原地突发难以防范的贴地超低空式前蹬，其攻击要害第一击，就是最近的足踝或胫骨。如以隐蔽的"无影手"随手进攻先于身体，原地突发难以防范的指戳，其攻击要害第一击，就是最近的眼睛。当移动步法时，手脚同样可以突发上述难以防范的第一击。

小个子对付大个子最方便的要害，上面是眼睛，下面是胫踝。无论大个子练得如何肌肉粗壮和孔武有力，眼睛和胫踝是练不出粗壮的，尤其是大个子全

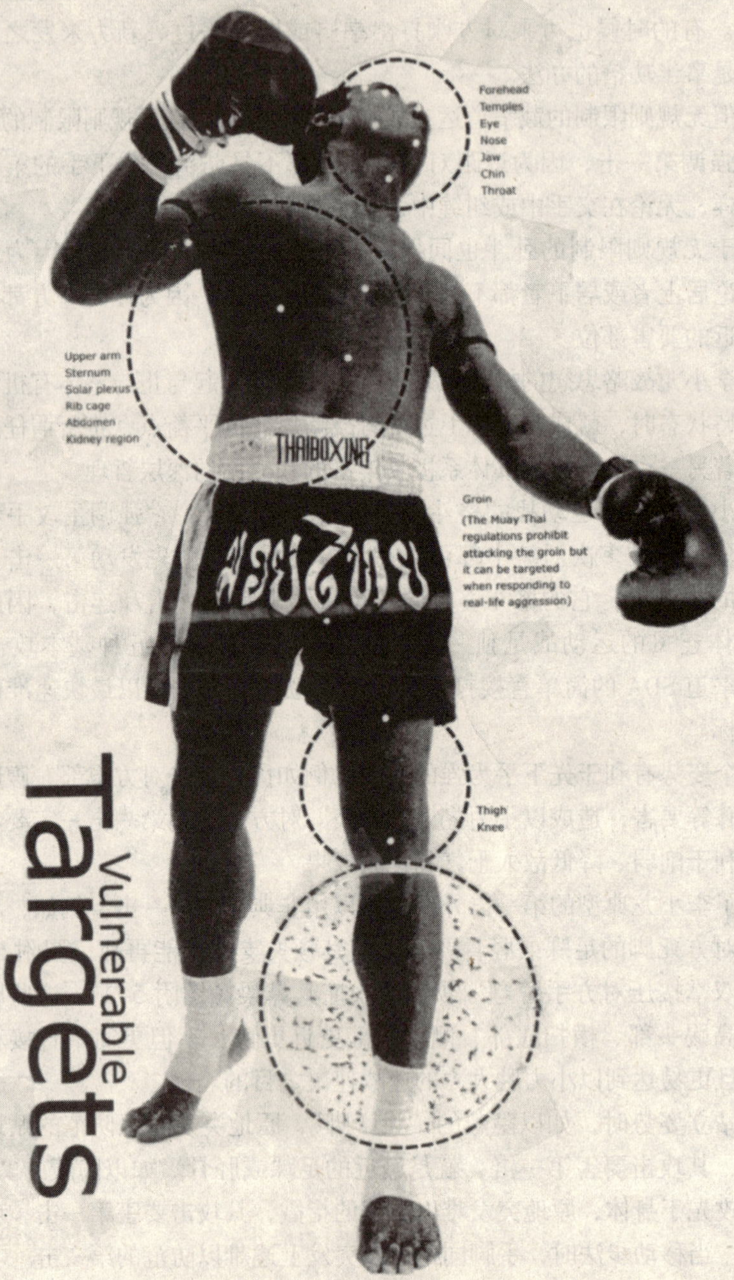

图附 5-1　截拳道踢击泰拳不踢的胫踝

图附 5-2A 泰拳箍颈

图附 5-2B 用头攻解脱泰拳箍颈

身的重心点愈高，愈要攻击其全身的支撑点——脚踝。例如，李小龙在《死亡游戏》中对付 2.2 米的巨人渣巴（见第一篇的图 5-7）以及在第三届 UFC 中对付身高 2.03 米、体重 279 公斤上重下轻的巨人时（图附 5-3），第一击要害的最佳选择就应是脚踝。

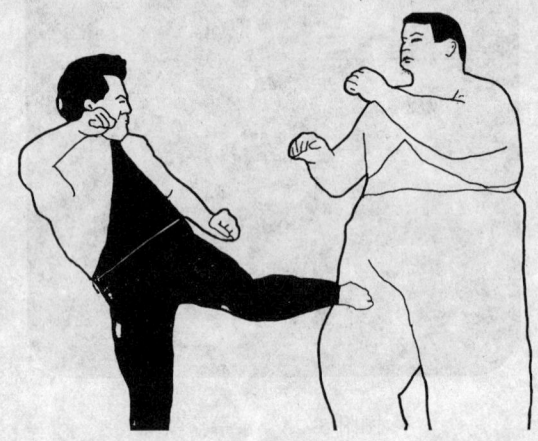

图附 5-3　要攻巨人全身的支撑点脚踝

　　善于站斗者对付善于卧斗者的拉近距离必须善于运用运动战，例如截拳道的侧身前后脚快速进退控制距离。当移动步法时，对付蹲低伺机扑前的对手的第一击就是前踢头胸。当将被抱腰的瞬间就要借势以胸压住对手的头并用全身下压，同时叉开双腿形成拱壳形支撑，利用体重和地球反作用力对抗对手扑前的冲力（图附 5-4），接着就是利用手臂锁住对方的头颈和挺胸下压其颈椎骨，第一击使用颈椎关节擒拿，如不成功立即扯耳、戳眼、插鼻。当已被扑前的对手抱腿或腰先倒地的瞬间，利用对手还未松开搂抱双手的良机，抢先第一击就是攻其要害。

　　贴身无距离非典型的牙咬第一击，是人天生的攻击工具，其功效更显而易见。

　　黄锦铭师傅曾在美国《黑带》杂志中，介绍了他认为的李小龙训练之哲理，其中提到：“李小龙打算实践一种他能任何方法均可使用，不会败北，无往而不胜——这就是他的哲理。”

　　李小龙指引我们实战的方向，就是无论处于弱势或强势，都必须首重谋略

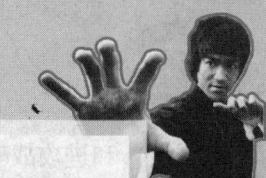

图附 5-4A—F　锁住搂抱者的头颈

和进攻战略，并且要有敏锐的洞察力及时抓住可攻时机，例如善用远距离运动战的先发第一击。其主动突袭的最佳选择，就是要一击必中对方要害，务求以小力胜大力的速战速决，立收先期"瘫痪"对方或不能反击之功效。

这种先发第一击的阳刚运动战并结合阴柔的阵地战，十分符合俞大猷所著《剑经》总结出的"刚在他力前，柔乘他力后"之战略战术。

以上指引可以认为，李小龙打算实践一种他能任何方法均可使用，不会败北，无往而不胜——这就是他结合孙子兵法的道家哲理。

梁敏滔

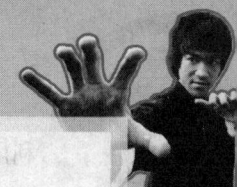

附录六

论詠春拳学

前国家体委的武术方面领导人徐才主席,曾于1988年号召创立"武术学"科学体系,其后香港的詠春体育会黄淳樑主席则提出了"詠春拳学"的设想,旨在研究没有规则限制下两人进行近体徒手格斗时,如何运用现代科学理论去解释随意对抗的规律性。环顾当今国际武坛,还未有人提出过这种科学体系。

詠春拳学的主要特点可从三个主要方面浅释如下:

第一方面,近体实战的基本技术体系

传说清朝时,五枚师太因见蛇鹤相斗而悟出詠春拳。姑且不论这种传说的可信性如何,其实白鹤不会拍动双翅进袭长蛇,人的双手则不同,它是人体最灵巧的运动链,不但运动功能最多,而且运动幅度最大。

在古代,手搏就是一种以打法为主体技术,并辅以踢法、摔法和拿法的徒手实战格斗技术。詠春拳强调以双手打法为主体技术,不但继承了传统手搏积累的两千年以上的经验,而且还有所创新。其特点有六:

(一)当双方近打时,如用转马使对手侧身相向,仅能一手施为时,可以居于以多胜少的优势。如果运用连环均衡的攻防双手,在时间差和机会方面都会占较大的便宜。善用双手为主的数量优势,是近战术体系的特点之一。

(二)人体构造是对称、平衡的,可像建筑物设计一样,外有几何中心线,内有力学重心线。

当以双手为主体技术时,可将左右一分为二,去设计简捷、动态的基本动作,其单手的运动链及每个关节都有特定的运动方向和方式。

如将手视作兵器时,其单手的基本动作可发挥刀、剑、鞭、斧、锤、钩、盾、双节棍等多种用途。

当将左右方合二为一,随意组合动态格斗时,其左半侧和右半侧的动作可以不对称,但整体必须动态平衡。双手做同一动作可成为双刀、双剑等,做不同动作可成为一刀一钩、一剑一盾等,它是以二的倍数增加着。

善于运用双手为主体的多面手作用,是近战技术体系的特点之二。

(三)对打时双手可以同时一守一攻,也可以最短时间连环进攻同一目标。

利用相辅相成的辩证法去设计双手互为兼顾，是近战体系的特点之三。

（四）身体和马步姿势要使用双手朝向对方重要目标——全身的重心线（一般以外形的中心线代替），不但较易击中要害而且受力也较重，双手连中时尤甚。因此，正身朝敌的中线理念和朝面追形战术，就成为双手可及距离的近战技术体系特点之四。

（五）近代立体战争，最后胜负仍要取决于陆军的进展攻取。同样，实战格斗最后胜负也往往取决于近体战。

詠春拳强调以近打为主，以双手为主，以快攻为主。近体攻取的成功要诀，就是时间第一，一切技术动作均从属于节省时间，以时间短作为衡量其实用价值的标准。

詠春拳强调短距理念，例如要拳打中线，以达最短距离和最快时间的猛攻。在技法上强调精简理念，要用最简捷的动作完成最直接的进攻。因此，精简实用直截了当的快攻动作，是近战技术体系特点之五。

（六）近体战时，如果敌我之间迅速互攻，无暇思考怎样出招，拳来拳往互有击中。但也可应敌来势而变化，造成对手教你如何出招的局面。詠春拳就有训练粘贴控制对手来势的技术，因此这种称为"黐手"的技术，是近战技术体系之六。

总之，詠春拳学是根据整体的人体动态规律实战格斗的基本技术体系。

第二方面，近体实战的理论核心

要使近体实战打得好，其奥秘在于使对方失去平衡。例如扭斗时视觉难以发挥，全凭肢体触觉的条件反射，感知对手的重心变动而做出迅速反应，使其失稳而被打倒或摔倒。又例如格雷斯柔术善于猛扑的抱腰摔，利用冲力抓抱(Grappling)，逼使对手失稳而被摔倒。上述两例的对手，亦全凭条件反射迅速做出反扭打或反抓抱，例如以撞拳迎击冲前的头部去抗衡失稳，又或降低重心和加大支撑面去抗衡失稳等。

詠春拳的双黐手旨在锻炼两手的触觉反应，可以按照设计的几种基本动作反复练习。当中枢神经系统建立起复杂的条件反射时，两手可以达到反应灵敏和随机应变，在千变万化的实战中能够应付自如。因此，可以认为它是詠春拳根据基本技术体系总结出"无招胜有招"思想的主要依据。

詠春拳学则发展了这个思想，强调"无招胜有招"是近体实战的理论核心，在任何形式的近战中均可运用。因此，它也可称为"实战拳学"，等等，用不用詠春名称并不重要。

用詠春拳学观点去认识双黐手，其特点有四：

（一）双黐手锻炼是由双方的四条臂膀在内外门范围运用几种动作循环反复地相互粘贴翻滚，如在一个无形的圆弧和直线之中，形成活的劲力流动和前推的力度。它锻炼双手左右兼顾，可以最快而流畅地打圈卸除对方之力，也可以最快而流畅地转化为直线攻击对方之力。不但锻炼与对方搭桥之手接触的感觉和反应，而且锻炼制造和寻找对手之空隙漏洞的能力，达到"来留去送"和"甩手直冲"等战术的应用目的。

（二）双黐手可以成为双方近体实战时的攻防拉锯地带。它既是直线进攻的桥梁通道；也是内门防御的缓冲区域。

（三）双黐手可以成为踢、打、摔、拿四技之间接轨和转换的编组地带。因此，它填补了近战领域一向存在着的空白。

（四）双黐手是"无招胜有招"理论的主要依据。但在实战时，谁都不会主动采取黐手形式，首要是简单直接攻击对手。当出手受阻，须要变化来达到目的时，才发挥平时练习双黐手那种反应纯熟、快捷机巧的灵敏性，去应付千变万化的局势。不论对手会不会黐手都一样对付，全凭自己的反应灵敏，伺敌先机去战胜。

总之，詠春拳学的近体实战理论核心是"无招胜有招"，而双黐手则是此辩证理论的主要依据和入门锁匙。

第三方面，直线攻击的最佳动作

西洋拳击的直拳，是带拳套直线攻击的主要拳法。四五十年前，西洋拳很侧身；到了祖路易时身已站正，上身略倾前；到阿里时上身很平正，但仍有跳步；到泰森时已压前，两手保持均势，无跳动。可见技术是在不断变化的。詠春拳的日字冲拳则是不带拳套直线攻击的主要拳法，它的特点有五：

（一）按照中线理念和短距理念快速反应，拳肘沿自己中线发出，打向对手中线。

（二）利用地面反作用力，通过脚、腰、肩、肘、腕、拳的整体性攻击，有时甚至加上全身射入的冲力，最大限度增加打击速度和力量。例如，近战出拳接触敌体的瞬间，利用腕关节的抖动加速突然产生的爆发力，加重了出拳的力度。

（三）出拳时肩肘不摆幅，具有突然性和隐蔽性，近战的对手难以预防。

（四）辩证的双手兼顾，连环进击，要比西洋拳击更快捷、更频密和更具威力，例如用两手组成动态的三角形刚性结构，可从内门中线硬压楔入，不论对手如何抵挡，仍然轮番强行尖劈直贯。

（五）詠春拳讲究经济原则，既然拳打出去，就在外变化，假如一击不中，就改变方向再击，这就是长桥发力之意（西洋拳击不中就将拳收回再出击），李小龙则称之为"寸劲"。

总之，詠春拳的日字冲拳（也可用直掌标指）是近体实战最主要和最佳的直线攻击技术。

从以上三个主要方面浅析，可以认为黄淳樑提出的设想是现代近体实战最完整的科学体系。

今日詠春拳术已传遍五大洲，它的声誉早已在世界各地确立。因此，深入研究詠春拳学已具备了广泛的群众基础。

梁敏滔　编写
黄淳樑　审定

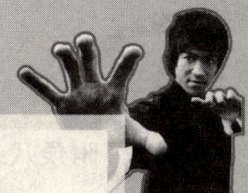

附录七

李小龙给严镜海的信

詹姆斯（严镜海英文名）：

在我的比较完整的詠春拳风格中，我又增加了一种间接渐进的攻击法，它是连续快打的一种方法，间接渐进的攻击法是达到黐手效果的一道桥梁。

当敌手的防卫很严密，而且速度很快，无法实施像直冲、标指、拍打等这样的简单攻击法的时候，就使用间接渐进的攻击法去制敌。间接渐进的攻击法（从现在起使用简称 I.P.A），是根据伴攻演变成的。伴攻的目的就是诱敌进行躲避或者阻挡，注意，虽然伴攻主要是包含两个动作（有时是三个动作，但是不会多于三个动作），但是它们必须是灵活、敏捷的动作。下面的说明有助于你理解伴攻的方法，它还能使你在敌手快速而又安全的进行防御的时候去攻击。

A）第一个动作（伴攻）必须长而深（我说的意思就是渗透），引诱敌手进行躲避。第二个实际动作（攻击）必须迅速而果断，使防卫者不能恢复？？长？？短甚至在用两个伴攻动作实施攻击的情况下，第一个伴攻的深度也必须能使敌手移动位置去进行防卫？？长？？短？？短。

B）赢得距离？？为了缩短距离，你的手必须在伴攻到一大半程度的时候进行移动。你的第二个动作只能再占有第二个一半的距离。这就是渐进的攻击法。

C）赢得时间？？诱敌进行阻挡的时候必须做到即使你的速度很慢，也能对他进行攻击。

为了使手臂交叉这个动作从左到右（从右到左，从上到下，从下到上）能够协调一致，也就是说，在实施攻击的时候，为了瞬间能使防卫者移动到攻击的对面方向？？正好是敌方开始进攻时，其手臂正在交叉移动的时候？？于是，第二个动作（换句话说，就是第一个伴攻动作之后的攻击动作）应该在敌方防卫的前面移动，也就是说，不得通过第一个伴攻动作去引诱对方。

我希望你对上述的构思经过深思之后，开始体验一下这种渐进的攻击法。注意，速度必须调节，使之与敌手的动作相协调。

另外，我正在创立一种新的武术，主要是融合詠春、西洋击剑和拳击而成。当充分完成时，我会把它有系统地整理下来。

布鲁斯

附录八

无 与 禅

宋代廓庵师远的"十牛图颂",从寻牛到得牛以至人牛俱忘、返还本原、大解脱的10幅图画,指出一个禅匠由修行开悟而再入世化众的心路历程(不一定看做悟境的终点站)。李小龙也讲他的心路历程:"在我接触这门艺术之前,一拳对我来说就是一拳,一脚就是一脚。当我学习了这门艺术之后,一拳不再是一拳,一脚不再是一脚。现在我参透这门艺术,一拳仍然是一拳,一脚仍然是一脚。"

禅宗是一种人生哲学,李小龙既提到佛家的"禅",也提到道家的"无",两者之间有何联系?中日禅学家阐释如下:

释圣严法师在"禅的体验"中提到佛教传到中国,受到道家思想的影响。他说:"佛教谓空,道家谓无,其义本不相同,然在中国的佛教徒们,假用道家的无字,说明佛教的空义,结果把无字的定义,升格而超越到空字之上。后来中国禅宗的风格,大致上是受了这个无字的影响,以无字代表一切的一切,也以无字来解答一切问题……因此,到了第九世纪的赵州从谂,开出了一个'狗子无佛性',以禅的立场而言,有与无的执著,都是烦恼心,所以干脆用一个无意味的无字来打发问话的人,走上死路碰上绝壁之后,产生不假思维的顿悟的效果。"

日本禅学家柳田圣山在《无の探求(中国禅)》(中译名《禅与中国》)中提到"中国的禅曾经是以无的问题为中心的。而且,日本禅宗在继承这一点上,也有相同倾向。但是,'无'能否视为禅的思想本质呢?"答案是有区别的。他认为无字不是思想:"'无字'是一种精神统一的方法,是公案。公案是最出色的冥想法,但方法并非思想。大致到近代'无字'公案才形成'无'的思想,这在日本的近代哲学中尤有突出的表现。"

已故禅学大师铃木大拙的著作《禅与日本文化》中,有一章是"禅与武士道",有一章是"禅与剑道"。他指出武士道精神的核心就是来自于禅。因为第一,禅在哲学上告诉武士万物皆空、生死并无差别。第三,禅在道德上实行极为清苦的修行,能使武士磨炼出钢铁般意志,可以抛却一切物欲和情念的执著而一往直前。他也指出武士手中的剑在禅中有"活人剑"和"杀人刀"之说,

一个出色的禅匠必须懂得如何去运用这二者。因为前者正是禅宗的"慈悲"之心。"刀是武士之魂"，因此武士和剑相伴的还有忠、自我牺牲等等。剑击中除技术之外，最紧要的就是驱使剑技的精神，也就是"无念"或"无想"的"无我"心境，因此从根本上说，禅与剑道在以超越生死为目的这一点上，是完全一致的。

梁敏滔

附录九

李小龙截拳道嫡传之谜
——从黄锦铭与伊鲁山度的争论谈起

争论要点

李小龙弟子黄锦铭与伊鲁山度关于截拳道的争论，实质上已成为"谁是截拳道嫡传"之争。伊鲁山度自称教的是"截拳道概念"（JKD CONCEPTS），黄锦铭教的被称为"原始截拳道"（ORIGINAL JKD）。伊鲁山度在《黑带》（BLACK BELT）杂志1997年第1期上认为："'原始截拳道'就是'振藩国术'，'截拳道'不能标准化，'截拳道'只有'截拳道概念'。"这实际上是否定了"截拳道"的存在。而黄锦铭则认为：伊鲁山度已将截拳道修改并且掺入了其他技术；"振藩国术"不是"原始截拳道"，"截拳道"可以标准化。关于什么是"原始截拳道"，黄锦铭认为："李小龙虽然并不喜欢用'招'字去形容截拳道，但他的独特格斗招式和训练方法确实不同于其他拳道（笔者注：经核实，招式实际上是指'基本格斗体系'）。为了保护此拳艺，截拳道有成为某种标准化和系统化招式的意义，因为除非用某种结构形式强加于它，否则原本形式将不会继续存在。李小龙并没有做任何计划去保护截拳道，他的大弟子们有责任指出原本的训练方法、招式、理论和截拳道的发展方向。教师应为学生提供基础的东西，然后提出自己的见解并帮助学生寻找自己最佳的学习道路。"

关于原始截拳道与振藩国术的关系，前者是截拳道范畴，后者是詠春拳范畴（即李小龙风格的詠春拳）。黄锦铭认为："詠春拳确实在概念上形成截拳道的基础，但特征不在这里。李小龙为他的系统增加了很多新内容，使他们格斗术最后从詠春拳分出来并走得很远。因此他另称之为'截拳道'。"

从上可见，黄锦铭与伊鲁山度的争论，实质上是"谁是李小龙截拳道嫡传"之争。对此，笔者试作如下分析：

两人介绍

伊鲁山度是在1964年美国加州长堤的首届国际空手道冠军赛后认识李小

龙的,因为他是大会主办人美国空手道之父 ED PARKER 多年的学生,而李小龙在大会中表演了中国功夫。其后虽有来往,但因李小龙住在奥克兰,两人关系并不密切。

1967年,李小龙拍完电影《青蜂侠》并搬到洛杉矶,于2月份在洛杉矶开第三间振藩国术馆(与在西雅图和奥克兰开的第一、二间振藩国术馆一样,主要教的都是李小龙风格的咏春拳)。三个武馆的助教分别是日裔木村武之、华裔严镜海、菲裔伊鲁山度,他们学的也是振藩国术或振藩拳道(即咏春拳和中国功夫等)。

李小龙为了研究和完善他的截拳道,在洛杉矶武馆近二十名弟子中挑选了从未学过功夫的黄锦铭(华裔,英文名译音泰德·王——"王"字本应为"黄"字,但长期以来习惯上这样写了),让他从4月份开始到李小龙家中,作为私人的截拳道试点陪练。7月,李小龙才正式公开截拳道的名称,并解释为 THE WAY OF THE INTERCEPTING FIST(截击拳头之道)。同年12月8日,黄锦铭获颁截拳道二级证书。这是李小龙颁发的一张完整地填写了学生姓名、省县、级别、年月日并签字盖章的中英文截拳道证书。数月后李小龙取消了分级制,因此,黄锦铭虽在李小龙家中学截拳道断断续续近七年之久,却只有这张二级证书。

伊鲁山度曾学多种武艺,包括中国功夫,不像黄锦铭是一张白纸,因此李小龙未选他去家中练。伊鲁山度有三张证书,其中振藩国术馆和振藩拳道证书都是1967年2月9日颁发的,也就是第三馆开馆仅七天就发的,不排除李小龙因要委任他为助教而发。

最具争议的是伊鲁山度的第三张证书,即中文的截拳道三级证书的非完整性。此证书没有中文的年、月、日和中文或英文的人名、地名,且本应李小龙写上的签名日期上只有一个英文字母F。而李小龙颁予伊鲁山度的前两份证书和颁予其他人的证书上都填有发证日期,因此难免有人怀疑此证的有效性。

有人分析英文字母F是FEBRUARY(二月),那么三张证书都在同年同月颁发?这容易令人怀疑伊鲁山度那时已学截拳道,因为李小龙七月才正式公开截拳道的名称。据说伊鲁山度以前的三张证书曾公开展示过,但是自从有人质疑为何三张同年同月之后,他在《黑带》杂志上展示的三张,中间的一张被两旁另外两张遮住了月、日,另一张只见到F。不知是李小龙写了第一个字母就没有继续写,还是后面的字母日久失显(图附9-1)?

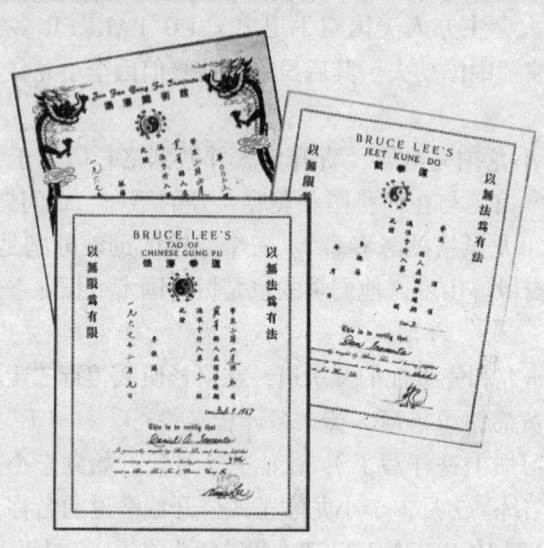

图附 9-1

1970年1月29日，李小龙因专注电影事业不能分身教振藩国术，也不想委托伊鲁山度用李小龙的名义去教振藩国术，决定关闭洛杉矶的武馆。

1971年，李小龙在香港答记者问时，说到他的三间武馆都已关闭，并且不希望他的弟子们利用他的名声公开设馆谋利。1973年7月20日李小龙逝世后，弟子们都表态遵照师傅意愿不公开设馆谋利。后来只有伊鲁山度公开设馆，经二十多年的宣传，难免大家以为他就是李小龙唯一的截拳道嫡传弟子。而实际上在振藩国术馆除黄锦铭和伊鲁山度外，其他门人都没有截拳道证书，说明此馆不教截拳道。伊鲁山度助教在前期很少去李小龙家，后期更无条件去，因而并未参与截拳道创立的全过程，他的"截拳道概念"只能说是"概念"而已。

两人比较

最为客观的两人比较，要数《黑带》杂志创办人 MITO UYEHARA（米图·乌耶哈拉，日本姓名为水户上原），他是李小龙逝世后根据李小龙遗留下的1966年原稿编辑出版《BRUCE LEE'S FIGHTING METHOD》（中译本《李小龙技击法》）的书商，李小龙和他同是作者。他在另一本书上提到李小龙不愿在武馆教截拳道的原因，并且说李小龙闭馆后伊鲁山度回到加州的老家教学生

去了，留在洛杉矶的黄锦铭、凯勃·杰逊和他自己三个人，每星期三晚上都到李小龙家中厨房及后院练习。他仍认为虽然伊鲁山度是武馆助教，但李小龙是将黄锦铭视为嫡传弟子直到李去世。水户上原还提到黄锦铭是李小龙最后几年的忠实伙伴，除了李到外地工作之外，逢星期三晚上黄必到李家，还有周末也到。当李小龙需要格斗对手陪练时必选黄。李小龙有个习惯，谁到他家都有记录。从李小龙日记上的记录看，自1967—1973年的7年中，黄与李在一起总共不少于122次。

伊鲁山度与黄锦铭不同。他喜欢学习各种武艺，认识李小龙之前曾在俱乐部当体育指导，又有空手道的多年经验。李小龙很忙，需要助教而选中了他。后来决定闭馆，原因之一是怕他的助教和学生会把他教授的技术发展成为另外一种形式或门派。

水户上原还提到李小龙死后，伊鲁山度和黄锦铭都誓言永远不公开设馆教截拳道，伊鲁山度着重于菲律宾武艺的发展，而黄则与朋友在家中练习，遵守誓言。

伊鲁山度认为李小龙所教的截拳道是概念而非技术体系，只要有了概念就可以形成很多技术，于是把菲律宾、印尼及其他武艺混入截拳道当中，这就大大违反了李小龙简化武术的原意。

经过二十多年，伊鲁山度提出的"马菲尼道"（即马来西亚、菲律宾、印度尼西亚之道）引起李小龙有些弟子的不满。而伊鲁山度的著名弟子PAUL VANAK（保罗·胡奈克）更说截拳道实际上包括了最少26种不同武艺的精粹，其中菲律宾武艺是重要的内容（指李小龙从未提到的菲律宾拳击PENANTUKAN等）。

伊鲁山度的另一门人介绍截拳道概念时说："截拳道概念是制定所有招式之间的协调与联系的共同构思。截拳道概念是伊鲁山度师傅的发展，填补了原始截拳道（振藩国术）的空白。截拳道概念按照格斗间距分类为：（一）踢击与打击间距（振藩踢拳、泰国拳、法国Savate、西洋拳击、菲律宾拳击）；（二）黐手间距（振藩黐手、菲律宾Kali-Silat）；（三）拿摔间距（振藩拿摔、巴西柔术、日本Shootwrestling）；（四）兵器（菲律宾Kali）。"

我的观点

1996年1月10日，由李香凝提议、有李莲达和李小龙十三位弟子及门人参加、由振藩国术和截拳道门人共同组成的名为"振藩截拳道"的组织在西雅

图成立。其目的之一就是要纯洁和统一李小龙的武术思想。在这个组织的"核心"成员中有木村武之、伊鲁山度和黄锦铭等。后来伊鲁山度退出该组织,其原因表面上据称是在排名上有意见,实质上是观点不同。

伊鲁山度的徒弟保罗·胡奈克写了一封信给振藩截拳道核心,除了支持师傅的"概念说"外,还认为截拳道是李小龙和伊鲁山度共同创造、共同发展的武艺,并且指责"核心"追随60年代的形式而不懂得李小龙说过的"截拳道只是一个名称罢了",因此变化是必须的。他断然把"核心"成员视为对立面。在他所附的照片上有伊鲁山度与弟子们互相敬礼的场面,但其中四人(包括伊鲁山度的大弟子)被胡奈克画上圆圈,因为他们加入了"振藩截拳道"。由此可见分歧已严重到何等地步——远不止是"概念说"与"原始说"之争了!

```
                                                    2/24/97
DEAR MR. LEUNG
    IT IS MY PLEASURE TO HAVE TALK WITH YOU OVER THE PHONE
FOR THE PASS MONTHS ABOUT YOUR INVOLVEMENT IN THE MARTIAL
ART BOOK YOU SOON TO BE PUBLISH IN CHINA.   I WANT TO THANKS
YOU VERY MUCH FOR USING MY BOOK (WING CHUN KUNG FU / JEET
KUNE DO, A COMPARISON) AS THE REFERENCE SOURCE ON 截拳道
FOR YOUR BOOK.   I AM SENTING YOU THE PROGRAM ON JUN FAN
JEET KUNE DO WHICH WE USE FOR OUR FIRST ANNUAL SEMINAR AND
BRUCE & BRANDON LEE MEMORIAL BANQUET.  THERE ARE OVER
FOUR HUNDRED IN ATTENTANT.  WE ARE HOPPING TO MAKE THIS A
YEARLY EVENT.   THIS PROGRAM WILL TELL YOU ABOUT OUR ORGANIZATI
OUR MISSION AND GOALS.  HOPEFULLY YOU CAN MAKE THE CONNECTION
FOR US IN CHINA SO BRUCE LEE'S ART (截拳道) CAN BE TEACH
PROPERLY THERE.    I WISH YOU MANY SUCCESS IN YOUR NEW BOOK.
I AM SURE MANY MARTIAL ARTIST WILL ABLE TO USE YOUR BOOK
AS A VALUABLE SOURCE AND REFERENCE GUILD TO MANY ARTS IN
CHINA.   I HOPE WE WILL CONTINUES TO COMMUNICATE AND TO
PROMOTE BRUCE LEE'S ART IN CHINA IN FUTURE.  IN CLOSING, I
WISH YOU WELL AND HAVE A SAFE TRIP BACK TO HONG KONG.


                                    SINCERELY YOURS

                                       Ted Wong
                                       黄锦铭
```

图附 9-2A 黄锦铭师傅来信

我是在 1996 年底同黄锦铭联系上的。我选择他的"原始截拳道"（他本人并不称此为"原始截拳道"，而是大家为了区别于"概念说"给起的名称，他现在称此为"振藩截拳道"）作为我的著作《东方格斗术大观》（在天津出版改名为《东方格斗文化》）的内容。1997 年 2 月 24 日黄锦铭给我写信，同意在该书中采用他有关书的内容，并希望通过此书让中国读者了解截拳道（图附 9-2）。

1996 年底，我在西雅图首会木村武之（图附 9-3），他告诉我他没有学过截拳道，他学的"振藩国术"就是詠春拳，李小龙曾答应他归詠春拳之宗。我说黄淳樑是当届詠春体育会主席，一定可以帮他办好此事。可惜黄淳樑突然于 1997 年 1 月 28 日去世，后来请詠春体育会陆地董事为木村还了夙愿。而 1998 年木村去北京代表李小龙在中国武协四十周年纪念活动中领取奖项，也由我与中国武协有关方面联系协调。

从木村所学的"振藩国术"分析，伊鲁山度关于"原始截拳道"就是"振藩国术"的观点是不成立的，而人们所说的黄锦铭"原始截拳道"（今称振藩截拳道），则是黄所指的李小龙独创之截拳道基本格斗体系，并有哲理、理论等内涵。我有幸在黄锦铭来香港两次授拳的机会，初学了截拳道简单直接的基本技术；对比了李小龙以往的书稿，结合个人体会，把截拳道的入门诀

图附 9-2B　在香港振藩截拳道宴会上（左起梁敏滔、黄锦铭、陆地）

图附 9-3　2003 年在西雅图同儿子 Scott 会见木村师傅（中）

窍和基本格斗体系的动态结构及李小龙的哲学思想主线等等，作为我与陆地合著的另一本书《李小龙技击术》的破解李小龙技击术之奥秘的内容。为了力求正确，我已将该书稿请黄锦铭先生审定同意，作为 2000 龙年李小龙诞辰 60 周年的献礼。

梁敏滔（2000 年）

附录十

李小龙父亲出生地解谜记

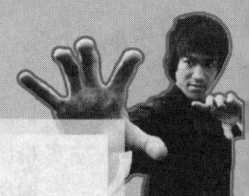

大家熟悉李小龙的出生地是美国三藩市，但是他的父亲李海泉的出生地却有南海（佛山）和顺德之说，因此我在2002年3月趁着可以陪同中央电视台新影视制作中心制作部的马维民和杜守印主任以及秦瑞明编导等摄制队，在顺德和佛山两地摄录有关李小龙事迹的机会，得到了顺德市均安镇上村李氏宗祠管理人李本根先生仍未公开的资料，并且也得到了佛山市文化局邓光民科长和佛山市博物馆（祖庙）梁国澄馆长、朱培建主任、黄卫红副主任的大力协助，提供了李海泉在佛山的资料，因而有可能从不同角度去比较，试图破解李海泉出生地的谜底。

据说李海泉之妹李合银生前曾回忆，她的母亲骆耕氏提及父亲李震彪是在28岁之后离开顺德去佛山谋生，寿终70岁，因此我尝试对李海泉的出生地进行初步探讨。

由于李震彪的生卒年月不详，根据李海泉是1902年出世的事实，首先假设李海泉在父亲28岁之前出世，推算下来李震彪大约在20世纪40年代或50年代去世。但这是不可能的，因为1938年日军已占领广州，李海泉及家人亦已避难香港，而大他两岁的兄长李满甜和母亲骆耕氏也先后在1941年逝世。较为可信的是李震彪在30年代或之前已去世。假如仍按上述28岁后离开、70岁去世的话，倒是李海泉在南海（佛山）出世的可能性是存在的。

李海泉出世后5—6岁就与兄长同在佛山笑尘寰茶楼当学徒，说明家境确实清苦，当时最可能是李震彪住在南海（佛山）的期间，因为根据李本根先生的资料，李震彪去佛山时已将居屋让给了亲戚一家居住三代之久，如果李震彪再回旧居，两家人侷处一房一厅，还要生儿育女，似无可能。所传李震彪回乡终老和李海泉在旧居出世之说，实在疑点多多。

据说骆耕氏曾提及丈夫武功了得，因而他的名字在顺德一带响起来，但是可惜故事细节难以考证，因为不要说顺德一带，就是今日上村李氏后人都不知道。倒是粤剧名伶李海泉和功夫巨星李小龙，两父子的形象和名声今日仍然响亮。

据说李海泉的幼年好友是已故上村老人李有兴，但是两人相差11岁，当李海泉5—6岁在佛山当学徒的时候，李有兴在顺德还未出世，两人是幼年好

友实难圆说。

据说李有兴回忆李海泉1945年回上村时，曾出钱在李氏宗祠内摆酒祭祖和宴请亲朋。很明显，以李海泉这样的年龄，不可能家乡没有亲人，为何今日找不到呢？上述光宗耀祖的举措必定轰动全村，但是李本根先生在资料内并未提及，很显然并未确实。

清代最早的资本主义萌芽之地据说是在佛山，因为广州尚未发展，那时的均安只是顺德较偏远的穷镇而已。有说骆耕氏是满族，统治者子女不太可能在那里长大，因此如以此说推断，李震彪可能在佛山成亲。他在佛山数十年，虽然后来收入微薄，但在佛山打工养家活口也要条件好得多，所传回乡生活之说，似无实证。

至于李海泉的出生地在南海，亦有说法，例如广东武林丛书第二辑有区瑞芝老人所著《功夫王李小龙》，其中有一句："且说在清光绪年间，南海县佛山镇山紫村地方，有一李姓家庭生了个儿子，取名海泉……"

祖籍与落籍不同，例如明末赴日介绍中国文学和拳法的陈元赟自称是杭州人，其祖籍上溯四代却是四川青神，曾祖父则迁往洛阳，而祖父再落籍杭州。又例如宋庆龄祖籍海南文昌，自称是上海人，而李海泉的妻子何爱瑜也自称上海人，她的祖籍却是荷兰。如果李氏祖先五百年前由粤北珠玑巷南迁，那么远祖也可能是北方避难移民。落籍只涉及本人，祖籍要涉及上代，因此无论李海泉祖籍在何地，如果他在南海（佛山）出世和生活，自称是南海（佛山）人，也是可以的。

关于李海泉的祖籍和故居，虽非本文探讨的主题，但提出来也是必要的。鉴于目前有关李海泉直系父、祖的族谱不明，人证不清，祖坟不详，据知仍有各种观点，例如顺德祖籍、故居说，顺德祖籍佛山故居说，佛山祖籍、故居说等等，因此未可到此止步，仍须乘勇追踪。

（一）顺德祖籍、故居说

最先发现上村是李小龙祖籍的应是顺德市均安镇上村的李氏家族后人，因为上村一向有李氏宗祠和李海泉父亲故居为证，而香港的李海泉墓碑文字也是祖籍顺德的一个佐证。

（二）顺德祖籍佛山故居说

根据香港长沙湾天主教坟场所立的李海泉墓碑上，只刻有"顺德"二字，

却没有村镇的字句,说明了子女们并不清楚他们的先祖就在均安,更不清楚在上村。

关于李海泉的故居问题,据说佛山有人证和物证,至于顺德的人证、物证则难以证实。据分析,李海泉在佛山的故居十分古旧,约建于明末清初,李海泉成名之后也未另购新居,是否因为属于李家已居住几代的祖屋而不搬迁?假如属实,李海泉只能知道祖籍在顺德,但不清楚出自何镇就不奇怪了。

(三)佛山祖籍、故居说

据认为墓碑上的"顺德"两字并无确证,亦可能并非李海泉所传,也不排除以讹传讹的可能。

由于顺德一向属于海南(佛山)管辖,李海泉是当红粤剧名伶,经常带了家人巡回村镇演出,因此南海(佛山)一带的村民对他都很熟悉,并非只有上村村民熟悉。如果他是顺德均安上村人,以李的年龄(距今百年),不可能家乡没有亲人,也不可能不告诉自己的妻子和子女,据此分析李海泉本人也未必清楚。如果李家在佛山确已居住了几代,那么也可以说祖籍是在佛山。

通过对李海泉出生地的追踪,我认为有关其祖籍和故居,仍需继续进行科学的和细致的资料搜集和鉴定工作。为了一个共同目的,佛山与顺德有必要共同合作,并且要有文史专家的参与和在社会上的公开讨论,或许才有可能实事求是地彻底搞清楚。

无论将来有何结论,如果佛山要建李小龙纪念馆,可否利用祖庙将要建成的叶问纪念堂预留位置。如果顺德均安上村要建李小龙纪念馆,可否就利用李氏宗祠,甚至在其侧翼接建新建筑,熔传统与时代于一炉。

附李本根先生关于李小龙祖籍的介绍

我是顺德均安上村李氏后人,退休村干部,1936年出生,1997年退休。1998年镇领导指派我管理李氏宗祠和李小龙祖居至今。由于这个关系,经常有人问及李小龙祖籍等问题,因此就用此文介绍。

我去过广东南雄珠玑巷访寻李氏的祖宗祠堂,因为相传最早源自此地。在超过一百多间各家姓氏祠堂中找到一间李氏祠堂。我也去过广东南海太平访寻李氏的祖先祠堂,因为在五百年前明朝期间,其中的一支李宣义由南海太平移居顺德均安上村,成为上村李氏始祖。

李氏后人为了供奉始祖,建了宗祠拜祭。后来到了晚清,出了一位探花李文田（1833—1895），就在同治三年（1864）重修李氏宗祠，成为今日的规模。宗祠内有慈禧太后赐给李文田的大字匾额，近年还从墓地运回刻有光绪帝给李文田的御书石碑两块，也放在宗祠摆设，李文田的显赫增添了李氏后人的荣耀。至于李氏宗祠作为所有李氏后人供奉的，则只是始祖考宣义李公和妣黎氏安人的神位，安放在宗祠的正中位置。

李氏族谱分散而不全，我查过李小龙的曾祖父可能是李秀淇，没有祖父李震彪和父亲李海泉，因此李震彪的生卒年月不清楚，也未见到他的坟地。李海泉是否在上村出生，有人问过老人李有兴，是在上村出生，大约六七岁去佛山。

上村的李小龙祖居，是其祖父李震彪住过的土屋（使用黄泥加石灰夯筑）。李震彪去外地谋生，将屋让给亲戚居住已历三代了，因此地契也转给江门的李海泉疏堂兄弟或侄子。此屋曾于60年代维修，70年代改为砖屋，1997年由镇政府重建后已非原样，摆设也非原有。

李震彪在上村并未留传响亮的事迹，已故老人李有兴（1913—2001）的父亲曾向有兴提到震彪身材高大，在上村劏猪。李有兴同李海泉不同宗，前者祖父是李秀旭，后者祖父可能是李秀淇。

上村最少有三位老人见过李海泉，都是因为李海泉演戏出了名。

我听李有兴讲，李海泉曾在1945年或1946年来过上村，带了5—6岁的细佬仔，估计可能是李小龙。此外，李海泉曾在离上村有两条村的三华村为当地华光庙落成演戏时见过有兴。有兴见到过何爱瑜和跟随李海泉学艺的李秋勤，他称何爱瑜为西洋妹。

我听父亲李锦添（1911—1972）讲，李海泉曾在离均安20公里的江门演戏。父亲是短工，随鱼船运鱼到江门鱼栏，船上五人去看望李海泉，其后李海泉拿了戏票去鱼栏给他们。

我听现仍健在87岁的李柏根讲，他看过李海泉演戏，记得名称是《烟精扫长堤》，他也见到过西洋妹和细佬仔。

均安上村李氏后人知道李海泉的儿子是李小龙，是在李小龙回港拍戏成名之后。大约1978年或1979年，居港的上村人李春能曾告诉有兴，李海泉的儿子李小龙前几年在港逝世，开追悼会时他想参加，但被警察阻止进入。

李小龙祖居一向由李氏后人管理。今日上村是以李氏后人为主的村落，在1200村人中李姓约800人。

1998年，李秋勤和女儿丘淑娴来上村，要看李小龙祖居。当李有兴见到

李秋勤时还认得出她。后来市政府干部也来看李小龙祖居，再由我征得李秋勤的同意，介绍双方认识。从此，顺德市政府、均安镇政府、上村村委会和海内外的上村李氏后人为了一个共同目标而交流沟通，并且为了在上村筹建李小龙纪念馆等事项，弘扬国际功夫巨星李小龙的精神而走在一起。

限于上村的人证和物证都很不完整，我所了解的事实也不全面，有关李小龙祖籍的介绍可能有误，需要继续发掘，希望各位不吝指正为要。

图附10-1 佛山市博物馆工作人员与李海泉的戏迷访问李海泉当年的邻居——李满（84岁，右一），李满现仍住在佛山山紫村拱北里。

图附10-2 故居泥墙特写。据佛山现年80岁的老师梁燊、卢坚等人介绍，李海泉故居早期为泥墙，建于明末清初。目前原址现状为清代时泥墙倒塌后修建。

图附10-3 位于广东省佛山市山紫村拱北里的李海泉故居原址

图附10-4 佛山笑尘寰茶楼原址

图附 10-5　香港李海泉墓碑　　　　　　　图附 10-6　相传李震彪故居原址

后记：

关于祖籍问题，除非有家谱，否则祖父辈之前，就可能不清楚了。为此我也曾查过我自己和太太方全芳的祖籍。

我祖父梁爵荣和父亲梁益珊祖籍广东南海市丹灶镇。清朝时期祖父在马来西亚槟城出生，后来移居上海，在英国领事馆工作。父亲是上海原英资的 DUNCANMAN 罐头厂东主，去港后是澳航 QANTAS 最早华人经理直至退休。

我外祖父黄福基和母亲黄庭玉祖籍广东番禺蜑家。军阀时期，祖父在四川重庆最早建成第一间电灯厂，后来发了财移居上海。

其实他们从未回自己家乡，也不知当地有否亲属。后人已对祖籍十分淡漠，只有我去过南海西樵山，最近又和儿子、媳妇、孙女以及小女专程去马来西亚槟城旅游，已算是少有的关注了。

我太太的浙江镇海方家就不同了，据说源自福建莆田的方家，可追溯到方亨寅（1770—1840），后人有老方建康和新方介堂，清嘉庆（1796—1820）年间，方介堂（亨黉）开始营商，介堂去世后他的族侄润斋在沪开设钱庄，从此方氏族人在沪杭拥有大量钱庄、银楼、典当，并经营南货店、糖行、药材店等。到了选青，育有长子传沆（液仙），次子传梁，小女全芳。

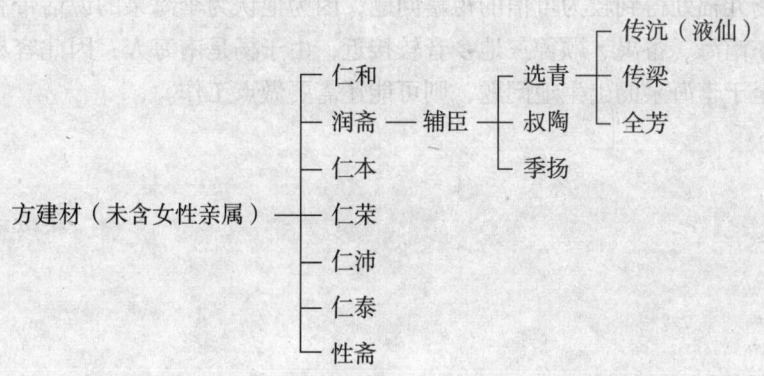

辛亥革命那年，方液仙创立中国化学工业社，成为日用化学工业的先驱。"五四"运动后，所制"三星"牙膏、"三星"蚊香及其后的"箭刀"肥皂等国货，把日货"野猪牌"蚊香和英国"祥茂牌"肥皂挤出中国市场。1931年"九一八"事变后，由于提倡国货，抵制日货，由中化社联合五厂，在南京东路开设中国国货公司，促使南京路上一向经售外国货有香港资本的永安、先施等四大公司也不得不销售国货。抗战期间，上海租界沦为"孤岛"，方液仙由于拒与日伪合作，被绑架并遇害，时年仅四十七岁。一个爱国实业家的世家，接连五代人都是著名企业家，而且一代比一代强，可以作为研究中国资本主义发展史的典型材料，而且又与上海的"宁波帮"成长过程直接有关，因而它的祖籍家谱显得极其重要。

李小龙祖籍同我家一样，族谱不明，人证不清，祖坟不详。在美出世和落籍的他，从未回自己家乡，也不知当地亲属，对自己祖籍自然十分淡薄，可从李海泉墓碑上只提顺德没提乡镇多少说明问题。李小龙母系家族有香港最早的授爵衔买办资本家何东爵士，与上海最早的国货实业家恰成强烈对照。

我曾向现住西雅图的多年好友杨九福师傅（2005年99岁）了解李海泉的

父亲。他说曾在香港见过李海泉的母亲及兄妹等亲戚，从其妹的儿子岑烈夫（是同音字，也是粤剧演员）得知，李震彪是哑子，在鱼塘捞鱼食卖给养鱼人。如果属实，多少说明李海泉对自己的平常家史少同子女提及，因而后人自己都不太清楚祖籍的乡镇名字。

我从杨九福处得到较为可信的祖籍问题，因为他认为李海泉的说话带有顺德音。广东南海、番禺、顺德三地乡音较接近，由于杨是南海人，因此容易分辨乡音。至于李海泉的出生地问题，则可能还需要做点工作。

梁敏滔

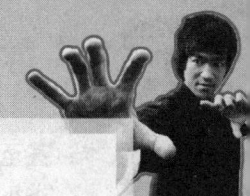

附录十一

传统武术走向世界发展战略的研究

根据全球多年的调查，中华民族传统武术要走向世界，应先选容易普及的拳术开路。

亚、非、欧、美、澳青少年都喜欢青春活力的竞技，例如跆拳道就十分成功。传统武术要走向世界，也应先选有青春活力竞技的拳种开路。

太极拳是传统武术走向世界的成功例子，有推手竞技，也有套路。但是套路势势相承的节奏，较为适合中老年人的保健养生，对于富有活力占大多数人力资源的年轻一代，则未占领此市场。就以法国巴黎为例，年轻一代喜爱青春活力打踢竞技的日本传统空手道，因此在当地推广太极拳和中国式摔跤多年的中国袁祖谋师傅，为适应西方青少年喜爱，提出了打、踢融合中国跤的"手搏"竞技，它不是着拳套力量型击倒的竞技，而是徒手灵巧型快速得分的竞技，与法国踢腿术和击剑术一样高雅，较为符合法国的民族性。

中国传统武术要走向世界，加入全球化行列，应当借鉴日本和韩国的经验，集中政府和民间上下力量去推销方易奏效。最近访问中国的日本民族传统相扑，就是它走向世界的发展战略中，向中国推广宣传的一个开始。

如果中国一开头也利用自己具有的优势，充分利用有世界之名无国界之分的李小龙截拳道和叶问咏春拳作为传统武术走向世界的最前列，将会成为迎合体育全球化潮流的最佳选择。运用这种以点带面的策略是以柔性攻势为主导，排除以套路为中心，将会让全世界在不知不觉中乐意接受。因此，它所走的路程必定简单直接和快速准确，而且将会为传统武术走向世界铺平康庄大道。

世界著名建筑师美裔华人贝聿铭博士，以善于将世界传统文化融入当地环境及西方现代建筑之中而享有国际盛名，例如他在设计世界著名的法国罗浮宫博物馆时，成功将东方的金字塔融入西方古典宫廷建筑群之中。他在设计世界著名的日本美秀美术馆时，引用日本人熟悉的中国桃花源典故，将它设计成梦幻的美术——"山中桃花源"。

年初风靡东瀛的"女子十二乐坊"，利用传统中国乐器打破传统演奏方式，改为站立演奏、奏出跳脱国界的拉丁音乐、爵士乐及流行曲，因而成功登陆日

本,甚至最近在日设馆授徒,正在走向世界。

李小龙的截拳道源自传统武术詠春拳,具有传统武术的基因,但也具有很大的文化包容性、多样性和交融性。李小龙的功夫早于武术扬威世界,他是使中国的传统武术文化与世界潮流接轨的先驱者。我们如何利用这个世界品牌效应,继续为中国传统武术文化走向世界服务,或许是一个迫切的新课题。尽管截拳道在中国并不普及,目前只在香港发展中。但是它像跆拳道一样具有青春活力和带有节奏韵律,将会是青少年中最受欢迎的武术运动之一。由于它具备容易学习和极易普及之优点,因此可以很快就在中国普及。

传统武术走向世界要有战略性,有计划地包装詠春拳与截拳道共同开路,将会迎合世界时尚潮流,正如女子十二乐坊迅速成功登陆日本一样。

将詠春拳与截拳道作为同一系统,始于纪念中国武协成立四十周年的官方正式文件上,称为"詠春截拳道"。它与美国的"振藩截拳道"不同,前者以传统詠春拳的阵地战为主,后者则以创新传统武术的截拳道运动战为主。阵地战与运动战就是一个整体的两个侧面,它们阴阳动静互补,符合道家哲理。

李小龙自认是中国人,并认为截拳道是中国功夫,其技术和理论均于1965年创始于香港。

詠春拳有其传统严谨的一面,与截拳道互有优势。詠春拳的许多优点已反映在截拳道中,不一一赘述。至于截拳道的动态活力性和灵活适应性则反映在运动战中,例如截拳道移动步法富有节奏感,李小龙的美国第二代传人配以音乐,已用于截拳道教学上。如从普及体育的角度上看,它也十分适合男女青少年在健身房内作为时尚流行的拳打脚踢健身运动。因此,两者的配搭颇为适合传统武术在新世纪全球化的发展战略。

如果由中国武协主导"詠春截拳道"走向世界,例如以中国武术运动管理中心在北京第一次主办"1996全国詠春拳短训班"的叶问嫡传弟子和李小龙授业师兄黄淳樑的"詠春拳学"课程为主,又例如以李小龙嫡传弟子黄锦铭多年来在香港振藩截拳道会主教的振藩截拳道课程为主,则两者应是最佳拍档。

"中国功夫"名字在海外响亮,经过包装对外的传统拳种,可以与国内有所区别,全部用上"功夫"的名称,例如詠春功夫、JKD(截拳道)功夫、少林功夫、太极功夫等。詠春截拳道则称为VCJKD KUNG FU(詠春截拳道功夫),它们都以占多数人口的青少年为主要对象,并以青春活力的双人对练或

交手竞技为主，单练的套路可以配合，以利向外发展。

最后，再具体提一下詠春截拳道功夫，为何它具备中华民族传统武术的基因，分述如下：

一、手指灵活的民族

香港有位专家认为："中国人左右手的手指一般都较为灵活，所以是因为手指灵活而用筷子，不是用筷子而灵活起来。"天生手指灵活，有利于微雕、奏乐等艺术，也有利于徒搏等武术。

传统武术大多数是以手为主体的近取，因此打、拿、跌的技术十分丰富，就是因为手指灵活而形成的，例如缠封扭斗的近取是手指灵活的中华民族独创的。

二、以手代剑的民族

中国古代徒手搏击模仿击剑的动作，以手代剑的掌指搏击要早于用拳搏击，因而手搏的理论与剑术的理论融会贯通。从古代手搏壁画单掌直指的姿势来看，又与击剑十分相似。到了明朝，"剑经"仍然适用于"拳经"。

长短兵最终都是一刺，明人俞大猷《剑经》的棍法和清人吴殳《手臂录》的枪法最终也是一戳。俞大猷以"剑"名论棍，吴殳则以"手臂"论枪。棍、枪、剑就是手臂的延长。

三、讲手

人类进化的最大特征，就是脑与手的发达，它们之间可以通过触觉反应，产生相辅相成的效果。

手指灵活的民族善于运用打、拿、跌的手法，因此统称为"讲手"。传统拳术最善于讲手，近身格斗时包罗万象。这种蕴藏着无限之"有"的无限制格斗，不会受到自己拳术的派别所束缚。

四、短兵

中国古代一切短兵器都称短兵，例如刀、剑、鞭、钩等。短兵是融合中国武术短兵器的各种技法于一体的实战性格斗运动，可以用刺、劈、砍、崩、点、截、抹、拦、架等技法，按照规则取分。讲手就是以手代兵器的"短兵"格斗。

五、双刀

吴殳的《手臂录》中有抗倭女将广西僮（壮）族瓦氏夫人的《双刀歌》，詠春拳有广东流传的八斩刀双刀法，还有双撕手的双刀手法等。截拳道强调詠春直拳的攻击，也运用詠春的缠封技巧，近身时还可用詠春拳前臂的"双刀"攻势，利用两只前臂骨作为"双刀"，较容易砍斩头、颈、肩、胸、臂等大范围目标，十分符合简单直接和快速准确的原则。

六、连击

明朝期间形成了传统的格斗文化体系，抗倭常胜将军戚继光撰写的兵书《纪效新书·拳经捷要篇》，标志着已从手搏时代跃进到拳法时代。他在《拳经》中提到三个制胜的方法，第一个是"制敌致胜"，其方法就是势势相承，变化无穷。第二个是"多算而胜"，其方法就是博记广学，兼而习之。第三个是"无有不胜"，其方法就是首尾相应，上下周全。

孙子说："兵无常势，水无常形，能因敌之变而取胜者，谓之神。"戚继光则选择三十二势的拳法，提出："势势相承，遇敌制胜，变化无穷……人不得而窥者，谓之神。"前者认为能够根据敌情变化而取胜的，就叫做用兵如神。后者所谓"相承"，就是能够联接有限的招式，一环扣一环的连贯攻击，变化为无穷的招式去取胜的，也叫做用兵如神。因此，"相承"是关键，好比"庖丁解牛"的运刀，要巧中求快。如果出拳迅雷不及掩耳，对方不知招架，只须一击便中，否则"犯了招架，便是十下"，那时就必须巧中求快了。戚继光认为相承得最妙者就是武官刘草堂打拳的"连击"，刘的巧中求快与用棍的"连戳连击"方法相似。"连击"要"相承"到对方不察，正如李小龙的遇敌制胜之道，就是把技巧隐于无形，人不得而窥者。

戚继光强调要各家武艺兼而习之。其一，有利于取长补短兼容并蓄。其二，有利于知彼知己百战百胜。例如他的鸳鸯阵要破倭寇的蝴蝶阵，就必须兼习敌对的倭寇刀法，不但倭刀为我所用，兼可立于不败之地。李小龙兼习西洋拳与西洋击剑，洋为中用，同样是这个硬道理。截拳道运动战詠春拳阵地战兼而习之，首尾相应，上下周全，同样也是这个硬道理。

戚继光制胜法，一个是兼学，一个是连击。用兼学的有限技巧，去变化无穷的连击，也就是李小龙的制胜法，要兼容并蓄直道而行。他们两人都是富有改革创新精神的武学思想家，有许多共同之处，例如鸳鸯阵、截拳道、詠春

拳，都是强调直道而行和连击。因此，他们的创意都没有脱离开简单直接和快速准确这个硬道理。

中国著名武学理论家马明达教授，曾对戚继光和李小龙都做过精辟的评价，李小龙的评价如下：

"当代武坛一度为铺天盖地的'满片花草'所笼罩，与传统脱节的那些蹦蹦跳跳、翻翻滚滚的'舞术'，还有那些形形色色的'大师''法师'，以及他的'秘诀秘传'之类，使武术黯然伤神，无所归依，时至今日还不能'魂兮归来'。当此之际，李小龙以他的高远卓识和独行孤胆，毅然崛起于海外，使全世界对中华武术的真谛与魅力而为之一震！在花草枝蔓、萎靡不振的武坛上，李小龙犹如一株拔地而起的千仞劲松。李小龙是当代海内外武坛上极少数几位有思想的和有理性批判精神的武术伟人之一；从维护传统和大胆创新的成就上讲，从弘扬民族文化与振奋民族精神的意义上讲，他的确是一位永远值得我们纪念的民族英雄。"

梁敏滔

（此文在2004年郑州举行的首届世界传统武术节论文报告会上获二等奖）

附录十二

徒手格斗竞赛打中心线的研究

一、传统打擂台的过去

（一）传统武术的真谛在于格斗术

自古以来格斗术就是传统武术内涵的主体。由明朝开始形成格斗文化体系，并在其后有所发展。

自古以来格斗术就是各种比武的主体。由宋朝开始形成民间打擂台的格斗模式，并在其后继承此传统。

（二）传统徒手擂台的特色

1. 传统打擂台在台上比武

根据《忠义水浒全传》，燕青在擂台上与擎天柱相扑的明刻本透视插图，高度超过1公尺的擂台，面积约为（5~6）×（5~6）m²。

2. 传统打擂台制定规则

比武要有"部署"裁判和制定"社条"规则，例如"不许暗算，先败下台者为输"等等。比武一次过结束，没有分回合的休息。

3. 传统打擂台不用护具

参加比武的高手不用头盔和拳套束缚，最大限度发挥脑与手的灵敏性。

（三）武侠小说中霍元甲摆擂台的规则

平江不肖生是中国现代武侠小说的开山鼻祖，他所写的《侠义英雄传》在民国时期风行，书中主角霍元甲摆擂台的规则简介如下：

1. 不分国籍及年龄，只与男性交手。
2. 每次一人上台，报名并由台主接谈后方可交手。
3. 只许空手上台，不得带武器及施用暗器、药物。
4. 胜负不易分别时，由评判决定。
5. 禁用手套、护心镜及头盔、面具。
6. 台上交手以铃声指挥为准。
7. 打法及部位虽无限制，但以武会友不攻击要害为宜。
8. 伤者自医，死者自殓。

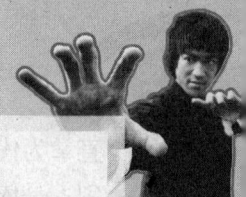

二、继承、发展与创新传统打擂台

戚继光认为"学拳要身法活便，手法便利，脚法轻固，进退得宜"，并且强调"既得艺，必试敌"，因为"善战必定艺精"。

戚继光特别强调"凡比较武艺，务要俱照示学习实敌本事，真可对搏打者"。他所指的"真可对搏"并非你死我活的对搏，而是有规则的对搏，接近实战的对搏。例如古代战车列阵作战，如同集体狩猎，同样要讲究射御的协同作战，对目标又同样要进行搜捕，因此打猎就是"讲武"。又例如戚继光就有"比较武艺赏罚篇"，提出所有武器务要按规定比试，以达学习实敌本事之目的。

在今日难以试敌的情况下，一般都利用现代竞技比较武艺，但是这并不一定适合传统武术各门派能善用所长。

自从1928年民国时期的中央国术馆主办了第一届国术国考，其中有"搏击"项目之后，历经七十多年来，大家都为继承、发展与创新传统打擂台，在竞赛方法、规则与赛制上，一直在摸索前进。对于既保有中华传统武术精华，又具有奥运竞技特色的现代打擂台，尚须继续进一步探索。

本文是以"打擂台"为主题，探讨它的现代格斗竞赛模式，在不同模式中重点探讨打活靶心（打中心线）。

（一）以打击靶心（核心）为得分的目标之一

格斗竞赛可以采纳一些新思维和新方法，例如本文对武术交手锻炼，推荐以打活靶心（打中心线）作为得分目标之一，因为它能够运用国际武坛的任何门派技术，在公平、公正和公开的条件下一较高下。

武术交手锻炼形式很多，如要从动态的攻防中进行交手，从攻防互动中获得最实用的快击锻炼，最简单直接的可能就是打活靶心（打中心线）。国际上新奇的创意都差不多有人尝试了，当然打活靶早就有了，但还没有打活靶心（打中心线）。

本文建议的活靶心（核心）目标，就是要向地球借力量而不停移动的重心线（即中心线），也是任何传统武术最重要的动力来源。太极拳要求"中定"，形意拳要求"斩拳迎门取中堂"，意拳要求"守中用中"，南拳要求"沿中纵击"，咏春拳和截拳道要求"占中打中"。

任何攻击方法都能通过打活靶心锻炼，而任何拳种的主要攻击工具都可以

直拳为代表。以詠春拳和截拳道的主要利器"日字冲拳"为例，它好比一把利剑，是依中线以直线击出，也就是在朝形的情形下从自己中线发拳，直击对方的活靶心（中心线），因而对方的身体必须承受全部击力。

（二）打击中线目标可以运用科学计分法

中线理念和要害理念是传统武术的实战构思，建议突出击中的得分范围集中在胸腹部有护胸的中线，在此中线处有凸起的颜色鲜明的垂直线标志。只鼓励快而准的攻打胸腹部中线要害，但不鼓励攻打其他中线要害，例如头部和裆部。因此，其游戏规则既符合快攻击中得分的原则，也可避免强力击倒和危及安全；既可充分发挥东方人的灵巧型体质优势，也可适当限制西方人的力量型体质优势。

中线要害也可包括头部，但要考虑如何对其妥善保护。

要研究击中中线得分的科学计分法，例如只在中线条状部位运用电声或闪光，可能较易做到。护具加装这类装置，可以消除裁判不公，或许这是国际武坛上的一种新尝试。

（三）连击中线目标可得较高分

戚继光在《拳经》中提到遇敌制胜的方法就是"势势相承，变化无穷……人不得而窥者，谓之神"。所谓"相承"，就是能联接有限的招式，一环扣一环的连贯攻击。例如用左右手连环发出直拳向中线连击时，好比冲锋枪连击集中于同一条直线的位置，显然是较难的。因此，以巧中求快的连击中线作为取胜的手段就可得分较高。

三、打活靶心（打中心线）的竞赛特色及其要求

1. 人类进化的最大特征，就是脑与手的发达，它们之间可以通过触觉反应，产生相辅相成的效果。

对抗性竞技体育，要锻炼头脑指挥双手同时做不同动作和十个手指收放自如的能力，就要解除双手的束缚（不戴西方拳套，例如只戴露手指的薄手套保护指骨）。进行击打为主和拿摔为辅的格斗竞技，可以锻炼互动交手的触觉反应，因此，最适宜青少年在发育期间，锻炼脑与手的协调和灵敏反应。这些都可以通过安全的对抗性游戏和校际性竞赛，提高青少年锻炼的浓厚兴趣，因而有利于推广普及。

2. 实战的格斗原则是"最简单直接最实用，最快速准确最有效"，体育的

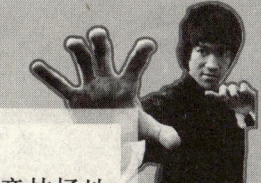

格斗原则也相同。

3. 青少年锻炼主要的是技巧而不是体能，竞技时间不宜过长。竞技场地不能太大，避免消极游走和消耗时间。

4. 规则上要利于速战速决和刺激紧凑，具有可观性，例如规则上鼓励用迅速而清脆的拳、掌直击靶心取胜，也可用迅速而清脆的腿法和拿跌法取胜。不鼓励纠缠扭打或乱拳互搏。

5. 竞技必须具有连贯性，例如击中中线得分不须叫停，连击中线成功或摔跌对方才叫停。

6. 格斗运动具备全球普及的条件，因此它的终极发展目标就是全球化，例如参加世界运动会的武术项目。

四、打活靶心（打中心线）可以练功

可以运用活靶心作为互动的功法锻炼，例如锻炼直拳击打活靶心（打中心线）的功力，或者锻炼连击次数的功力。

戚继光在兵械对搏的功力锻炼方面，当比试枪功时用一木板，从上至下分眼、喉、心、腰、足共五孔，一人执枪二十步外，听到擂鼓飞前戳击，遍及五孔即止。这就是传统打固定靶心（中心线）的枪功锻炼。

戚继光在比试藤牌攻防功力锻炼方面，防守时要试其上下左右遮蔽活动之法。进攻时要利用标枪飞击，乘隙抽刀杀进。可见藤牌手是攻防合一的个体，置于行伍之先，为众人之藩蔽。因此习牌之人，又须胆勇力大、轻足便捷少年，然后可授之。

运用活靶心对搏练功，正如藤牌攻防兵械可攻可守，当双方都在对方的活动靶上互动练功时，都可锻炼对搏的功力；正如练枪功时，连击木板上下五孔的中线理念和要害理念同一方法，不过后者靶心是不动的，而前者靶心可互动，因此功法锻炼难度较大。

现代竞技锻炼功力时，觉见的有打沙袋和打手靶。传统的有吊袋功，可以综合锻炼攻击、闪躲、视听等能力。

李小龙认为，应对不同类型的靶子进行击打功力练习，以便与各种不同类型的物体接触时得到不同的感觉。因此他也在活人的活动靶上练功，发放全部击打力量打活靶而又不会挫伤活靶人。

李小龙所经常提及的技击三大重点——快、准、劲。

"快"就是时间与线路的速度比例；

"准"就是位置与距离的移动关系；

"劲"就是力量的发动与承受。

在技击中，这三大重点极为重要，缺一不可；练快、准、劲亦必须透过多种专门方式及经历长期的系统训练，才能产生预期效果。

运用活动靶作为打"中心线"的工具，可以同时有效地训练及直接地锻炼出这三大能力。

梁敏滔　王玲　李恒昌

附录十三

访问振藩截拳道核心成员李恺师傅

李小龙弟子李恺师傅携夫人由美来港,并于 2005 年 10 月 8 日在振藩国术馆开办的第一届李恺师傅截拳道培训班讲课。在此期间我们向李师傅做了一次专访,其精粹内容报道如下:

问:如无记错,您今年应是 75 岁,听说您年轻时得过旧中国全运会拳击冠军,可否介绍一下您早年的练武经过?

答:我出生于上海,10 岁时开始学习少林武术和内功。13 岁时学习西洋拳击,经过多年努力训练,后来成为上海拳击队的主力。当时上海的拳击代表了中国的最高水平,而当时中国的拳击水平亦属亚洲的强国。1948 年,我代表上海队参加第七届全运会,取得轻中量级拳击冠军。

问:请介绍您从上海远涉重洋向李小龙学武的经过。

答:中国内战战火接近上海,我全家乘船迁往台湾。1952 年留学美国,1960 年获电机硕士学位,1962—1992 年在加州火箭喷射发动机研究所工作了 31 年,为发射到太阳系的无人太空飞行器,设计数据控制系统。1966 年跟随杨式太极拳传人黄虎岭学太极拳,对太极拳柔中寓刚、借力打力的艺术和道家的阴阳刚柔哲理非常着迷,因此那时是白天辛勤研究外层空间,夜里练习人体内宇宙。此外,我在 1984 年取得东方医学博士学位。

我虽然掌握了数种传统武术与竞技,但始终对实战格斗的技击术抱有浓厚的兴趣。我在 1964 年的长堤空手道锦标大赛上初识李小龙,他比我年轻很多,我对他的精湛武功非常敬佩。因此在 1967 年正式投入洛杉矶振藩国术馆的李小龙门下学武(图附 13-1)。

图附 13-1 李小龙与李恺在 1967 年演示截拳道与传统武术的不同打法

问：自从李小龙逝世二十多年后，您在1996年成为振藩截拳道核心的核心会员，这是世界上唯一合法和最具权威的李小龙振藩截拳道推广机构。您现在又是李恺太极拳中心的总教练，两种身份说明你对截拳道和太极拳的造诣都很高。可否谈一下太极拳会对截拳道有些什么影响？

答：我认为李小龙在香港接触太极拳最早，虽然在洛杉矶勤练的是截拳道，但他家中收藏的中文太极拳书籍却甚多，而且每本都有他的仔细圈点。李小龙对我的太极拳知识和技巧甚感兴趣，曾用摄影机录下我演练的太极拳。我深信如果他今日仍然健在的话，一定也和我一样钻研太极理论，因为研究阴阳转化规律并将之应用于截拳道上，一直是李小龙的心愿，其成果肯定会在截拳道的柔防刚攻、连消带打等技击术发展上有更多的突破。

问：请您介绍截拳道的精要。

答：截拳道的精要涉及武学理论、格斗技术、训练方法、思维方式，以及内在精神，这五项缺一不可。

问：请您介绍截拳道的特征。

答：截拳道的特征有八个：1. 打中线；2. 快速的步法；3. 灵活的身法；4. 一手打二手；5. 连消带打；6. 刚柔相济；7. 阴阳哲理；8. 引进落空。

打中线是截拳道非常重要的理念，因为对手稳定整体动态的重心平衡接近中线，因此击打中线可使对手较难卸力，因而受力较重和较易失稳。

截拳道用直拳打对手的中线时要沿着准线导向，由侧身后面的支撑脚借助地球反作用力，通过髋部的转动把整个身体向前推进，手臂只是击拳力量的运载工具，击打目标时不要旋转前臂，拳面是垂直的日字形。西洋拳打法，击打目标时要旋转前臂，拳面是水平的日字形。显然借助地球反作用力传递给拳面没有前者直接，影响打击的速度和力量。两种击打方法的比较，说明只有正确运用全身之力打中线，才能提供足够的击拳力量。

问：请您介绍截拳道有几种攻击方法。

答：截拳道根据对手现状有三种攻击法：1. 先出拳；2. 同时出拳；3. 后出拳。我是研究阴阳刚柔哲理如何应用于截拳道的技击术中，后出拳是我研究的重点。有攻法也必有破法，正如矛与盾的阳与阴。

问：请您介绍柔的特征。

答：柔的特征有三种，即有弹性，要顺势，如流水。

连消带打要顺势，例如顺势转马，以阴力带动阳力的柔防刚攻。

问：请您介绍阴阳之性质。

答：阴阳之性质有五个：1. 相对；2. 互存；3. 互根；4. 转换；5. 阴中有阳，阳中有阴。

请留意，李小龙的阴阳标志是反传统的，传统的是顺时针从无到有，再从有到无。

问：日本杂志曾介绍伊鲁山度的右手与右脚同时打要害，是否就是您介绍的阴阳刚柔哲理的同时出击（图附13-2）？

图附 13-2A　伊鲁山度的主攻手脚同时打要害

图附 13-2B　日本从中国手抄秘传散手图之一

答：只有右手与右脚同时出击，没有左手支持是不稳姿势，这叫双重。拳经曰："双重必滞。"无论攻防，一定要动态姿势稳定，例如右手阻截对手之攻击，必定交叉传力至左脚支撑，如用右脚支撑就会不稳。

问：您怎么看竞技武艺？

答：竞技武艺有规则限制，这往往就是它的要害。有一次李小龙同一位日本合气道高手在一起时，高手要李小龙抓住他的手腕表演合气技术，当李照做时高手就想用合气道技法顺势将李引入陷阱，但是李小龙突然松手断了线。高手顿悟其奥，立即说"这就是功夫"，其实这就是"你打你的，我打我的"。李小龙对付卧斗同样是"你打你的，我打我的"，例如必要时，用口咬这种应付法是最符合 JKD 的原则。

问：我们以前曾见香港有一班经常锻炼巴西柔术的年轻人，偶然有机会尝试学习中国传统摔跤的站式格斗，但是显得十分外行。

答：巴西柔术只是一种卧式格斗为主的运动。

问：李小龙曾同您谈论他在泰国拍电影期间，有观摩泰拳竞技，并认为硬桥硬马。是否泰拳站式格斗不够全面，例如只有阳刚的打踢，没有不规则韵律及虚实的变化？

答：有此事。

问：听闻您近日曾同香港振藩截拳道会的梁敏滔副会长，讨论过道家哲学的阴与阳和柔与刚在截拳道中的具体运用，双方观点如何？

答：我们观点颇为接近，大家愉快畅所欲言。

问：今天的李小龙弟子中只有两位华人弟子在讲学，希望您多向华人介绍李小龙截拳道。

答：本人跟随李小龙已有 38 年（1966 年至今），又学习太极刚柔之理有 39 年（1965 年至今）。截拳道的标志是采用太极阴阳之理，所以我希望能以我的经验与心得来完成李小龙截拳道发展的最终目标。谢谢。

伟佳　兆蓓

附录十四

美国振藩国术馆课程

一、西雅图振藩国术馆课程（由木村武之提供）

1. 敬礼
2. 摆桩或戒备式（包括中线理论）
3. 不动肘理论
4. 四门理论
5. 步法：
   进马
   退马
   右转马
   左转马
6. 詠春小念头
7. 直拳、肘法、膝法以及其他身体击法
8. 标指
9. 脚法：
   前直蹬脚
   前铲（踹?）脚
   侧踢
   低侧踢
   低足尖踢
   撩阴脚
   钩踢、后旋钩踢
10. 黐手
11. 挡法：
    摊手
    膀手
    耕手
    日字冲拳

伏手
掌击（正掌、横掌、底掌）

12. 其他技巧：
拍手
擸手
插捶、挂捶
擸手、冲捶、擸手、冲捶
插捶、挂捶、擸手、冲捶

二、振藩截拳道训练课程（由李小龙撰写）

1. 摆桩
   注意头、身、腰、股、腿、肩、胫
2. 中线理论
3. 不动胫理论
4. 四门理论
5. 八种基本格挡理论
6. 詠春拳之精简理念
7. 注意敌人之七星
   即手、脚、胫、头、肩、膝、大腿
8. 留意自己之三前
   即眼、手、脚
9. 步法：
   前进、后退、移左、移右
10. 朝形
11. 步法四律：
    保持全面灵敏度
    动作自然及全面生动
    保持敌我之适当距离
    保持身体在适当位置
12. 提高步法技巧之训练
13. 要害
    永远用你最有效之武器对付敌人最大之弱点

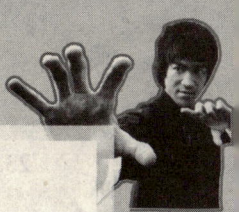

李小龙认为最有效之武器是腿

四大主要攻击目标：眼、胃、下阴、膝

14. 詠春直拳

两点之间以直线最短

其他手法如：穿掌、标指、挑掌、劈掌、盖掌、扇掌、反扇、阴掌、软掌八掌、詠春连环日字冲拳

15. 连消带打

或称消打同时

16. 近体打法：

詠春黐手

以无法为有法

对手打法（HIA）

闪挡技术（勾漏手）

17. 腿法：

八种基本腿法——前蹬腿、弹腿、前截腿、侧截腿、侧铲、割腿、侧蹬腿、踏腿

18. 自卫术

19. 截击技术（或截击拳术之道）

在动作上截击

在时间上截击

右前腿之截踢（以膝或上下五寸为目标）

侧踢

钩踢

标指

20. 拳套训练

詠春小念头

21. 体能锻炼

腰、腿、肩、手、腕

22. 器械训练：

大吊包、木桩、挂包、小吊包、铁环、沙碟、摆球、单头棍、握力器、铁哑铃、跳绳、吊纸、一百零八木人桩法

23. 李小龙个人训练表

三、奥克兰截拳道课程（由严万法提供）

1. 敬礼
2. 踢击训练：

   五角踢击：左右腿交替踢击

   五角踢击：从低到高

   顺时针方向踢击：用最新技术顺时针踢击

   组合式顺时针方向踢击的拳击：上步攻击

   关键：准时、不踌躇、最近之武器攻击最近之目标
3. 摆桩

   主姿势：移动、前、后、侧面

   关键：有活力和舒适
4. 躲避技术：

   躲避各种进攻

   躲避各种踢击

   躲避各种组合进攻和踢击

   让敌手击不中的最少动作

   要知道什么样的姿势和距离对你最安全，根据敌人之体型及距离而变化躲避与反击：学习过上述内容后实施

   关键：宁愿只躲避一寸而不去阻挡敌人

   阻挡就是给予敌人攻击的机会

   不能束缚敌人，应离开他（也就是说，不要与敌人纠缠在阻挡及对手之动作中）

   整个的想法就是截击敌人之动作及任何想伤害你之意图
5. 古典风格对新风格

   小念头：古典的拳头

   对手：实际中把动作消减一半，强调速度和节省动作

   关键：节省动作——奏效

   勾拳：靠近肢体，不同于拳击手法

   肘关节紧挨着肋骨，靠得愈紧密愈好

关键：中心线理论（从中心而不是从外面或者远处）

脚后跟踢击：更紧密一些，更集中一些

6. 单人的拳击训练

中心线拳击法（快速），用精密步法直线搏击

单人的踢击训练

改进踢击有两个方面——（1）功力：注水到水管内就好像功力渗透目标一样。（2）速度：抽击好像鞭子一样。（比如，鞋带突然断了，"噗"的一声弹开来；悬空踢击一只昆虫）

组合训练，把功力和速度混在一起进行训练，酌情加以调整

关键：到达目标的方式——及时、快速、放松

无影打法（无预先步骤或者结结巴巴的步骤）（拳击的时候不畏缩）。完全强调速度和节省动作。

移动得愈少愈好

就像双刃剑一样，干净利落

功力需要多年时间累积并需要在困难环境中苦练

速度随精密度而生，愈精确，速度愈快

姿势适宜，肢体平衡而协调

步法被看做是轻而易举的事情，毋须生硬地四处跳跃，但是，得放松和灵活，毋须深谋远虑，毋须角度和及时

7. 基本的封手方法：

拍手

擸手

耕手

窒手

摊手

膀手

节省动作，把这些动作减少一半

单封手

双封手

关键：封手只是一种辅助动作

袭击、袭击、再袭击；不要封手，不要封手，然后再袭击，缠住敌手的时候，一有空隙就袭击。

隐匿，通过摩擦力滑走，但是得有"气"流动
8. 路线训练
   灵活性：接触和非接触
9. 距离：认清你的距离
   安全地带
   无人场地
   门，肢体部位和区域
   关键：你自己是位于对你来说很安全的地方，对敌手来说，不安全的地方。离开对手后手，应转向对手较强一侧的外面。在你袭击之后而不是之前，封住对手的前手和前脚
10. 实战练习：
    进攻与防卫
    进攻之前，应令对手惊怕，破坏他的节奏和向前的动量
11. 器械锻炼
    手指戳击/标指
    日字冲拳
    侧踢：胫骨、膝盖目标
    侧踢：渗透目标的功力
    袭击到封手
    踢击到封手
    拉近双方之距离
    詠春功夫基本的封手方法
    袭击，封手，然后击倒对方
    踢击，封腿，然后击倒对方
    拳背（高到低、低到高）
    关键：所有的封手技能都包括在袭击之内了
    不要只在目标表面拳击和踢击，要全面渗透踢击和拳击目标
    破坏对方节奏性动作的时候，不能有预示
    当你以截击去阻踢的时候，它就包括在你的步法之内了（比如放松、虚灵、阿里式动作等）
12. 火速步法：手到脚的刺激
13. 钟摆步法：先避开对手攻击，而后返回原先位置进攻对手

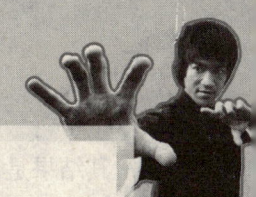

14. 基本的和主要的目的：每个学生必须找到"自我"
    鉴别工具
    使用工具
    锐利工具
    对工具了如指掌
    适应对方的三个阶段
    冰：固体、不变化、坚硬
    水：液体、流动的
    蒸气：气体、集中力

四、洛杉矶截拳道课程（由黄锦铭提供）

1967年是李小龙生活中具有纪念意义的一年，由于《青蜂侠》电视系列片集的停拍，李才能竭力去训练和研究格斗技。这一年还是李为他"以无法为有法"的新式截拳道命名的一年，也是在洛杉矶唐人街的学院街628号创立第三间武馆的一年。和其他西雅图和奥克兰的武馆一样，李的第三间武馆并没有识别标记。实际上，窗户上涂有红色搪瓷，这就是他的武馆标记。

第一堂课是1967年2月2日在振藩国术馆洛杉矶分馆讲授的。李小龙选了伊鲁山度为他在该校的助理教练，以便当李小龙不在时，替他讲课。参加那个具有历史意义的第一堂课的学生有：菲利浦·巴迪、鲍勃·布雷默、顿·登洛普、史蒂夫·戈尔丹、艾尔弗雷德和库尔特·哈伯、理克·赫尔曼、雷蒙德万尼、彼德·捷科布、阿兰·拉古诺夫、李恺、杰伊·帕尔森、拉尔夫·彼劳尔特、泰丽·波蒂特、保罗·罗比伊、奥各·西蒙、海沃德·索胡、乔治·斯坦伯利、肯·温修伊和黄锦铭。

随着唐人街学校的学员私下在他家学习的人越来越多，该学校于1970年1月29日正式关闭。再加上在荷里活的工作很忙，结果他发现正式上课的时间越来越少了。

此外，李感到一大群人上课对老师、对学生都无益处，较少数人上课能使老师有更多的机会去发现按着传授知识练武的时候，他们究竟需要什么。大课堂是无法激励这种注意力的。这种教学方法的另外一个问题就是：没有自身注意力，学生只是完成动作，学习技能，在原理上得不到实施动作的丰富知识。

其结果是，他们只学习了表面的形式，却抓不住要领，按照李小龙的说法，真知在于人们能够超越所学技能，而获得自己的知识，最终达到控制自如。实际上，在截拳道学校关闭一年之后，李就告诉他的年长学生李恺："我关闭所有截拳道学校的理由是，它很容易让学生把课程表当做是'真知'，把训练课程看做'方法'。"

虽然唐人街的训练雄辩地证明是有效的，但仍然暴露出许多学生第一次全接触格斗时的实际情况。以下是李小龙定下的原始洛杉矶武馆训练课程：

1. 适应性训练程序：
   交替臂开
   扭腰（每侧3次）
   原地跑步
   肩部转动
   高踢
   侧踢抬腿
   端坐弯腰运动
   扭腰
   抬腿
   前弯

2. 拳击：
   （挂纸、手套、手套垫、墙垫、重型沙袋）
   热身运动——到出汗为止
   直拳（左/右）
   训练右前方攻击
   　　（1）高
   　　（2）低
   背拳

3. 踢击：
   热身运动——（左/右）
   　　（1）到出汗为止
   　　（2）鞭捶
   侧踢——左和右

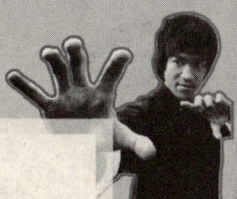

（注意选择小组训练方法）
（1）面对两排学生
（2）成组练习
（3）一个学生出来练习

直踢——左和右
后踢
胫骨/膝盖/阴部踢击
钩腿（先低踢）和脚趾踢
组合踢击——最后用手击打

4. 基本防卫方法：
截击
（1）胫骨/膝盖踢击
（2）手指戳击（近距离范围内）
（3）任何形式的踢击都需要协调一致
四角还击

5. 功力训练：
等同训练（两人）
（1）朝上朝外的功力
（2）基本功训练
（3）拳击
（4）踢击

6. 经典技击（詠春拳基本技术）：
拍手
攡手
挂捶（背拳）
插捶/挂捶
拍手/挂捶
双攡手
插捶/挂捶，攡手/挂捶
窒手
拍手/窒手

插捶 / 挂捶 / 窒打
内门摊打
低摊打 / 挂捶
插 / 挂 / 摙手

7. 组合技术：
右手佯攻，实施下阴踢击
假装右踢，实施标指
假装右手击胃，实施右手直击头部

附录十五

香港振藩国术馆简介

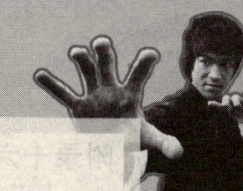

　　在李莲达女士倡议和振藩截拳道核心授权下，1997年11月李小龙57岁冥寿前夕及香港回归中国4个月之际，振藩截拳道香港分会（Jun Fan Jeet Kune Do HK Chapter）正式成立（今改称香港振藩截拳道总会）。它致力于中、港两地传播李小龙的哲学，武术及电影艺术（www.jkd.com.hk）。

　　2000年11月李小龙60岁冥寿时，香港正式成立振藩国术馆。至2005年10月止，已开办了十一届黄锦铭师傅截拳道修习班和一届李恺师傅截拳道修习班。

　　振藩国术馆是一秉承李小龙研究武学精神并不牟利的授拳团体，而国术馆取名"振藩"，是为纪念李小龙对武术界的杰出成就。

　　此会教练由李小龙亲传弟子黄锦铭师傅在港的弟子负责，教授振藩截拳道的拳、脚及步法、攻击策略、搏击训练，以及加强学员对振藩截拳道的认识、增强体能及柔韧性、建立个人自信及团队精神。

附录十六

东方徒手格斗术史事表（包括实战格斗术和体育术）

朝代国家或地区	说　明	文献或考古资料	要　点
春秋末年（约前580—前481）	一说战国	《老子》	道家哲学构成东方格斗术战略战术的思想基础
春秋末年	一说战国	《孙子兵法》	东方格斗术的战略战术思想很多直接源于《孙子兵法》
战国（前480—前222）	不同时代和不同人的作品汇集	《易传》	道家哲学的进一步发展，例如刚柔相推说、阴阳说、太极说等
战国前期		《春秋左氏传》	晋侯梦与楚子搏，楚子伏己而监其脑
战国中期（约前369—前286）	可能是汉人所作，或许是《手搏六篇》亡佚的文章之一	《庄子·说剑》	"示之以虚，开之以利，后之以发，先之以至"等，被认为是东方格斗术理论的纲领
战国		鄂尔多斯透雕铜饰	胡人赛跤
秦（前221—前207）		湖北江陵秦墓木篦漆画	手搏竞技
秦		《史记·张仪传》	秦人捐甲徒裼以趋敌，左挈人头，右挟生虏
汉高祖七年（前200）		《史记·刘敬传》	夫与人斗，不搤其肮（锁喉），拊其背，未能全其胜也
汉武帝后元一年（前88）		《汉书·金日䃅传》	匈奴休屠王子金日䃅捽胡（锁喉），投何罗刺客于殿下
汉（前206—220）		《汉书·艺文志·兵技巧》	《手搏六篇》（目录，书已亡佚）
东汉（25—220）	赵晔所作。其中"手战之道"或许是《手搏六篇》亡佚的文章之一	《吴越春秋·勾践阴谋外传》	越女的"手战之道"剑术理论，被认为是东方格斗术理论的纲领

续表

朝代国家或地区	说 明	文献或考古资料	要 点
晋武帝（265—290）	西晋（265—317）	胡人善扑，晋武帝募勇士庾东扑杀西域健胡	扑杀
西晋（265—316）	五胡十六国骑马民族统治中原	王隐《晋书》	"相扑"一词第一次出现在古书中
高句丽故国原王（约357）	东晋（317—420）	朝鲜安岳郡高句丽舞踊墓壁画	手搏格斗
高句丽广开土王（约391—413）	东晋	吉林集安高句丽角觝墓壁画	相扑竞技
日本大和（古坟时代，约五世纪）	可能在鲜卑骑马民族统治大量中原后的广开土王时代或之后由朝鲜半岛引入	日本岛根县滨田市出土的"须惠器"	相扑人形
北魏孝文帝（495）	北魏（386—534）	北魏孝文帝敕建少林寺。二三十年后，天竺僧菩提达摩来到，在附近传播达摩禅，后来成为少林寺赖以生存的主要因素	达摩禅凝聚少林武艺
西魏（535—557）		练拳俑	单人练拳
唐高祖武德四年（621）		少林寺十三棍僧助唐立功，受李世民表彰	少林寺僧轩辕关初显身手
日本大和时代皇极天皇（642）	唐、朝鲜的三国时代	招待朝鲜百济国使者	宫廷卫士相扑表演
日本大和时代末期，持统天皇九年（695）	唐、朝鲜的新罗时代	日本开始有相扑比赛	相扑竞技
唐（618—907）		《唐摭言》引周缄的《角抵赋》	前冲后敌，无非有力之人；左攫右挐，尽是用拳之辈
唐宝历年间（825—827）		唐敬宗上殿观两军、教坊、内园分朋蹴鞠、角抵	戏酣。有碎首折臂者

续表

朝代国家或地区	说　明	文献或考古资料	要　点
唐咸通、乾符年间（874）		唐僖宗即位，蒙万赢被选入小儿内园，不久加入相扑朋	擅长相扑，因常胜称"万赢"，受皇帝恩赐丰厚
宋太祖时代（960）之后		《角力记》	最早的角力专著
北宋（960—1127）		山西晋城宋墓顶画	相扑竞技
宋（960—1279）		《宋史》等	实行乡兵制，民间普及拳武，出现锦标社、角觗社等民间练武组织
宋		《水浒传》	拳霸的天下
南宋（1127—1279）		《梦粱录》等	由卫戍皇都御林军选拔一百二十人，编成角力队，用左右军相扑，非市井之徒，称"内等子"，专供朝廷大朝会
南宋		《武林旧事》等	在护国寺、南高峰露台争交（打擂台）。由"部署"当裁判，规定三回合。比赛中不准"揪住短儿""拽起裤儿"，可以"拽直拳，使横拳""使脚剪"
金（1115—1234）	南宋	彩绘相扑俑	相扑手赤身站姿
蒙古（1206—1279）	南宋	成吉思汗命异母兄弟别勒古台与人格斗。他跨其身上，交其二领扼其喉，膝按其腰。力扯折断其腰	着装格斗，跌地先绞技后格杀
蒙古	南宋	《巴都罕，蒙古军之那达慕》	着装摔跤竞技
素可泰王国（暹国，1314—1324）	泰族先民由大理国进入泰北建国（十五年后元灭大理国）	泰国最古史话《北方纪年》	军中已有拳术，王侯有观拳风气

续表

朝代国家或地区	说 明	文献或考古资料	要 点
日本镰仓时代，正和三年至正中一年（1314—1324）	元（1271—1268）	日本祖继大智到嵩山少林寺修禅学武，后回日本传播	最早将少林寺拳法、棍法等传入日本
帖木儿汗国明（1404）	明（1368—1661）	在中亚撒马尔罕首都宴会上，西班牙使臣观看蒙古式着装摔跤表演	着装摔跤竞技
明嘉靖三十六年（1557）	首印	俞大猷《剑经》	最早系统利用东方传统哲学基本理论来指导格斗术的始创者
明嘉靖三十九年至四十五年（1560—1566）	首印	戚继光《纪效新书·拳经捷要篇》	格斗文化体系形成。从手搏时代跃进到拳法时代，书中对当时的拳法有高度概括之结论。
暹罗纳黎萱王朝（1590—1605）	明	军训科目名"盘南"	身体任何部位均可用作实战技法，在用兵时欲收以寡击众之效
朝鲜宣祖（1598），英祖（1759），正祖（1790）	明	不断补充编写武书《武艺图谱通志》	朝鲜首部武书，包括拳法
日本德川家光将军执政时代（1626）	明	明人陈元赟在江户（东京）	谒见德川将军。传授三浪人等道家拳法，后称柔术
日本德川家钢将军执政时代（十七世纪五十年代至七十年代）	清（1636—1911）	日本佚名作者《拳法秘书》	在东亚汉文化圈的武文化中，第一个提出系统的拳法之道
清康熙初期（1670）前后		《清史稿》等	摔跤在百戏中独近戎务，在御前不准带兵器下，保卫皇帝就要有摔跤本领。自从康熙以摔跤擒了鳌拜之后，便成立了"善扑营"。摔跤满语"布库"，身穿白布短衫，窄袖，领及襟用七八层密缝之。康熙每年与蒙古各部联欢，有"塞宴四事"，其中有摔跤比赛

续表

朝代国家或地区	说　明	文献或考古资料	要　点
清康熙年间（十七世纪后期至十八世纪初期）		河南陈王廷《拳经总歌》	编造太极拳雏形
清朝隆二十二年（1757）后		山西王宗岳《太极拳论》	第一个用哲学理论总结出打手（推手）经验，以阴阳对立统一的太极之理去解释拳理
暹罗披耶·达信（即华裔郑昭）复国建立曼谷王朝后（1774）		在缅甸仰光，缅拳师九人在御前与泰拳师乃克侬东格斗均败	十八世纪前后，暹罗拳斗是采取缠麻式拳斗的鼎盛时期，它被认为是今日着拳套的泰拳原型。因此，泰拳师奉乃克侬东为宗师
清咸丰六年（1856）后		河北李洛能以形意拳为名，它脱胎于姬际可所创之心意六合拳	借鉴"擒戏"增益拳术，采用五行学说论述拳术的运动规律
清嘉庆十八年至光绪八年间（约1813—1882）		河北董海川创八卦掌	采用"易理"论述拳术运动规律，形成"以动为本""以变为法"的基本拳理
日本明治十五年（1882）	清	日本嘉纳治五郎创办讲道馆柔道	修改实战的柔术成为体育的柔道
中华民国十六年（1927）		中央国术馆于南京成立	摔跤竞技亦列为必修科，成为固有国粹之国术中重要组成部分（民国二十二年十七届华北运动会，摔跤列为竞技项目）
暹罗曼谷王朝巴差提勃皇时代（1928）		缠麻式拳斗改为着拳套形式	1912年西洋拳击流入，再加上当年发生赛事伤亡，因而该着拳套（1937年，暹罗政府颁布拳赛规例）

续表

朝代国家或地区	说　明	文献或考古资料	要　点
日本昭和十二年（1937）		冲绳武道界决定接受船越义珍建议，将唐手改名空手道	空手道定名
日本昭和十七年（1942）		日本植芝盛平公开合气道名称	合气道定名
日本昭和二十二年（1947）		日本宗道臣在四国的香川县多度津町建成武馆	设立少林寺拳法总部
香港（1950）	中华人民共和国成立二年	叶问授拳	詠春拳在香港首次公开
日本昭和二十七年（1952）		日本大山倍达设立大山道场	首创直接击打制空手道
美国（1963）		李小龙在西雅图设立武馆	1956年李小龙拜叶问为师学詠春拳； 1958年去美国读书，曾教詠春拳； 1962年在西雅图设立第一武馆授振藩国术； 1964年在奥克兰设立第二武馆授振藩国术； 1967年在洛杉矶设立第三武馆，授振藩国术、振藩拳道，私人在家授截拳道
日本昭和三十九年（1964）		东京1964年第十八届奥运会列入柔道项目	第一个东京格斗术进入奥运会正式比赛项目
中华人民共和国（1982）		公布《散手竞赛规则》（初稿）	中国推行武术散手运动

续表

朝代国家或地区	说　明	文献或考古资料	要　点
中华人民共和国（1987）		公布《中国式摔跤竞赛规则》	它在1983年旧规则的基础上修改和补充
韩国（1988）		汉城1988年第二十四届奥运会上跆拳道列为表演项目	第二个东方格斗术已具备进入奥运会正式项目的条件